부채로 만든 세상

부채로 만든 세상

은행개혁과 금융의 제자리 찾기

신보성 지음

WORLD OF

DEBT

이콘

늘 힘이 되어주는 가족에게 이 책을 바칩니다.

목차

프롤로그

은행제도는 한마디로 실패한 제도다. 기원전부터 20세기 중반에 이르기까지, 세계 도처에서 수많은 은행이 설립되었으나 한결같이 그 끝은 파산으로 귀결되었다. 특정 업종의 기업이 반복해서 파산으로 소멸하는 사례는 인류 역사상 찾아보기 어렵다. 그래서 은행의 역사는 곧 위기와 파산의 역사라고 감히 단언할 수 있다. 오죽하면 은행파산을 뜻하는 bankruptcy란 단어가 파산 전체를 아우르는 용어로 쓰이고 있겠는가.

시대와 장소를 불문하고 은행이 죄다 파산의 길로 들어섰다면 은행제도는 스스로 존속할 수 없는, 즉 애초 극복할 수 없는 결함을 가진 제도라고 봐야 한다. 그러나 오늘날 은행은 너무나 건재하다. 아니 건재한 정도가 아니라 우리 경제의 중심부에 우뚝 서 있다. 실제로 은행은 여타 기업을 규모 면에서 압도하고 있다. 미국 최대 은행 제이피모건체이스JP Morgan Chase의 자산은 일반기업 중 최대 기업인 아마존Amazon 자산의 7.4배에 달한다. 영국도 사정은 비슷하다. 심지어 중국 최대 은행과 최대 기업의 자산 배율은 무려 15배나 된다. 전 세계 자산 규모 상위 100개 기업 리스트는 온통 은행 이름으로 도배되어 있다.[1] 도대체 은행에 무슨 일이 생긴 것일까.

은행이 이전처럼 소멸의 길로 들어서지 않고 생존하게 된 시점은 길게는 19세기 중반 이후, 짧게는 20세기 중반 이후이다. 우리가 당연하다고 여기는 지금의 은행제도가 실은 100년 남짓한 제도라는 것이다. 19세기 중반 이후 영국에서는 파산 위기에 몰린 은행을 중앙은행이 구제하는 관행이 생기기 시작했다. 비슷한 시기 유럽의 다른 나라들도 영국의 모델을 뒤따랐다. 그리고 20세기 중반 이후 미국을 비롯한 거의 모든 나라는 예외 없이 중앙은행을 설립해 은행을 구제하고 있다. 여기에다 예금보험제도, 정부의 지급보증까지 가세해 은행의 파산, 특히 대형은행의 파산은 원천적으로 차단하고 있다.

우리는 질문해야 한다. 어떤 기업이 스스로 생존하지 못하고 제3자의 지원을 통해서만 생존할 수 있다면 과연 그 기업은 온전한 기업이라고 할 수 있는가. 은행산업을 제외한 다른 어떤 산업에서 자신의 경쟁력이 아닌 제3자의 지원에 힘입어 생존하는 경우가 있는가. 왜 은행에만 다른 업종의 기업이 누리지 못하는 특권이 주어져야 하는가.

여기에는 은행이 특별하다는 생각이 자리하고 있다. 은행은 너무나 중요한 존재이며 따라서 다른 어떤 것으로도 대체할 수 없다.[2] 그리고 은행이 대체불가능한 존재라면 어떤 대가를 치르더라도 은행을 구제해야 한다. 그래야만 은행이 대출을 계속하고 이를 바탕으로 경제가 제 기능을 수행할 수 있다는 것이다.[3]

오늘날 사람들은 잦은 은행 구제 혹은 지원에 별다른 이의를 제기하지 않는다. 은행이 특별하다는 생각이 대중 사이에서도 자리잡은 것이다. 정책당국과 대부분의 학자도 은행이 필수불가결한 존재인

만큼 은행 구제는 어쩔 수 없는 것이라 여긴다. 2022년 노벨상위원회는 은행의 특수성 및 은행 구제의 정당성을 이론적으로 정립한 학자들에게 노벨경제학상을 수여했다.[4] 은행이 특별하다는 견해가 주류경제학계 내에서 얼마나 광범위한 지지를 받고 있는지를 극명하게 보여준다.

이 책은 은행이 특별하다는 생각이 허구적 신화임을 밝히고자 집필되었다. 지난 2000여 년에 걸친 역사가 보여주듯 은행제도는 자생력을 갖지 못한 제도다. 자생력이 없어 진즉 소멸되었어야 할 제도를 특권 부여를 통해 소생시킨 것이 현대의 은행제도다. 그러나 자유시장경제에서 특권의 부여는 항상 왜곡을 낳는다. 이는 은행도 예외가 될 수 없다. 태생적 결함으로 소멸되었어야 할 은행제도를 인위적으로 부활시킨 결과 수많은 부작용과 모순이 속출하고 있다. 가장 대표적인 것이 부채의 누증이다.

1980년 74% vs 2020년 147%. 이 수치는 GDP에 대비한 민간 부문 대출(=민간 부문 대출/GDP)의 전 세계 평균값이다.[5] 여기서 민간 부문 대출은 금융기관이 민간 기업 및 가계에 제공한 대출 총량으로, 이를 차입자 입장에서 바라보면 다름 아닌 부채 총량에 해당한다. 그리고 분모인 GDP는 한 해 동안 생산 활동을 통해 만들어진 산출물의 총량으로, 실물경제의 크기 혹은 역량을 반영한다. 결국 위 수치가 의미하는 바는 다음과 같다. 지난 40여 년간 전 세계 대부분 국가에서 민간 부채는 실물경제보다 훨씬 빠른 속도로 커졌다는 것이다.

왜 이런 일이 벌어졌을까. 이유는 명확하다. 대출을 만들어내는 은행을 인위적으로 구제하고 지원함에 따라 대출이 끊임없이 늘어났기 때문이다. 그리고 그 결과 민간 기업과 가계의 부채는 매년 역사적 고점을 경신하고 있다.[6]

실물경제 크기를 넘어서는 과도한 부채는 좀비기업의 양산을 통해 경제를 만성적 저성장으로 이끈다. 주요국 상장기업 중 좀비기업 비중은 1980년대 말 4%에서 2017년 15%로 4배 가까이 증가했다.[7] 부가가치를 창출하지 못하는 기업에 계속해서 대출이 공급되면서 소중한 자원이 낭비되고 있는 것이다. 좀비기업으로 인해 멀쩡한 기업까지 부가가치 창출에 어려움을 겪는 것은 물론이다.

가계는 또 어떤가. 부채를 상환하는 재원은 소득이다. 그런데 소득보다 부채가 훨씬 빨리 늘어난 결과, 소득으로 부채를 상환하는 것은 이미 불가능한 지경에 이르렀다. 그 결과 부채의 원리금 상환 부담 증가로 생활 수준 유지에 필수적인 소비마저 위협받고 있다. 실물경제가 성장할 리 만무하다.

실물경제가 어려움을 겪는 것과 달리 자산시장은 가히 폭발 수준이다. 실물경제를 넘어서는 대출은 자산시장으로 흘러가기 마련이다. 1990년부터 2021년까지 미국 GDP는 3.9배 증가한 반면, 같은 기간 미국 주가는 13.6배 상승했다. 주택시장도 사정은 매한가지다. 대출의 폭발적 증가에 동반한 자산시장 버블은 오늘날 전 세계적 일상이 되었다.

자산시장 붐은 심각한 부작용을 양산한다. 1989~2019년 기간 미국 하위 50% 가계의 순자산(자산-부채)은 65% 증가한 반면 상위

10% 가계의 순자산은 240% 증가했다.[8] 우리 삶의 질을 개선하는 것은 오직 실물경제의 생산 능력 확대이다. 그런데 삶의 질 개선과는 아무런 상관없는 자산가격 상승으로 인해 가진 자와 없는 자, 장년층과 젊은 세대 간에 건널 수 없는 경제적 협곡이 생겨나고 있다.

경제 양극화는 사회 및 정치의 양극화로 이어진다. 전 세계 거의 모든 나라에서 사람들은 정치적으로 진영화된 채 대립하고 있다. 이를 반영하듯 오늘날 많은 사람은 자신의 정치적 신념ideology을 자신의 정체성identity과 동일시한다. 그 결과 정치적 견해가 다른 사람과 이웃해서 살거나 함께 일할 수 있다고 생각하는 사람은 20%에 불과하다.[9] 이쯤이면 거의 전쟁에 맞먹는 분열상이다. 이 틈을 포퓰리스트 정치인이 집요하게 파고든다. 그렇다고 정치인을 탓해 봤자 소용없다. 이들이 활개 칠 토양을 제공하는 것은, 다름 아닌 부채 양산을 통해 양극화를 심화시킨 지금의 은행제도이기 때문이다.

이 책을 읽고 나면 오늘날의 과도한 부채, 만성적 저성장, 자산시장 버블, 경제 및 정치의 양극화, 기후변화 등 현대사회의 수많은 부작용의 근저에 현대 은행제도가 자리하고 있음을 공감하게 될 것이다. 그 과정에서 은행의 특수성이라고 주장되는 것들이 실은 은행의 원초적 불법성을 이론적으로 합리화하려는 시도에 불과하다는 점도 확인하게 될 것이다.

이 책은 현대 은행제도의 원초적 불법성을 비판하는 데 그치지 않고 대안을 소개한다. 그렇다고 이러한 대안이 새로운 주장은 아니다. 이미 오래전 은행제도의 모순을 간파한 선대 학자들의 생각들, 그러나 현대 주류경제학에 밀려 사람들에게서 잊혀진 생각들을 나름의 관점에서 재구성한 것이다.

책을 서술하는 과정에서 문제의 핵심을 이해하는 데 도움이 된다고 생각되는 내용은 가급적 빠뜨리지 않으려고 했다. 따라서 독자들은 이 책을 읽는 과정에서 은행의 역사, 현대 은행 이론, 은행 위기, 은행 규제 등 은행 혹은 금융과 관련한 다양한 내용들을 접하게 될 것이다.

특히 은행 역사와 은행 이론 설명에 많은 신경을 썼다. 우선, 장구한 세월에 걸친 은행 역사를 긴 호흡으로 바라볼 때 지금의 문제를 보다 명확히 파악할 수 있기 때문이다. 은행 이론도 마찬가지다. 은행에 대한 주류적 시각이 어떤 것인지를 명확히 이해할 때 이들 시각의 옳고 그름에 대한 판단이 가능해진다. 은행 이론이라고 해서 미리 겁먹을 필요는 없다. 최대한 수식 없이 직관적으로 이해할 수 있도록 풀어쓴 만큼, 독자들이 현대 은행제도의 본질을 파악하는 데 도움이 되리라 확신한다.

이미 정상과학normal science[10]의 지위를 차지한 현대 은행제도를 개혁하기란 결코 쉬운 일이 아니다. 그러나 현대 은행제도의 수명이 다했다는 증거는 차고 넘친다. 나아가 불합리한 은행제도로부터 파생되는 수많은 부작용으로 인해 우리 경제 및 사회 시스템은 이미 지속 불가능한 상황에 내몰리고 있다. 다른 어떤 것보다 은행제도 개혁에 대한 논의를 서둘러야 하는 이유가 여기에 있다.

이 책은 은행제도 개혁의 필요성을 최대한 많은 사람과 공유하기 위한 것이다. 여기에는 당연히 전문가 그룹도 포함된다. 그러나 진정한 변화를 이끌어내기 위해서는 소수의 전문가 그룹이 아닌 광범위한 대중의 공감대 형성이 반드시 필요하다. 그런 만큼 대학 학부 수준의 이해력을 가진 사람이라면 전공 불문하고 큰 어려움 없이 읽을 수 있도록 쉽게 쓰고자 노력했다. 그럼에도 불구하고 여전히 이해하기 어려운 부분이 있다면 이는 전적으로 필자의 글솜씨 부족 때문이다. 아무쪼록 이 책이 은행제도 개혁의 필요성 및 방향성을 우리 사회가 공유하는 하나의 작은 계기가 되기를 소망한다. 서설이 길었다. 이제 독자들은 나와 함께 현대 은행의 기원으로 간주되는 17세기 중반 런던의 금장goldsmith부터 서둘러 만나보기로 하자.

— 2024년 3월, 신보성

1부

부분준비은행의 탄생

1장

우연히 찾아온 기회

런던탑에 위치한 왕립주화청Royal Mint은 금화, 은화 등 주화를 제작하는 곳이었다. 주화청은 순금specie 및 도금제품plate의 보관소로도 널리 활용되고 있었다. 주화청을 보관소로 이용하던 고객은 주로 런던의 상인들이었다.

찰스1세의 도발

1640년 찰스1세Charles I는 왕립주화청에 보관된 20만 파운드 상당의 주화coin와 금괴bullion를 징발했다. 상인들은 거세게 반발했다. 이 사건은 왕의 자문기구인 추밀원Privy Council에서 논의될 정도로 쟁점이 되었다. 궁지에 몰린 찰스1세는 우여곡절 끝에 징발한 금을 모두 돌려주었다. 그러나 이 사건을 계기로 왕립주화청이 갖고 있던 보관소로서의 평판은 땅에 떨어졌다.[1] 상인들은 대안을 모색하기 시작했다. 대안을 찾기까지는 오랜 시간이 걸리지 않았다. 그들이 찾아낸 대안은 금장goldsmith이었다.[2]

본래 금장은 도금제품plate이나 보석jewelry을 제조해서 판매하는 자들이다. 그런데 금장에게는 안전하고 튼튼한 금고가 있었다. 금고는 제품의 원재료인 귀금속이나 판매되기 전의 완제품(재고)을 보관하는 데 주로 사용되었다. 튼튼한 금고를 가진 금장이 왕립주화청을 대체할 후보가 된 것은 지극히 자연스러운 결과였다.

만약 고대나 중세였다면 신전이나 교회, 수도원이 보관소가 되었을 것이다. 이들에게는 신적인 권위에 더해 토지를 비롯한 상당한 재산이 있었다. 그리고 이러한 재산에 힘입어 자체 군사력도 갖추고 있었다. 신적 권위와 군사력, 이 둘은 귀금속의 안전한 보관소가 되기에 충분했다. 십자군 전쟁 당시 성당기사단Knights Templar이 안전한 보관소가 되었던 것도 신적 권위와 군사력 덕분이었다.

그러나 17세기 런던의 사정은 달랐다. 교회와 수도원의 신적 권위는 종교개혁으로 이미 약화된 상태였다. 뿐만 아니라 약 100년 전 튜더왕조의 헨리8세는 수도원을 해산하고 이들이 가진 토지를 몰수했다. 몰수한 토지 규모는 당시 잉글랜드 토지의 30%를 초과했다.[3] 교회와 수도원은 신성과 재력(군사력)을 모두 상실한 상태였고 따라서 상인들이 원하는 보관소가 될 수 없었던 것이다.

(그림 1-1) 런던 왕립주화청에서 주화를 만들던 모습[4]

금장이 새로운 보관소로 부상하면서, 오랜 기간 상거래를 통해 평판을 얻은 금장에게 주화와 금괴 보관 의뢰가 들어오기 시작했다. 그리고 1642년 찰스1세의 왕당파와 크롬웰의 의회파 간에 벌어진 전쟁은 금장의 보관 물량을 더욱 확대하는 계기로 작용했다.

왕립주화청 탈취 사건 직후까지만 해도 일부 상인은 주화와 금괴를 금장이 아닌 자신의 집에 보관했다. 그런데 전쟁 발발로 하인이나 도제가 군대에 합류하는 과정에서 주화와 금괴를 훔쳐가는 일이 잦았다.[5] 도난을 당하지 않은 상인도 곤란하기는 마찬가지였다. 하인과 도제의 군입대로 주화와 금괴를 관리할 일손이 부족했기 때문이다.[6] 이러한 가운데 10년 가까이 내전이 계속되자 자신의 집에 주화와 금괴를 보관하던 상인들도 금장을 찾기 시작했다. 그 결과 안전한 보관소로서의 금장의 지위는 점차 강화되었다. 찰스1세의 처형과 크롬웰의 집권으로 내전이 종식된 시점에 이르자, 런던 시내 주화와 귀금속의 상당 부분은 금장의 손에 넘어갔다.

보관업자 금장

17세기 중반, 런던은 유럽과 나머지 세계를 잇는 수출입항으로 부상했고 이에 따라 상업이 활기를 띠고 있었다.[7] 당시 잉글랜드는 이미 농업 중심 사회에서 벗어나 상업 중심 사회로 전환한 상태였다. 18세기가 시작될 무렵 성인 근로자 중 농업에 종사한 인구 비율이 25%도 안 되었다는 사실이 이를 잘 보여준다.[8] 게다가 런던은 당시 유럽에서 인구 20만을 넘는 유일한 도시로 시장 규모 면에서도 다른 곳을 압도했다. 그 결과 유럽대륙은 물론 잉글랜드 내 다른 도시로부터 많은 자금이 유입되고 있었다.[9]

문제는 주화의 품질이었다. 당시 런던의 주화는 한 세기 전 엘리자베스 여왕 시절부터 채택한 은화였다.[10] 그런데 이 은화의 질이 가관이었다. 불순물이 잔뜩 섞여 있거나, 간혹 순도가 높은 경우에도 사람들이 티 안 나게 조금씩 가장자리를 깎아 자신의 주머니에 넣은 탓이었다. 상황이 이렇다 보니 상인 중 누구도 선뜻 은화를 받고 물건을 내주려고 하지 않았다.[11] 저질 주화 때문에 상거래가 제대로 이루어지지 못할 판이었다.

골드스미스컴퍼니Goldsmiths' Company로 알려진 금장길드는 1327년 왕실의 면허장을 받았다.[12] 이후 금장길드에게는 왕립주화청이 주조한 주화는 물론 외국 주화의 품질을 검사assay(시금)하는 특권이 주어졌다.[13] 이런 점에서 17세기 중반의 금장은 이미 오랜 기간 시금의 경험을 축적한 전문가였다. 시금의 전문성과 평판이 없었다면 애초 금장이 주화와 귀금속의 새로운 보관자가 되기란 불가능했을 것이다. 주화와 귀금속을 맡긴 사람은 증빙서류(보관증)를 받는데 이 보관증에는 맡긴 주화와 귀금속의 품질과 수량이 기재된다. 만약 보관업자의 시금능력을 믿을 수 없다면, 보관업자가 발급하는 보관증을 받고 자신의 귀한 재산을 맡기려는 사람은 없었을 것이다.

(그림 1-2) 금장길드의 문장[14]

한 상인이 면직물을 판매한 대가로 금화 10파운드를 받는 상황을 생각해보자. 상인 입장에서 구매자가 직접 가져온 금화는 품질을 신뢰할 수 없다. 특히나 구매자가 이전부터 알고 지내던 사람이 아니라면 이 금화를 받는 건 위험을 감수하는 일이다. 하지만 구매자가 금화 10파운드 이상의 금액이 적힌 금장의 보관증을 보여준다면 얘기는 달라진다. 이 보관증은 품질이 확인된 금화가 구매자 명의로 금장에게 보관되어 있음을 증명해 주기 때문이다. 이제 구매자는 상인을 데리고 금장을 찾아간다. 그리고 자신이 보관한 금화 중 10파운드를 인출해 상인에게 내주면 그걸로 거래는 성사된다.

시간이 흐르면서 사람들은 주화가 금장에 보관되어 있을 때 상거래가 한결 수월해짐을 인식하게 되었다. 점점 더 많은 사람이 점점 더 많은 주화와 귀금속을 금장에게 들고 왔다. 그러나 이때까지만 해도 보관업자로의 변신이 금장에게 어떤 결과를 불러올지는 아무도 몰랐다.

보관업에서 지급결제로

앞서 예로 든 면직물 상인을 생각해보자. 이 상인은 면직물 구매자가 지불한 금화 10파운드를 받아 자신이 거래하는 금장에 보관했다. 그런데 재고가 바닥나 면직물 제조업자로부터 추가로 물건을 들여와야 했다. 이를 위해 상인은 금화를 인출하여 면직물 제조업자에게 넘긴다. 그러면 제조업자는 이 금화를 다시 금장에게 보관하고, 나중에 면직물 제조에 필요한 면화를 구입할 때 금을 인출하여 지불한다. 이처럼 시장에서 상거래가 일어날 때마다 금장의 금고에서 금화가 들락날락하는 일이 끊임없이 반복된다.

그러던 언젠가부터 사람들은 깨닫기 시작했다. 금장의 금고에서 주화를 넣었다 뺐다 하는 대신 보관증을 주고받는 것이 훨씬 편리하다는 것을 말이다. 우선 물건을 사는 사람은 주화 대신 보관증으로 지불하기를 선호한다. 금장을 찾아가 주화를 인출하는 번거로움을 피할 수 있기 때문이다. 물건을 파는 사람도 마찬가지다. 구매자로부터 주화를 받을 경우 주화 품질에 대한 불확실성에 직면한다. 반면 금장의 보관증은 시금 과정을 거친 후 발행되었다는 점에서 주화 품질을 염려할 필요가 없다. 게다가 판매대금으로 받은 보관증을 제시하면 언제든지 보관증에 적힌 순도와 수량에 해당하는 주화를 찾을 수 있다. 굳이 주화를 직접 받을 하등의 이유가 없었다.

이제 상거래를 위한 주화나 귀금속의 인출 빈도는 이전보다 훨씬 줄었다. 한번 맡겨진 주화나 귀금속은 금장의 금고에 오랜 기간 인출되지 않은 채 머물러 있었다. 그 결과 물건을 사고팔 때 금장의 보관증이 지불수단이 되어 유통되는 일이 보편화되었다.

처음에는 보관증에 이름이 적힌 사람만 주화나 귀금속을 인출할 수 있었다. 이에 따라 사람들은 배서(보관증 뒷면에 보관증 수령자의 이름을 순차적으로 기록하는 행위)를 통해 보관증을 유통했다.[15] 하지만 보관증 수수 관행이 정착되자, 금장은 보관증을 소지한 자라면 누구에게나 주화나 귀금속을 내어주었다(소지자 지급식). 소지자 지급식이

되면서 보관증은 오늘날의 지폐와 같은 편의성을 제공했다. 보관증의 단순한 양도만으로 자금이 한 사람으로부터 다른 사람으로 옮겨갈 수 있게 된 것이다.

자금의 소유권 이전이 보관증의 물리적 이동으로만 가능한 것은 아니었다. 보관증이 소지자 지급식으로 바뀌면서 큰 금액의 보관증을 소지하는 데는 위험이 따랐다. 이 때문에 보관증 수수에 의한 자금의 소유권 이전transfer by bearer은 주로 소액의 상거래, 금전거래에 사용되었다. 반면 금액이 큰 금전의 소유권 이전은 금장의 장부상 명의를 바꾸는 방식transfer by order으로 이루어졌다.[16] 앞에서 예로 든 면직물 구매자의 경우, 금장 장부에 기록된 자신의 자금에서 10파운드만큼을 면직물 상인의 명의로 바꿔달라고 금장에게 지시order하는 방식이다.

오늘날 여러 금융회사 중 은행만이 수행하는 업무, 즉 은행의 고유 업무는 예금수취 업무deposit taking와 지급결제 업무payment이다. 그런데 이 두 가지 업무는 과거 금장이 했던 일과 다를 바 없다. 우선 주화나 귀금속을 받고 보관증을 써주는 행위는 오늘날 은행의 예금수취 업무에 해당한다. 그리고 금장 시절 보관증을 주고받거나 장부상 명의 변경을 통해 주화와 귀금속의 소유권을 이전하는 것은 현대 은행의 지급결제 업무와 정확히 일치한다. 오늘날 물건을 사고팔면서 은행 계좌의 예금을 주고받는 것을 생각해보면 쉽게 납득이 갈 것이다. 이처럼 현대 은행의 핵심 업무는 외양만 약간 다를 뿐, 이미 17세기 런던의 금장에 의해 똑같이 행해지고 있었다.

금장은 뜻하지 않게 보관업자가 되었다. 그리고 보관업에 지급결제라는 신규 업무가 추가되었다. 금장은 자신의 지경을 한 단계 더 확장시킨 것이다. 그러나 예금수취와 지급결제는 현대 은행으로 나아가는 시작일 뿐, 금장 앞에는 변신을 위한 또다른 여정이 기다리고 있었다.

Overdraft, 대출의 시작

어느 날 금장은 뜻밖의 방문을 받는다. 방문자는 면직물 상인이었다. 사연은 이랬다. 면직물 상인이 금장에 맡긴 금은 20파운드인데, 면직물 재고 구입에 필요한 금액은 30파운드였다. 10파운드만큼 자금이 부족했다. 상인은 혹시 20파운드가 아닌 30파운드짜리 보관증을 써줄 수 있는지 물었다. 10파운드만큼의 가짜 보관증을 발급해 달라는 것이었다. 오늘날에 비유하면 예금할 돈도 없으면서 은행에 10파운드의 가짜 예금통장을 만들어달라는 것과 마찬가지다.

금장은 망설였다. 보관증 유통이 대세가 되어 주화와 귀금속이 인출되는 일은 드물었다. 따라서 보관 금을 초과하는 가짜 보관증을 쓴다고 해서 고객의 인출 요구에 대응하지 못할 염려는 없었다. 금장이 염려한 건 자신의 평판이었다. 자칫 사실이 누설되기라도 하면 보관업자로서의 평판은 산산이 무너져버리기 때문이다. 나아가 보관을 의뢰한 다른 고객들이 문제를 제기할 경우 형사처벌에 직면해 교수형을 당할 수도 있었다.

그러나 면직물 상인은 금장의 오랜 단골이었다. 그리고 면직물 재고를 판매하면 그 대금을 즉각 금장에 보관해왔다는 점에서 충분히 믿을 만한 자였다. 금장은 신뢰할 만한 단골의 요구를 뿌리치기 어려웠다. 결국 썩 내키지는 않았지만 30파운드짜리 보관증을 발급했다.

다행히 상인이 제조업자로부터 구입한 면직물은 곧 판매되었고, 상인은 판매대금 30파운드를 금장에게 예치했다. 금장이 발급해준 30파운드 보관증에 해당하는 자금이 입금되었으니 가짜 보관증 발급은 아무에게도 들키지 않고 지나갔다. 금장과 상인 둘만 입을 다물면 앞으로도 문제가 될 일은 영영 없을 것이다. 그리고 가짜 보관증을 발급해준 대가로 면직물 상인은 금장에게 약간의 수수료를 지불했다. 결과적으로 금장과 면직물 상인 모두가 만족했다. 자신이 받은 보관증이 가짜인지도 모르고 면직물을 넘긴 제조업자도 만족하긴 마찬가지였다. 면직물 상인과 금장이 공모한 사기행각 덕분에 모두가 행복한 아이러니가 벌어진 셈이다.

여기서 가짜 보관증의 성격을 좀더 살펴보자. 예나 지금이나 물건을 구입해야 하는데 이에 필요한 지불수단이 부족한 경우는 허다하다. 수확물 판매대금이 한 달 후에 들어오는 관계로 당장 옷 살 돈이 부족한 농부, 원재료 구입에 필요한 돈이 부족한 수공업자 등 사례는 넘쳐난다. 일시적으로 지불수단이 부족한 상황에서, 화폐의 지위를 가진 금장의 보관증을 손에 넣는다는 것은 필요한 물건을 즉시 구매할 수 있는 능력을 갖게 되는 것이다. 즉, 금장에게 금을 맡기지 않고도 보관증을 발급받는다는 것은, 애초에 지불수단이 없던 사람이 금장으로부터 차입을 통해 지불수단을 갖게 되었음을 의미한다.

이러한 점에서 가공의 보관증 발행은 상거래에 수반되는 지급결제 업무를 원활히 하기 위해 금장이 제공한 대출에 해당한다. 오늘날 여러분이 은행에 가서 대출받는 경우를 생각해보라. 은행의 대출승인이 이루어지면 여러분의 계좌에 예금이 생겨나고, 이 예금으로 필요한 것을 구입할 수 있다. 금장이 금을 받지도 않고 보관증을 발급해주는 것과 은행이 여러분에게 아무것도 받지 않고 예금통장에 금액을 기록해주는 것, 이 둘은 정확히 동일한 행위이다.

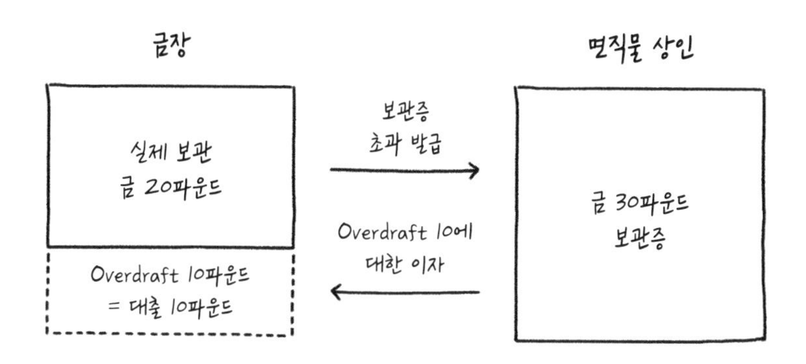

(그림 1-3) 보관증 초과 발행[overdraft]**=대출**

금장은 가공의 보관증 발행을 통해 이익을 얻기는 했지만 여전히 주의를 기울였다. 그래서 초기에는 말이 새나가지 않도록 단골 고객을 중심으로 상거래와 관련한 지급결제에 한해 가짜 보관증을 발급했다. 이러한 점에서 가짜 보관증 발급은 앞서 금장이 취급하던 지급결제 업무의 연장선상에서 이루어졌다.[17]

가짜 보관증 발급은 소지자에게 실제 예치금보다 많은 금액의 인출을 가능하게 한다는 점에서 당좌대출overdraft이라고 한다. 금장의 당좌대출은 기존 예금계좌에서 예금액을 초과하는 인출을 허용하는 오늘날의 마이너스 예금통장과 같은 것이다.

가짜 보관증으로 돈 만들기

보관증 초과 발행에도 불구하고 인출되는 금의 양이 늘어날 기미는 없었다. 그리고 기존 거래 고객인 상인들은 신용도가 높은 사람이라 판매대금이 들어오는 즉시 당좌대출을 갚았다. 대출이자도 속속 들어왔다.

대출이자 수입은 기존에 금장이 얻는 수입과는 차원이 달랐다. 이때까지 금장의 수입은 귀금속 가공판매 수입(세공업자 수입)과 약간의 보관수수료, 이체수수료(보관업자 수입)가 전부였다. 그리고 세공업의 경우 원재료 구입비, 세공비, 판매비 등 많은 비용이 투입되었다. 보관업에도 금고 확장, 장부 관리 등에 비용이 수반되었다.

당좌대출은 그렇지 않았다. 그저 보관증에 금액만 조금 높게 써주기만 하면 되는데 무슨 비용이 들겠는가. 가짜 보관증을 써주고 받는 대출이자는 아무런 비용 투입 없이 얻는 일종의 횡재였다. 숫자만 쓰면 하늘에서 이익이 떨어졌다. 가슴이 뛰기 시작했다. 그냥저냥 따분한 업무와 수입에 만족하며 살던 금장의 눈앞에 신천지가 펼쳐졌다.

금장은 서둘러 보관장부를 펼쳤다. 밤을 꼬박 새워 보관증 발행금액과 실제 인출되는 금액의 비율을 몇 번이고 살폈다. 시기에 따라 들쑥날쑥하긴 해도 평균적으로 고객이 맡긴 금의 10%만 실제로 인출되었다. 금장이 발행한 보관증 중 90%는 자신에게 제시되지 않은 채 상거래를 위해 시장에서 유통되거나 아니면 개인이 집에 두고 있는 셈이었다. 이는 보관증 발행액의 10%에 해당하는 금만 갖고 있어도 고객들의 인출 요구에 대응할 수 있음을 의미한다. 바꾸어 말하면, 금장은 자신이 실제 보관하는 금의 10배에 해당하는 보관증을 발행해도 별 탈이 없다는 뜻이다. 땅 짚고 헤엄치기였다. 앞으로 쏟아져 들어올 엄청난 대출이자 수입이 눈앞에 아른거렸다. 어느덧 보관증 초과 발행이 발각될지 모른다는 공포는 사라지고 탐욕이 똬리를 틀었다.

금장의 보관증은, 그것이 진짜든 가짜든 받는 사람은 알 길이 없다. 따라서 가짜 보관증도 지불수단으로 유통되어 상거래에 널리 수용된다. 이는 진짜 보관증은 물론 가짜 보관증도 통화(화폐)의 지위를 누림을 뜻한다. 여기서 진짜 보관증 금액은 실제 보관 금의 대체물이므로 본원통화base money; primary money라고 부르며, 가짜 보관증 금액은 보관 금을 기초로 추가로 만들어낸 것이라는 점에서 파생통화derivative money; secondary money라고 부른다.

(그림 1-4)에서 본원통화는 10, 파생통화는 90이다. 실제 금 10을 근거로 통화량을 100으로 확장시킨 것이다. 이를 다른 각도에서 보면, 본원통화 10은 보관증 소지자들(즉 예금자들)이 금으로 인출할 것

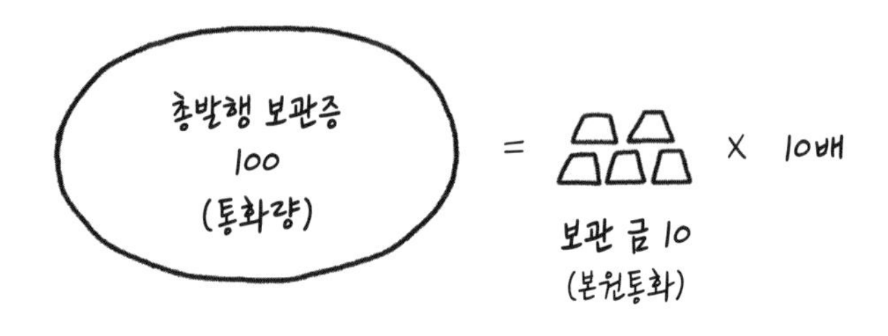

(그림 1-4) 금장 시절 본원통화와 통화량

에 대비해 금장이 금고에 보관하는 지급준비금reserve에 해당한다. 총발행 보관증(총예금)의 일부에 해당하는 금액만큼만 준비금으로 보관한다는 점에서 부분준비제도fractional reserve system라는 용어가 생겨났다. 그리고 총예금 대비 준비금 비율(=준비금/총예금=10%)을 지급준비율reserve ratio이라고 한다. 문헌에 따르면 당시 지급준비율은 대략 10~33% 범위에서 형성된 것으로 보인다.[18]

오늘날 금은 더이상 화폐로 통용되지 않는다. 대신 정부가 지정한 화폐가 본원통화가 되어 지불수단으로 통용된다. 이를 법화fiat money라고 한다. 금처럼 사용가치가 있어서 화폐로 통용되는 것이 아니라 법에 의해 화폐로 지정되었기 때문에 사람들이 이를 수용하는 것이다. 이런 점에서 금은 자발적 화폐, 법화는 강제적 화폐라고도 볼 수 있다.

아무튼 오늘날 은행은 금장과 마찬가지로 진짜 돈, 즉 본원통화를 바탕으로 그 몇 배에 해당하는 통화량을 만들어낸다. 본원통화가 주어지면 파생통화는 승수적으로 증가한다. 승수적 증가란 본원통화가

1만큼 늘어날 때 파생통화는 1보다 훨씬 더 큰 폭으로 늘어난다는 뜻이다. 대부분의 나라에서 전체 통화량에서 본원통화가 차지하는 비중은 10% 미만에 불과하다.[19] 전체 통화량이 본원통화량을 압도하는 셈이다. 그리고 이는 은행이 대출을 통해서 가공의 예금을 만들어내기에 벌어지는 일이다.

대출을 통해 늘어난 가공의 예금은 지불수단으로서 진짜 돈처럼 널리 통용된다. 대출을 통해 부풀려진 예금이 지불수단으로 통용될 수 있는 것은 예금자가 은행에 가서 요구하면 언제든지[on demand] 본원통화인 현금으로 인출할 수 있다는 믿음 때문이다. 금장 시절 가공의 보관증이 지불수단, 즉 통화량에 포함되는 이유도 마찬가지다. 가공의 보관증이어도 이를 금장에게 제시하는 즉시 금으로 받을 수 있다는 믿음이 있기에 지불수단으로 수용된 것이다. 이런 점에서 본원통화와 달리 파생통화는 그릇된 믿음 위에서만 존재하는 조건부 통화인 셈이다.

예금을 받아 대출하는가, 대출로 예금을 만들어내는가

대출을 통해 예금을 만들어낸다는 설명을 납득하기 어려운 독자들이 있을 것이다. 실제로 대부분의 사람은 은행이 예금을 받아 그 돈을 대출해준다고 알고 있다. 심지어 경제학 교과서에서도 그렇게 설명한다.

교과서의 설명은 이렇다. 금장에게 금 10이 최초로 보관되면 보관

의뢰자 명의의 예금이 금 10만큼 장부에 기록된다(예금+10). 금장은 예금 10에서 지급준비금 1(지급준비율 10%로 가정)을 제외한 9의 금을 대출한다. 그러면 차입자는 대출로 생긴 금 9를 인출하여 상인으로부터 필요한 물건을 사고 지불한다. 상인은 이 금을 그대로 금장에 맡기며, 그 결과 상인 명의의 예금 9가 생긴다(예금+9). 금장은 예치된 금 9에서 지급준비금 0.9를 제한 8.1을 대출한다. 그리고 이 차입자는 금 8.1을 인출하여 또다른 상인에게 지불한다. 이 상인은 물건 대금으로 받은 금 8.1을 금장에 예금한다(예금+8.1)… 이러한 과정을 거치고 나면, 금장의 금고에는 금 10이 지급준비금으로 보관되고 총예금은 10+9+8.1+…=100이 된다.[20] 여기서 총예금 100과 지급준비금 10의 차이는 대출 90과 정확히 동일하다.

위 설명에 따르면 최초로 금이 유입(예금)되고 난 후 첫 대출이 이루어진다. 그리고 대출된 금을 상거래 대가로 받은 사람이 이 금을 다시 금장에 예금하고 난 후, 그다음 단계의 대출이 이루어진다. 즉, 대출이 이루어지려면 언제나 예금(금장 입장에서 차입)이 선행되어야 한다.

현실은 그렇지 않다. 우선 금 10이 최초 예치되면 금장은 10만큼 대출한다. 하지만 예금을 받아 대출하는 것은 딱 여기까지다. 그리고 교과서 설명과 달리 대출 과정에서 금이 인출되는 일은 거의 없다. 금장의 보관증(예금)이 지불수단으로 통용되기에 차입자는 금이 아닌 보관증을 받길 원하기 때문이다. 따라서 대출로 금이 인출되고 인출된 금이 다시 예금으로 유입되길 반복하는, 교과서상의 복잡한 과정은 현실에서는 일어나지 않는다. 은행은 그냥 대출을 통해 최초 금 10의 몇 배에 달하는 가짜 보관증(예금)을 뚝딱 만들어낼 뿐이다. 이러한 점에서 은행이 예금으로 받은 돈을 대출한다는 생각은 은행제도를 잘못 이해하는 것misconception이다.[21] 대출을 통해 허공에서ex nihilo 예금을 창출해낸다는 점이야말로 부분준비제도의 정수에 해당한다.

금융경제학에서 신용credit은 대출loan과 같은 의미로 사용된다. 그리고 대출의 결과 부채debt가 생성되는데, 대출과 부채는 자금제공자와 자금차입자가 동일한 대상을 각자의 입장에서 바라본 것이다. 따라서 이 책에서 언급하는 신용과 대출, 부채는 모두 같은 의미를 지닌다고 생각해도 무방하다.

현대 금융 이론에서는 은행을 신용중개기관credit intermediary이라고 부른다. 이는 자금제공자로부터 자금을 차입한 후 이 자금을 대출한다는 의미에서 비롯되었다. 애초 신용의 공급자는 예금자인데, 은행이 중간에 중개자intermediary로 개입하여 차입자에게 신용을 전달한다는 것이다. 하지만 대부분의 대출이 예금에 선행하여 이루어진다는 현실을 생각할 때 중개기관이라는 표현에는 어폐가 있다. 최초의 대출은 예금이 먼저 유입된 다음에 이루어진다는 점에서 은행을 중개기관이라고 해도 무방하다. 그러나 훨씬 규모가 큰 나머지 대부분의 대출은 예금 유입 없이 이루어진다. 이러한 점에서 은행을 신용중개기관이라고 부르기보다는 신용창출기관credit creation institution이라고 부르는 것이 더 타당하다. (그림 1-5 참고)

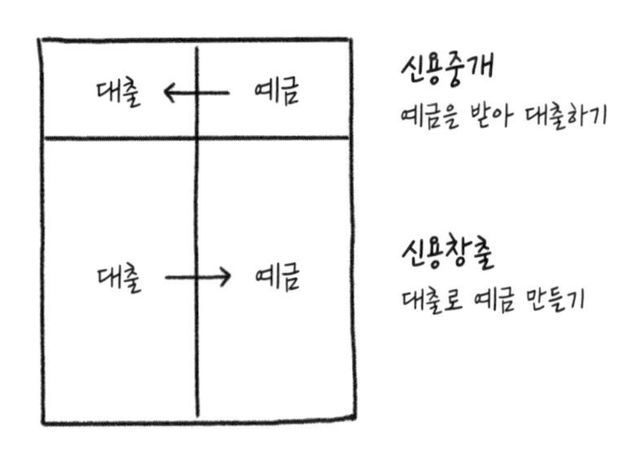

(그림 1-5) 신용중개와 신용창출

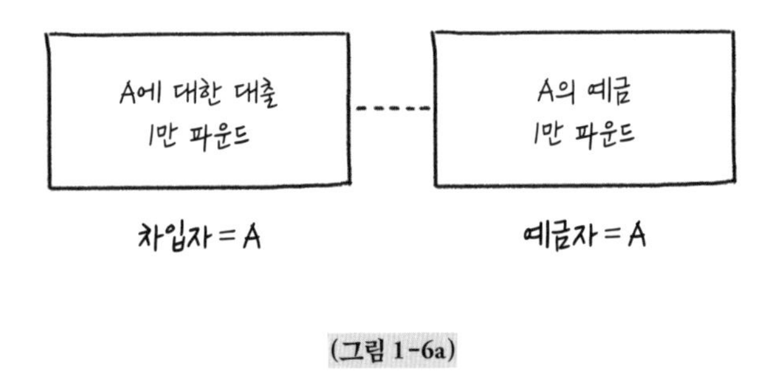

(그림 1-6a)

은행의 신용중개에 대해 조금 더 살펴보자. A라는 차입자에게 은행이 1만 파운드를 대출하면 A의 예금계좌에 1만 파운드가 생겨난다. 그리고 차입자와 예금자는 모두 A로 동일한 사람이다. (그림 1-6a).

대출 시점에서 은행은 중개기관intermediary이 아니다. 늘어난 A의 예금 1만 파운드는 누군가가 돈(본원통화)을 갖고 와서 은행에 빌려준 것이 아니며, 단지 은행이 대출을 통해 만들어낸 것에 불과하기 때문이다.

한편, A는 대출로 생겨난 예금 1만 파운드를 그대로 둘 리 만무하다. 생산에 필요한 원재료를 사거나 소비에 필요한 물건을 사기 위해 대출받았을 것이기 때문이다. 만약 A가 생산자라면 원재료를 구입하고 예금 1만 파운드를 그 원재료를 공급한 B에게 넘길 것이다 (그림 1-6b).

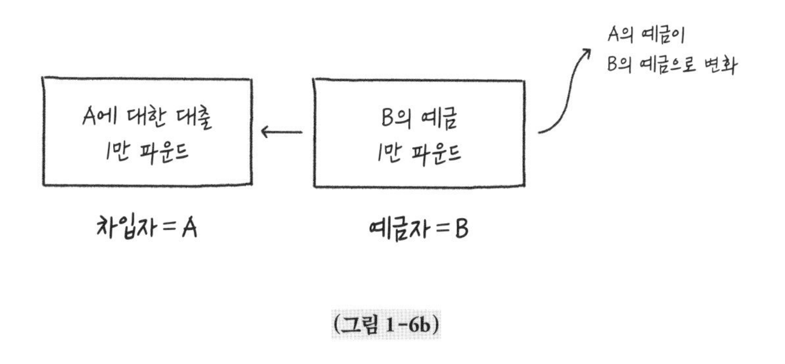

(그림 1-6b)

만약 B가 늘어난 예금을 현금으로 인출하지 않고 그대로 둔다면 (금장 시절과 마찬가지로 현금으로 인출하는 경우는 지금도 드물다), 결과적으로 A에 대한 대출은 B의 예금에 의해 지지되는 셈이다.[22] 적어도 외관상으로는 B가 은행을 신뢰하여 1만 파운드를 먼저 빌려주고(예금), 은행은 이를 신뢰할 만한 A에게 전달하는 신용의 중개처럼 보인다는 것이다. 이러한 점에서 경제학 교과서나 대부분의 학자가 은행을 중개기관으로 부르는 관행이 전혀 이해가 가지 않는 것은 아니다.

하지만 은행의 중개행위는 대출로 만들어진 예금이 사후에 현금으로 인출되지 않음으로써 성립되는 사후적 중개행위, 결과적 중개행위이다. 먼저 돈을 빌린 다음, 이 돈으로 대출을 제공하는 순수한 의미의 중개행위와는 명백히 구별된다. 은행이 단순히 신용을 중개하는 것이 아니라 신용을 창출한다는 사실은 상당한 파급 효과를 가져오는데, 이에 대해서는 이 책의 나머지 부분에서 살펴보게 될 것이다.

당좌대출을 넘어

금장은 기존 예금 고객을 중심으로 당좌대출을 늘려갔다. 이에 따라 금장의 수중에 떨어지는 이익도 비례해서 늘어났다. 그러나 머지않아 이러한 이익 증가 추세는 한풀 꺾인다. 기존 예금 고객에 대한 당좌대출만으로는 보관 금의 10배까지 대출을 늘리는 데 한계가 있었기 때문이다.

금장은 잠시 고민했지만 이내 탐욕이 이러한 고민을 덮어버렸다. 처음 가짜 보관증을 발행할 때도 얼마나 두려웠던가. 그러나 아무 일도 일어나지 않았고 쏠쏠한 대출이자가 들어오고 있지 않는가. 이제 금장은 기존 예금 고객이 아닌 사람에게까지 가짜 보관증을 발급하려는 각오를 다진다. 당좌대출을 넘어 일반대출로 판을 키울 심산이었다. 금장의 구상이 성사된다면 앞으로 거둬들일 이익은 실로 막대했다. 그러나 기존 고객이 아닌 생판 모르는 고객에게까지 대출을 확장하려면 반드시 건너야 할 강이 있었다. 그것은 바로 정보의 강이었다.

2장

대장장이, 세상의 중심에 서다

거래관계가 전혀 없는 고객에게 돈을 빌려주는 건 결코 쉬운 일이 아니다. 차입자에 대한 정보가 없기 때문이다. 대출자(대출 제공자)와 차입자 간의 이러한 정보격차를 두고 양자 사이에 정보 비대칭information asymmetry이 존재한다고 한다.

정보 비대칭: 역선택과 모럴해저드

정보 비대칭은 두 가지로 구분된다. 정보 비대칭의 첫번째 측면은 감추어진 유형hidden type과 관련한 것이다. 이는 차입자가 능력은 있는지, 그가 추진하려는 사업의 전망은 괜찮은지 등에 대한 정보이다. 이러한 정보가 부족할 경우 대출자는 차입자를 잘못 선택함으로써 손실을 입을 수 있다. 이를 역선택adverse selection이라고 한다.

역선택은 대출시장에만 존재하는 것은 아니다. 중고차 구매자와 판매자, 생명보험회사와 보험 가입자, 기업과 취업희망자 간에도 역선택 위험은 상존한다. 전자는 후자보다 관련 정보relevant information를 덜 갖고 있는데, 여기서 관련 정보라 함은 중고차의 품질, 보험 가입자의 건강 및 생활 습관, 취업희망자의 능력과 인성 등이다.[1]

역선택을 막기 위해 대출자가 동원하는 기술은 선별screening이다. 선별이란 정보를 갖고 있지 않은 사람이 정보를 가진 사람들을 서로 다른 유형으로 분류하기 위해 취하는 행동을 말한다.[2] 차입자의 능력, 경력, 주변의 평판, 그리고 차입자가 추진하고자 하는 사업의 내용과 전망 등을 세밀히 조사함으로써 애초 상환 가능성이 낮은 차입자를 걸러내는 작업이 여기에 해당한다. 선별에 많은 자원이 투입될수록 차입자 유형에 대한 감추어진 정보들이 더 많이 드러난다. 이러한 점에서 금장이 대출고객을 확대하려면 선별은 필수적이다.

정보 비대칭의 두번째 측면은 감추어진 행동hidden action에 관한 것이다. 대출자는 차입자가 돈을 빌린 후에 대출금을 갚기 위해 최선의 노력을 기울이기를 원한다. 그러나 대출자의 기대와 달리 차입자는 딴생각을 품을 수 있다. 예를 들어 차입 신청 시점에서는 안정적인 수익을 내는 프로젝트를 추진한다고 약속했지만, 정작 돈을 빌린 후에는 성공 확률은 낮지만 성공시 큰 수익을 내는 프로젝트를 선택할 수 있다. 안정적 프로젝트를 통해 고만고만한 수익이 날 경우 수익의 대부분을 원금상환과 이자로 대출자에게 지불해야 하나, 비록 확률은 낮지만 대박이 날 경우 원금과 이자를 주고도 상당한 몫을 챙길 수 있기 때문이다. 이 밖에도 차입자가 열심히 사업은 하지 않고 해외여행을 다니거나, 사업과 무관한 주식투자에 열중하는 것도 대출자의 이익에 반하는 행동이다.

차입자가 이렇게 행동하는 이유는, 자신의 행동에 따른 비용의 상당 부분을 자신이 부담하지 않기 때문이다. 차입자가 위험한 프로젝트를 추진하다 실패할 경우 이로 인한 경제적 비용의 대부분은 대출자가 부담한다. 차입자가 대출금을 유흥비로 탕진하는 것도 자신의 기쁨을 위해 대출자에게 손실을 입히는 행동이다. 이처럼 특정 행위(고위험 프로젝트 추구, 차입금 유용)의 결과로 이익을 얻는 사람(차입자)과 동행위에 따른 비용을 부담하는 사람(대출자)이 일치하지 않음에 따라 해당 행위가 조장되는 경우를 모럴해저드moral hazard라고 한다.[3]

본래 해저드는 보험 용어로서 손실 가능성을 야기하거나 높이는 조건, 즉 위험 요소를 말한다.[4] 해저드 중에서 물적해저드physical hazard는 물적 위험 요소로서 빙판길(자동차 사고확률을 높임), 배선 결함(화재위험을 높임) 등이 여기에 해당한다. 반면 모럴해저드는 보험 가입 후에 나타나는 사람의 행동 변화와 관련 있다. 자동차보험 가입 후 이전보다 운전을 난폭하게 하거나, 건강보험 가입 후 쓸데없이 병원을 자주 찾는 행위가 대표적인 사례다. 이러한 현상이 나타나는 이유는, 행동 변화에 따른 혜택은 자신이 누리고 그 비용은 보험사가 부담하기 때문이다. 여기서 보험사의 손실을 초래하는 것이 물적 위험 요소가 아니라 보험 가입자의 심리적 위험 요소라는 점에서 모럴해저드라는 용어가 붙었다.

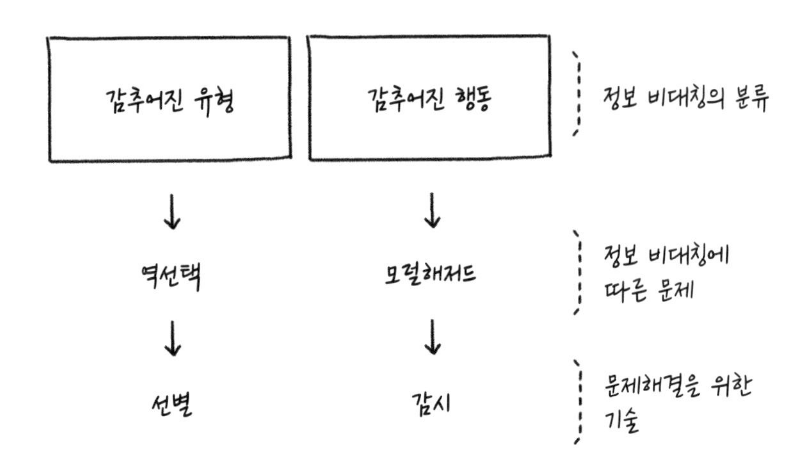

(그림 2-1) 정보 비대칭의 분류, 문제, 해결 기술

금장이 본격적으로 대출고객을 확장하려면 앞서 언급한 역선택뿐만 아니라 차입자의 모럴해저드를 방지할 대책을 강구해야 한다. 차입자가 대출을 받은 후에 행동의 변화를 일으키는 것을 방지하기 위해 동원하는 기술은 감시monitoring이다. 대출자가 차입자에게 대출을 제공한 후, 차입자가 대출자의 이해에 반하는 행위를 하지 못하도록 지속적으로 살피는 것이다. 예를 들어 원래 약속한 안전한 프로젝트를 추진하고 있는지, 실제 사업에 필요한 기계와 재고는 있는지, 주요 거래처와의 거래는 정상적으로 이루어지고 있는지 등을 지속적으로 확인하는 일이 여기에 포함된다.

선별과 감시는 결코 만만한 일이 아니다. 그러나 기존 고객을 넘어 신규 고객에게도 대출을 확대하려면 선별과 감시에 상당한 비용을 투입해야만 한다. 이러한 비용은 차입자 정보를 생산하는 데 소요되는 비용으로 정보비용information cost이라고 한다. 그런데 금장은 자신도 모르는 사이에 정보비용을 효율적으로 처리하는 유리한 위치를 이미 점하고 있었다.

효율적 정보생산자

제임스 와트James Watt는 기존의 뉴커먼 증기기관Thomas Newcomen's steam engine을 효율적으로 개선할 아이디어를 갖고 있었다. 그런데 와트가 시제품을 개발하려면 1,000파운드를 빌려야 했다. 물론 1,000파운드 차입 얘기는 철저하게 허구이다. 당시 와트에게는 매튜 볼턴Matthew Boulton이라는 든든한 후원자가 있어 자금제공은 물론 시제품 개발도 적극 지원했기 때문이다. 와트와 짝을 이룬 볼턴의 모습은 50파운드짜리 지폐에도 등장한다.

아무튼, 뿔뿔이 흩어진 100명의 개인이 마침 10파운드씩을 여유자금으로 갖고 있다고 하자. 여유자금을 다 모으면 와트의 대출수요가 충족되는 상황이다. 그러나 100명의 개인이 자신의 여유자금을 덜컥 내놓기는 쉽지 않다. 생판 알지도 못하는 와트에게 선불리 대출했다간 역선택과 모럴해저드로 손실을 입을 가능성이 크기 때문이다. 따라서 손실을 방지하려면 정보생산이 필요하다.

정보생산에 1파운드의 비용이 소요된다고 하자. 와트에게 돈을 빌려주는 개인의 입장에서 정보비용 1파운드는 자신이 제공하는 대출금 10파운드의 10%에 달한다. 이는 대출금리가 10%를 넘지 않는 한 정보비용을 제하고 나면 대출원금도 못 건진다는 의미이다. 그런데 당시 대출자가 받을 수 있는 최고금리는 5%에 불과했다.[5] 당연히 누구도 대출하려 들지 않아 와트의 증기기관 개량 작업은 시작도 못했을 것이다.

만약 이자율 규제가 없어, 예를 들어 15%의 대출금리를 받을 수 있다면 이 문제는 해결될 수 있을까. 개별 대출자 입장에서 정보비용 10%를 부담하더라도 5%의 이익을 낼 수 있으니 대출에 나서지 않을까. 그래도 문제는 여전히 남는다.

와트에 대한 정보는 100명의 대출자 모두에게 중요하지만, 그렇다고 모든 대출자가 정보생산에 나서는 것은 비효율적이다. 누군가 한 명이 정보비용을 지출할 경우, 나머지 99명의 대출자가 정보비용을 중복으로 지출한다고 해서 선별과 감시의 효과가 배가되는 것은 아니기 때문이다. 이러한 사실을 눈치 빠른 대출자들이 모를 리 없다. 이제 모든 대출자는 서로에게 정보비용 지출 부담을 떠넘기고, 자신은 다른 대출자의 선별과 감시에 편승하려는 무임승차 문제free-rider problem가 발생한다.[6] 그런데 아무도 정보비용을 부담하지 않는다면 대출은 손실로 귀착될 가능성이 매우 높다. 이를 인지한 대출자들은 애초에 대출 자체를 기피함으로써 사회적으로 바람직한 대출이 이루어지지 않는다.

하지만 금장이 개입하면 얘기가 달라진다. 100명의 개인이 금장을 대리인으로 세워 와트에 대한 정보생산을 전적으로 위임[delegation]한다고 하자. 이제 정보생산자가 금장 1인으로 압축됨에 따라 무임승차 문제는 사라진다. 뿐만 아니라 정보비용의 크기도 극적으로 감소한다. 정보비용 1파운드는 와트에 대한 대출금 1,000파운드의 0.1%에 불과하다. 100명의 개인이 금장을 대출 위임자[delegated lender]로 내세움에 따라 각 개인이 부담하는 정보비용은 당초의 1/100수준으로 줄어드는 것이다.[7]

(그림 2-2b)에서 예금자 수가 늘어날수록 금장을 대리인으로 내세울 때 얻는 정보비용 절감 효과는 더 커진다는 점에 주목할 필요가 있다. 요행히 금장은 이러한 정보비용 절감 효과를 톡톡히 누릴 수 있는 위치에 있었다. 보관업자로서 탄탄한 입지를 굳힌 탓에 이미 광범위한 예금자 풀[pool]을 확보하고 있었기 때문이다.

나아가 금장이 부담하는 실제 정보비용은 1파운드에도 훨씬 못 미칠 개연성이 크다. 금장이 대출 업무를 거듭함에 따라 차입자를 평가하고 감시하는 전문성이 강화된다. 이는 정보생산의 효율성을 높임으로써 정보비용을 낮추는 효과를 가져온다. 한번 생산한 정보를 재사용할 수 있는 점도 정보생산의 효율성을 높인다. 특정 업종에 속한 차입자에 대한 정보는 동일 업종의 또다른 차입자를 심사하는 데에도 유용하다[cross sectional reusability][8]. 또한 특정 차입자에 대해 과거에 조사했던 내용들은 훗날 해당 차입자가 다시 대출을 신청할 경우 재사용될 수 있다[intertemporal reusability][9]. 결국 금장의 대출 네트워크에 포함되는 차입자 수가 늘어날수록, 그리고 금장의 활동기간이 길어질수록

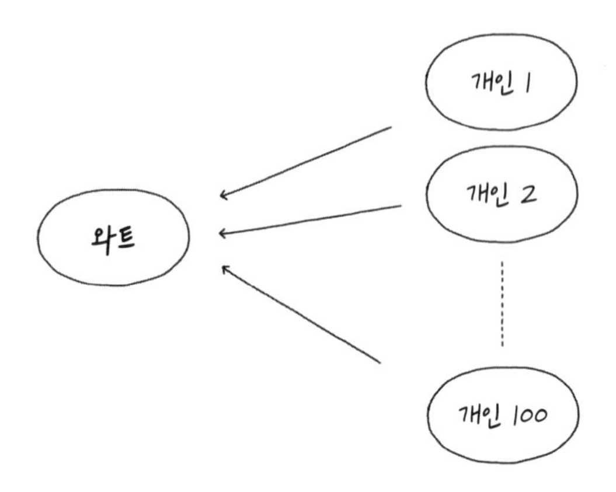

(그림 2-2a) 개인이 와트에게 직접 대출

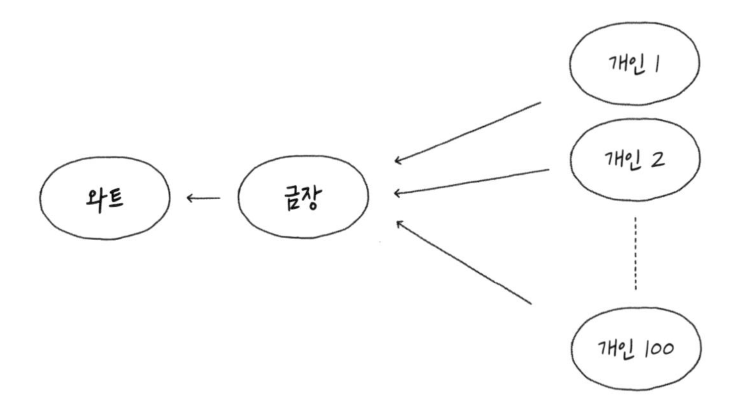

(그림 2-2b) 금장이 대리인으로서 와트에게 대출

정보재사용 잠재력은 커지고, 그 결과 금장이 차입자 한 명당 부담하는 정보비용은 1파운드보다 훨씬 낮아지는 것이다.

위의 논의는 먼저 돈을 차입한 후 그 돈을 대출하는 순수 중개기관에 더 적합한 설명이지만, 이러한 설명을 은행에 적용해도 무리는 없다. 비록 은행의 중개행위가 사후적, 결과적 중개행위에 해당하지만, 대출 손실이 발생할 경우 자신이 전적으로 책임진다는 점에서는 순수 중개기관과 다를 바 없기 때문이다.

강력한 인증자의 등장

여기서 질문 하나. 금장은 그냥 와트에 대한 정보생산만 담당하면 어떨까. 즉, 금장은 정보생산 전문가로서 차입자에 대한 정보생산에만 특화하고, 대출에 따른 성과는 예금자에게 귀속시키면 안 되는 것일까. 이는 정보생산 주체와 투자성과의 부담 주체를 분리하는 것으로 귀결된다.

그러나 이 모델에는 문제가 있다. 금장과 차입자 사이에 정보 비대칭이 있는 것처럼, 예금자와 금장 사이에도 정보 비대칭이 존재한다. 금장이 자신에게 위임된 선별과 감시를 충실히 하는지 예금자들은 알 수 없다. 예금자들은 다수여서 무임승차 문제가 필연적으로 개입되고, 따라서 예금자 중 누구도 금장의 정보생산 여부를 감시할 유인이 없기 때문이다. 그런데 아무도 금장을 감시하지 않는다면 대출 대리인인 금장이 정보생산에 최선을 다할 가능성은 낮아진다. 그리고 그 결과 예금자들이 손실을 입을 가능성은 높아진다.

금장이 정보생산에 매진한다고 해도 여전히 문제는 남는다. 금장이 정보생산을 통해 꽤 괜찮은 차입자를 찾았다고 하자. 이 경우 금장은 딴생각을 품을 수 있다. 자신이 발굴해낸 우량 차입자를 예금자와 매칭시키는 것이 아니라, 자신이 직접 투자하려는 유인을 가진다는 것이다. 주인과 대리인 간의 이익 충돌conflicts of interest이다.[10] 금장은 주인principal인 예금자의 이익을 위해 일하는 대리인agent인데, 대리인이 주인이 아닌 자신의 이익을 우선시하는 것이다. 그 결과 알짜배기 차입자들은 금장의 직접 투자 대상이 되고 쭉정이 차입자들만 예금자들과 매칭된다. 예금자들이 나쁜 성과에 노출됨은 물론이다.

이러한 문제는 금장이 차입자 정보를 생산하는 데 그치지 않고 정보생산에 따른 투자성과도 자신이 부담함으로써 깨끗이 해결된다.[11] 이제 금장은 대출 성과에 상관없이 예금자에게 원금과 사전에 약정한 이자를 무조건 지급한다. 대신 원리금 지급 후에 남는 수익은 전부 자신이 가져간다. 차입자 정보를 열심히 생산해 우량 차입자를 더 많이 발굴할수록 금장이 가져가는 몫도 커지는 구조다. 금장의 정보생산이 활발해짐은 물론이다. 더불어 예금자와의 이익 충돌 문제도 사라진다.

(그림 2-3a)에서 보듯이 금장이 정보생산만 수행하면 와트는 차입자가 되고, 예금자는 와트에 대한 채권자가 된다. 그리고 금장은 와트가 믿을 만한 차입자임을 예금자에게 인증certification한다. 그러나 (그림 2-3b)처럼 금장이 직접 대출위험까지 부담할 경우 와트와 예금자 간의 관계는 단절되고, 대신 금장이 예금자의 채무자가 된다. 이는 와트의 대출에 문제가 생기더라도 금장이 예금자에게 돈을 갚겠다는 의

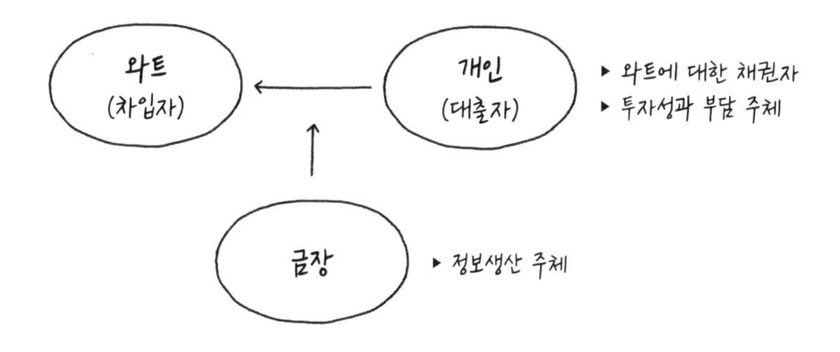

(그림 2-3a) 정보생산 주체≠투자성과 부담 주체

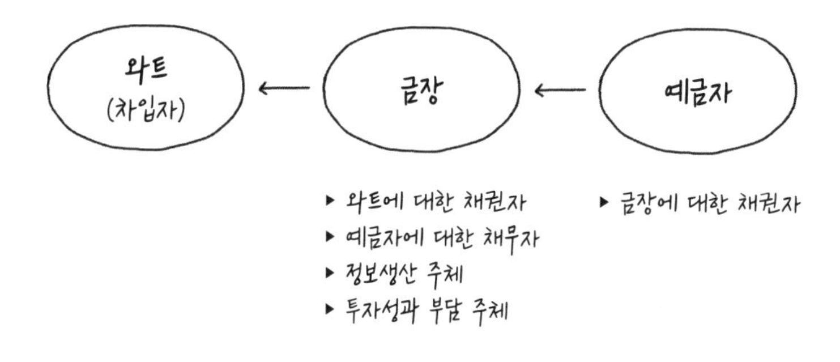

(그림 2-3b) 정보생산 주체=투자성과 부담 주체

미이다. 예금자 입장에서 볼 때 예금자와 와트 간의 채권/채무 관계가 예금자와 금장 간의 채권/채무 관계로 전환되었다. 그런데 금장 스스로가 예금자의 채무자가 되는 행위는 와트의 신용도에 대한 가장 강력한 인증에 해당한다. 예금자에게 와트의 부채를 몸소 갚겠다는 인증보다 더한 인증은 있을 수 없기 때문이다.

우연히 보관업자가 된 금장은 자신이 보관하는 주화 및 귀금속의 품질과 수량을 인증했다. 덕분에 보관증 수수 혹은 장부상 명의 변경만으로 지급결제가 효율적으로 이루어지게 되었다. 이후 금장은 한발 더 나아가 차입자의 신용에 대해서도 강력한 인증을 제공하기 시작했다. 대출을 통해 자금수요자와 자금공급자 간의 자금흐름을 촉진하는 입지를 구축하게 된 것이다.[12]

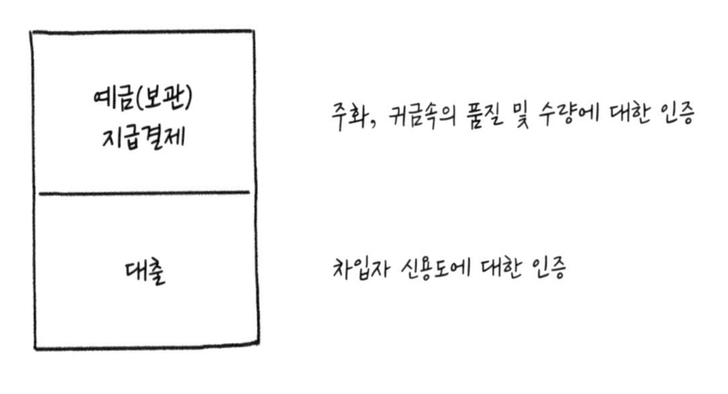

(그림 2-4) 금장의 인증

보관수수료가 사라지고 이자가 지급되다

대출이 본격적으로 확대되면서 금장에게는 걱정거리가 하나 생졌다. 노다지에 눈을 뜬 금장들이 너도나도 대출에 뛰어들었기 때문이다.

이러한 상황에서 대출을 계속 확대하려면 자신이 보관하는 본원통화(주화와 귀금속)의 양이 감소하는 경우는 반드시 피해야 했다. 신용창출의 종잣돈에 해당하는 본원통화 양이 자칫 감소하기라도 하면 추가적인 대출은 불가능해지기 때문이다. 자신이 보관하는 본원통화가 감소하는 것을 막고, 나아가 보다 공격적인 대출을 위해 다른 금장에 보관된 본원통화를 빼어오려면 특단의 조치가 필요했다. 그것은 예금에 이자를 지급하는 것이었다.

본래 금장에 주화와 귀금속을 맡긴 사람은 보관수수료를 지급해야 했다. 그런데 언젠가부터 금장으로부터 보관수수료를 내라는 소리가 잦아들었다. 이상하다고 생각했지만 금장이 보관수수료 청구를 까먹었겠거니 하고 그냥 가만히 있었다. 그런데 시간이 지나면서 금장은 보관수수료를 청구하기는커녕 예금자에게 이자를 주기 시작했다. 당시 예금자들이 받은 충격은 기록에도 그대로 남아 있다.

훗날 하원의원이 된 새뮤얼 피프스Samuel Pepys는 1666년 2월 1일 자신의 금장을 방문해 예금을 인출했다. 그러자 금장은 예치기간에 해당하는 이자를 지급했다. 그는 다소 의아해하면서 이자를 받았다. 그리고 몇 달이 지난 1666년 8월, 네덜란드의 암스테르담은행Bank of Amsterdam은 예금에 이자를 지불하지 않는다는 소식을 듣고는 깜짝 놀랐다.[13] 당시 암스테르담은행은 순수 보관은행으로 지급결제 업무만 수행할 뿐, 신용을 창출하는 부분준비은행이 아니었다. 당연히 예금에 이자를 지불할 이유도 없었다. 결국 새뮤얼 피프스가 이자를 받고 의아해한 이유는 자명하다. 그것은 자신의 금장이 순수 보관업자가 아닌 부분준비은행이 되어 가공의 보관증을 남발하고 있다는 사실을 알지 못했기 때문이다.

새뮤얼 피프스가 예금에 이자가 지급된다는 사실을 사전에 몰랐던 것은 금장이 이 사실을 일부러 숨겼기 때문이다. 실제로 일부 금장들은 예금에 대한 이자 지급을 비밀에 부쳐야 한다고 생각했다.[14] 이자 지급은 금장이 주화와 귀금속을 그냥 보관하지 않고 어딘가에 유용하고 있음을 강력히 시사하는 것이다. 따라서 이자를 준다는 사실이 공공연하게 알려질 경우 행여 예금자들이 항의하거나 심지어 법정으로 끌고 갈지도 모를 일이었다. 그러나 이는 기우에 불과했다. 부분준비 관행이 확산된 17세기 말~18세기 동안 이 문제를 법정으로 끌고 간 사람은 아무도 없었다.[15] 결국 부분준비 관행으로 예금에 양(+)의 수익률이 발생하면서 런던 시내 대부분의 주화와 귀금속은 금장은행가들의 수중에 떨어지게 된다.[16]

금장의 이자 지급에 사람들이 토를 달지 않은 것은, 금장이 부분준비은행으로 변신했다는 사실을 사람들도 인지하고 있었음을 시사한다. 예금자들이 처음부터 투자수익을 기대하고 금장에 주화와 귀금속을 맡긴 것은 결코 아니다. 그러나 이후 금장은 신용창출을 통해 순수 보관업자에서 부분준비은행으로 변신했다. 이에 따라 예금자들도 단순 보관 의뢰자가 아닌 금융중개를 위한 투자자로 변신한 것이다. 이러한 점에서 비자발적이긴 하지만, 예금자들은 가짜 보관증 발급이라는 금장의 사기행각에 공모한 셈이다.

예금이자 지급으로 대출재원(본원통화량)이 안정화되면서, 금장은 신용창출을 통해 대출을 본격적으로 확대할 수 있게 되었다. 마침내 예금(보관+투자), 지급결제, 대출이라는 현대 부분준비은행의 모습이 완전히 갖춰진 것이다.

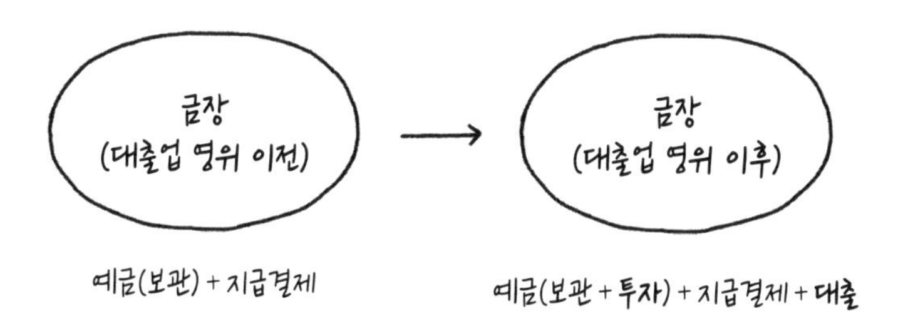

(그림 2-5) 금장의 업무 변화: 대출 업무 영위 이전 vs 이후

부분준비, 대세가 되다

금장은 대출, 즉 가공의 보관증 발행을 통해 지불수단을 창출했다. 지불수단이 부족하던 시절, 대출을 받으려는 수많은 사람이 금장을 찾아와 머리를 조아렸다. 자신의 신분 상승에 금장 스스로도 무척 놀랐을 것이다. 금장은 누구도 예상하지 못한 방식으로 변방의 세공업자에서 갑작스레 스포트라이트를 받는 주역의 자리로 옮겨갔다. 금장

프랜시스 차일드Francis Child는 1665년 플리트가Fleet Street에서 은행업에 뛰어든 후 1713년 런던시장의 자리에 올랐다. 이보다 5년 늦게 은행업을 시작한 금장 리처드 호어Richard Hoare 역시 1718년 런던시장이 되었으며, 앤 여왕Queen Anne 즉위 직후 기사 작위를 받았다.[17]

당시 금장은행가들이 누렸던 사회적 지위는 금장길드 내의 서열에서도 확인된다. 금장이 은행업을 영위하지 않던 시절 금장길드는 세공업자craftsmen로만 구성되었다. 귀금속 세공과 판매가 이들 업무의 전부였다. 그러나 17세기 들어 금장 가운데 은행업을 함께 영위하는 자들이 나타나기 시작하면서 길드 내에 은행가bankers 그룹이 추가되었다. 그런데 은행가 그룹이 추가된 이후 길드 내에서 이들이 누린 지위가 흥미롭다. 길드 내에서 은행가들은 수적으로 열세였다. 그럼에도 불구하고 은행가 그룹은 길드의 상위직급 중 더 많은 자리를 차지했다. 뿐만 아니라 은행가 그룹은 상위직에 진출하는 속도 면에서도 훨씬 빨랐다. 업력seniority이 아닌 은행업 영위 여부가 길드 내 상위직 진출의 중요한 요소로 작용했음을 보여주는 대목이다.[18]

길드 내에서 은행가들의 입김이 세지면서 세공업과 은행업을 겸영하던 업자들은 점차 세공업을 버리고 전문 은행업자로 변신을 꾀한다. 그리고 1720년대에 이르러 은행업은 마침내 세공업과는 완전히 구별되는 하나의 전문업종으로 자리잡았다.[19] 현재 영국 대형은행의 하나인 바클레이즈은행Barclays은 1690년 롬바르드가Lombard Street에서 은행업을 시작한 두 금장에 뿌리를 두고 있다.[20] 또한 로이즈은행Lloyds 로고에 있는 검은 말black horse은, 이 은행이 1880년대 고도성장기에 인

수한 금장 험프리 스토크스Humphrey Stokes에서 비롯되었다.[21]

(그림 2-6) 로이즈은행의 로고와 금장 험프리 스토크스의 로고[22]

부분준비제도에 대한 당시 사람들의 인식은 긍정적이었다. 1690년대까지 부분준비제도는 런던의 모든 지역에서 일상이 되었다. 그 결과 사람들은 "재앙이 두려워 부분준비은행의 장점을 폐기하는 것은 허리케인이 두려워 배 건조를 중단하는 것과 같은 것"이라고 생각하기에 이르렀다.[23]

이러한 생각은 현대의 금융학자 사이에서도 광범위하게 지지되고 있다. "금장의 가짜 보관증 발행 아이디어는 일종의 계시와도 같이 떠올랐다. 가짜 보관증에 기초한 은행업의 발견은 뉴턴 혁명에 맞먹는 것으로 물리학에서 중력의 발견이 갖는 중요성에 필적한다"[24], "일부 천재적인 금장이 신기원을 이루는 생각을 한 덕분에 현대 은행업이 태동할 수 있었다"[25]는 견해가 대표적이다. 학자들은 무엇을 근거로 부분준비제도를 이처럼 강하게 옹호하는 것일까. 그리고 그 근거는 합당한 것일까.

3장

트랜스포머 금장

대출 업무 영위 과정에서 발생하는 대출 손실은 모두 금장의 몫이다. 금장은 다수의 예금자를 대신해 대출에 따른 위험을 혼자서 감당한다. 예금자에게는 더없이 좋은 일이다. 그런데 예금자는 정말 아무 걱정 없이 손 놓고 있어도 되는 것일까.

큰 수의 법칙: 위험한 대출을 안전한 예금으로 바꾸기

금장이 5%의 대출이자를 받고 예금자에게는 2% 이자를 지불한다고 하자. 대출과 예금의 금리차가 3%포인트여서 금장이 무조건 돈을 벌 것 같지만 꼭 그렇지도 않다. 간혹 대출금을 상환하지 못하는 차입자가 있기 때문이다. 금장이 정보비용을 부담하는 것도 이러한 문제를 사전에 방지하기 위함이다. 그러나 금장이 최선을 다해 정보생산에 임해도 대출금 상환 확률을 100%로 만드는 것은 신이 아닌 한 불가능하다. 간혹 불량 차입자를 우량 차입자로 잘못 판단하는 실수를 범하기 마련이며, 때로는 우량 차입자가 운이 나빠 사업에 실패하는 경우도 있기 때문이다.

금장의 정보생산 노력에도 불구하고 차입자 100명 중 한 명꼴로 대출금을 갚지 못한다는 사실이 경험적으로 알려져 있다고 하자(대출손실률 1%). 이러한 상황에서 금장이 100,000파운드를 한 명의 차입자에게 대출하면 어떻게 될까. 이 차입자의 사업이 성공적이어서 대출이 제대로 상환된다면 3,000파운드(예대마진 3%)의 이익을 낼 수 있다.[1] 그러나 이 차입자가 하필이면 상환에 실패하는 바로 그 100명 중 한 명이라면, 금장은 5% 이자는 고사하고 원금 100,000파운드 전부를 날린다. 예금자에 대한 부채를 갚지 못해 파산함은 물론이다.

이제 첫번째 차입자 외에 또다른 한 명에게 대출금을 절반씩 나누면 어떻게 될까. 첫번째 차입자는 대출금 상환에 실패하지만 나머지 한 명이 대출금을 갚기 때문에 대출원금의 절반은 건질 수 있다. 한 명을 더 추가해 3명에게 골고루 대출하면 대출원금의 67%는 건진다. 그래도 금장이 파산한다는 점에는 변함이 없다. 4명에게 대출을 분산하면 최소 75%, 5명의 경우는 80%를 건진다. 차입자 수를 늘려감에 따라 대출원금의 더 많은 부분을 회수할 수 있음을 알 수 있다. 그리고 마침내 100,000파운드의 대출을 100명의 차입자에게 골고루 분산하면 대출원금의 99%를 회수할 수 있다.

이 경우 금장이 회수하는 대출금은 99,000파운드, 대출이자는

4,950(=99,000×5%)파운드이다. 반면 예금자에 대한 부채는 예금 100,000파운드에다 이자 2,000파운드를 합친 102,000파운드이다. 그 결과 금장은 1,950파운드(=99,000+4,950-102,000)의 이익을 얻었다. 차입자 수가 적을 때는 손실을 피하기 어렵지만, 충분한 수의 차입자를 확보할 경우 파산을 면하는 것은 물론 이익까지 얻을 수 있는 것이다. 이는 차입자 수를 늘릴수록 실제 대출금 회수율이 당초 예상한 회수율에 근접하는 큰 수의 법칙 law of large numbers 덕분이다.

큰 수의 법칙이 적용되는 사례는 많다. 동전 던지기를 할 때 앞면이 나올 예상확률은 1/2이다. 그러나 예를 들어 동전을 세 번 던진다면, 죄다 뒷면만 나오고 앞면은 한 번도 안 나올 가능성도 얼마든지 있다. 이는 분명 당초 예상확률과 한참 동떨어진 결과다. 하지만 동전 던지기 횟수가 늘어날수록 앞면이 나오는 비율은 거의 확실히 almost surely 1/2로 수렴하는데, 이는 바로 큰 수의 법칙이 작용한 데 따른 것이다. 보험회사가 보험금을 지급하고도 안정적으로 이익을 낼 수 있는 것 역시 큰 수의 법칙과 관련 있다. 큰 수의 법칙에 힘입어 보험사는 실제 사고확률을 예상 사고확률에 근접하도록 만들 수 있다.

단, 큰 수의 법칙에는 한 가지 전제조건이 있다. 개별 사건들이 독립적 independent 이어야 한다는 것이다. 여기서 독립적이란 말은 한 사건의 발생이 다른 사건의 발생확률에 영향을 주지 않음을 의미한다. 첫번째 동전 던지기 결과는 두번째 동전 던지기 결과에 영향을 주지 않는다. 세번째 동전 던지기 결과 역시 마찬가지다. 던지는 사람이 꼼수를 부리거나 염력을 가진 자가 아니라면 말이다. 보험도 마찬가지다.

생명보험에 가입한 수많은 사람 중 한 사람의 사망이 다른 보험 가입자의 사망에 영향을 주는 경우는 거의 없다.

금장의 대출도 다르지 않다. 다양한 차입자에게 대출이 고루 분산된다면 큰 수의 법칙에 힘입어 손실 가능성은 극히 낮아진다. 반면, 대출이 한두 명의 차입자에게 집중되면 큰 수의 법칙은 성립하지 않는다. 여러 차입자에게 대출이 분산된 경우에도 차입자들이 모두 동일한 업종에 속해 있다면 큰 수의 법칙은 기대하기 어렵다. 같은 업종에 속한 한 차입자의 파산은 다른 차입자의 파산에도 영향을 줄 수 있고, 따라서 단순히 차입자 수를 늘린다고 대출 손실이 줄어들 가능성은 크지 않기 때문이다.

금장은 자신이 예금자에 대한 채무자가 됨으로써 모든 걸 책임진다고 큰소리쳤다. 그러나 금장이 대출에 따른 신용위험을 혼자서 다 짊어질 수 있는 것은 분산투자 덕분이다. 분산투자라는 기술을 동원한 결과 위험한 대출자산이 안전한 예금으로 바뀌었다.[2] 금장은 대출자산에 내재한 높은 신용위험을 자신의 낮은 신용위험으로 바꾸는 신용위험의 변환 기능credit risk transformation을 수행한 것이다. 트랜스포머 금장이다.

또 큰 수의 법칙: 예금자 간 위험분담

1,000파운드를 가진 A가 이 돈을 2년간 와트에게 빌려준다고 하자. 그리고 매년 이자로 50파운드(대출이자율 5%)를 받기로 했다고 하자. 그러면 2년 후 A의 수중에는 1,100파운드가 들어온다. A는 가진

돈을 당장 소비하지 않고 2년을 인내한 덕분에 더 많은 소비를 할 수 있게 되었다.

그런데 1년 후 A가 1,000파운드를 병원비로 급히 지출해야 하는 사정이 생기면 어떻게 될까. 대출만기가 2년이라 A는 와트에게 빌려준 돈을 당장 돌려달라고 요구할 권리가 없다. 설령 A의 사정을 딱하게 여긴 와트가 돈을 돌려주고자 해도 소용없다. 증기기관 개발이 완료되기 이전 시점에서 와트의 시제품은 다른 사람 눈에는 용도도 확실치 않은 기계뭉치일 뿐이며, 따라서 누구도 이 기계뭉치를 위해 1,000파운드를 지불하지 않을 것이기 때문이다.[3]

이러한 점은 거의 모든 투자에서 공통으로 발견된다. 어떤 프로젝트건 종료 시점까지 기다리지 않고 중간에 청산할 경우 애초의 투자금을 전부 회수하기란 불가능하다. 투자 프로젝트가 결실을 맺어 수익을 내는 데는 일정 기간의 기다림이 필요한 것이다.[4] 결국 와트가 자신의 프로젝트를 중도에 포기하면서까지 빌린 돈을 돌려주려고 해도 1,000파운드 상환은 불가능하다. 그 결과 A가 적절한 치료를 받는 것도 불가능하다. 대출에 수반되는 이러한 위험을 A가 모를 리 없다. 따라서 A가 급전이 필요한 상황 자체를 피하려는 성향이 강하다면, 애초 와트에게 돈을 빌려주지 않고 1,000파운드를 그냥 보유하려 할 것이다.

이제 A가 자신이 가진 1,000파운드를 와트에게 직접 빌려주지 않고 금장에게 예금(2년 만기)한다고 하자. 이 경우 예금의 만기가 도래하기 전에 급히 인출할 일이 생기더라도 염려할 필요가 없다. 금장은

A가 요구하는 즉시 1,000파운드를 다 돌려줄 것이기 때문이다. 가진 돈을 와트에게 직접 빌려주지 않고 금장에게 맡긴 덕분에 운이 나쁠 가능성에도 대비할 수 있게 되었다. 그런데 금장은 A에게 받은 돈을 이미 와트에게 대출했을 텐데 어떻게 A의 돈을 돌려줄 수 있을까. 비결은 금장에게는 A 외에도 다수의 예금자가 있다는 사실이다.

예를 들어 100명의 사람이 각자 1,000파운드씩의 예금을 갖고 있고, 이들 중 10명에 1명꼴로 조기인출한다는 사실이 경험적으로 알려져 있다고 하자. 큰 수의 법칙을 적용하면, 예상되는 조기인출 확률이 10%라는 말이다. 이 경우 금장은 전체 예금 100,000파운드의 10%에 해당하는 10,000파운드만 금고에 보관하고 있으면 된다.

단, 큰 수의 법칙이 성립하려면 조기인출하는 사람은 진짜로 급전이 필요한 사람이어야 한다.[5] 딱히 급전이 필요하지도 않은데 조기인출에 나서는 사람이 있을 경우(즉 조기인출 비율이 10%를 초과하는 경우), 금장은 이에 대응할 길이 없어 채무불이행default에 직면한다. 그렇다고 조기인출하겠다는 사람이 실제로 급전이 필요한 사람인지 금장이 일일이 확인하기란 불가능하다.

결국 예금자 스스로 진짜 급전이 필요할 때만 조기인출에 나서도록 하는 기제mechanism가 필요하다. 이러한 기제는 조기인출자와 그렇지 않은 사람을 차별해서 대우하는 것이다. 예를 들어 돈을 만기까지 그대로 두는 사람에게는 상대적으로 높은 이자를 지불하는 반면, 조기인출하는 사람에게는 아주 낮은 이자만 지급한다. 그러면 급전이 필요하지 않은 사람은 이자손실을 피하기 위해 스스로 조기인출을 자

제하게 된다.[6]

A는 금장에게 예금함으로써 운이 나빠 급전이 필요한 경우에 대비할 수 있게 되었다. 나아가 운이 좋으면 꽤 높은 이자도 받을 수 있다. 물론 운이 좋을 때 받는 이자의 크기는 와트에게 직접 대출했을 때 받게 될 이자에는 미치지 못한다. 그러나 이는 운이 나쁠 때도 원금을 회수할 수 있도록 하기 위해 이자의 일부를 포기한 데 따른 것이다. 여기에는 보험의 원리가 작용한다. 시장이자율과 운이 좋을 때 받는 이자율의 차이는 운이 나쁠 때를 대비해 지불하는 보험료에 해당하는 셈이다. 결과적으로 조기인출 위험에 대비하기를 원하는 A는 자신의 돈을 금장에게 맡김으로써, 역시 위험회피자인 다수의 예금자들과 위험을 분담하는risk sharing 보험의 기제를 만들어낸 것이다.[7] (그림 3-1 참고)

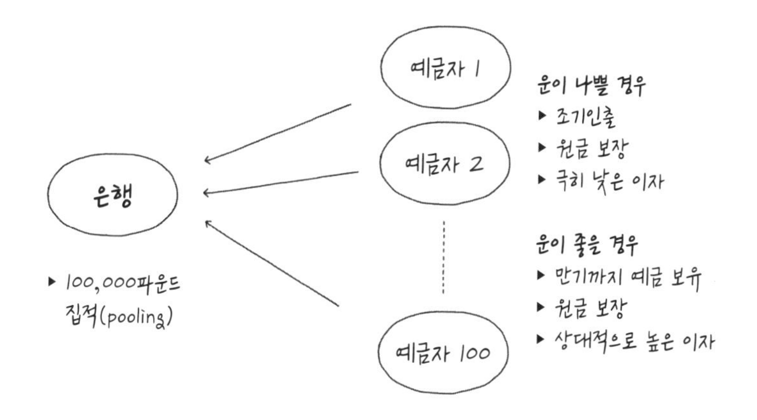

(그림 3-1) 은행: 예금자 간 위험분담을 위한 기제

금장에 의한 보험 기능은 현대 은행에서도 똑같이 제공된다. 우리가 예금에 가입한 후 어느 때고 현금 인출을 원할 때 이를 거부하는 은행은 어디에도 없다.[8] 그리고 이러한 특징은 요구불예금에만 해당하는 것은 아니다. 예를 들어 3년 만기 정기예금에 가입한 경우라도 인출을 원하면 언제든지 원금 전부를 돌려받을 수 있다. 단지 만기까지 기다렸으면 꽤 이자를 받았을 텐데, 조기에 인출하는 바람에 이자를 아주 조금만 받는다는 점에서 차이가 있을 뿐이다.

예금자가 원할 때면 즉시[on demand] 원금을 돌려주는 은행은 매우 특별한 존재이다. 실제로 만기가 도래하지도 않았는데 채권자에게 원금을 돌려주는 채무자는 은행밖에 없다. 금장과 은행은 예금자가 요구만 하면 최종적인 지불수단(본원통화)을 아무런 가치 손실 없이 즉시 돌려준다는 점에서 동일하다. 이는 은행예금이 금장의 보관증에서 비롯되었다는 지울 수 없는 흔적이다.

은행은 큰 수의 법칙 덕분에 대출에 수반되는 위험을 낮추고 이에 따라 예금 지급에 실패할 확률을 큰 폭으로 낮춘다(신용위험 변환). 또한 큰 수의 법칙에 힘입어 예금자들은 조기인출 위험에도 대비할 수 있게 되었다(위험분담). 이래저래 은행은 큰 수의 법칙 위에 서 있다.

유동성공급, 만기변환

경제나 금융 관련 미디어에 자주 등장하는 단어가 있다. 바로 유동성이다. 요즘은 유동성이 너무 흔한 말이 되어 금융을 전공하지 않은 일반인도 자주 입에 올린다. 그런데 이 유동성이란 말은 너무나 중요해서 그 의미를 명확히 해 둘 필요가 있다. 유동성liquidity의 사전적 의미는 ① 액체인 상태 혹은 ② 녹여 액체로 되돌릴 수 있는 정도의 두 가지로 축약된다.

먼저 ①의 해석을 따라보자. 녹아서 액체 상태에 있는 물질은 다른 형태로 쉽게 바뀔 수 있다. 실제로 액체 상태의 물질은 담는 그릇 혹은 틀의 모양에 따라 무한한 형태로 변신한다. 그것도 붓는 즉시. 이를 금융에 적용하면, 유동성이란 다양한 형태의 재화, 서비스로 신속히 전환될 수 있는 정도를 의미한다고 볼 수 있다.

최고의 유동성을 가진 금융자산은 바로 본원통화, 현금이다. 현금은 궁극의 지불수단으로, 필요할 경우 언제든 음식, 책, 옷, 자동차 등으로 바꿀 수 있다. 아리스토텔레스Aristoteles를 차용한다면 현금은 무한한 가능성을 가진 가능태potentiality이며, 음식, 책, 옷, 자동차는 이러한 가능태가 실체화한 현실태actuality인 셈이다. 현금은 그 자체로 무한한 가능성을 보유한, 그야말로 유동성 끝판왕이라 하겠다.

흔히 중앙은행이 유동성을 공급한다고 할 때 이 유동성은 본원통화, 즉 현금을 의미한다. 그리고 시중에 유동성이 많이 풀렸다고 할 때의 유동성은 본원통화와 은행예금(파생통화)을 합친 통화량을 뜻한다. 그런데 본원통화는 물론 은행예금 역시 소지자가 원하는 재화와 서비스로 쉽게 바꿀 수 있다. 결국 ①의 해석을 따를 경우 유동성은 곧 통화량(본원통화+파생통화)을 의미한다고 봐도 무방하다.

한편, 현금이 일단 현실태로 바뀌면 가능태로 되돌아오기는 쉽지 않다(비가역적). 현금을 지불하고 음식, 책, 옷, 자동차를 산 후, 이를 애초 매입가에 해당하는 현금으로 빠른 시간 내에 되바꾸기란 거의 불가능에 가깝다. 현금은 무한한 가능태인 관계로 모든 사람에게 즉각 수용되지만, 재화는 그것을 당장 필요로 하는 사람에게만 수용되기 때문이다. 그리고 언제든 현금으로 새 재화를 살 수 있는 판에, 이미 다른 사람이 구입한 재화를 구입자가 원래 구매한 가격을 지불하면서 살 하등의 이유가 없다.

앞에서 다양한 형태의 재화, 서비스로 쉽게 전환될 수 있는 정도를 유동성이라고 했다. 이런 의미에서 현금은 가장 완벽한 유동성을 가진다. 여기서 뒤집어 생각하면 유동성의 또다른 해석이 가능하다. ②의 해석이 그것이다. 즉, 현금을 지불하고 어떤 자산을 매입한 후, 이 자산을 궁극의 유동성인 현금으로 신속히 되돌릴 수 있는 정도를 그 자산의 유동성으로 해석할 수 있는 것이다. ②의 해석을 따를 경우 유동성이란 단기간 내에 가치 손실 없이 최종적인 지불수단(본원통화, 현금)으로 바꿀(되돌릴) 수 있는 정도를 뜻한다.

이러한 정의에 입각할 때 은행예금은 현금 다음으로 유동성이 높은 금융상품이다. 은행에 문제가 생기지 않는 한 최소 원금 이상의 현금을 언제든 인출할 수 있기 때문이다. 큰 수의 법칙에 의한 위험분담risk sharing 덕분에 가능한 일이다. 현금으로 즉시 바뀔 수 있다는 것은 예금이 사실상 현금과 진배없는 유동성을 가졌음을 의미한다. 은행예금이 통화량에 포함되는 것도 이 때문이다. 반면 회사채나 주식은 은행예금에 비해 유동성이 낮다. 매도자가 당초 지불한 가격에 이들 금융상품을 사겠다는 사람을 신속히 찾아내기 어렵기 때문이다. 일단 현금이 다른 재화로 변하고 나면 이를 원할 때 현금으로 되돌리기 어려운 것과 같은 이치다. (그림 3-2)는 자산별 유동성 정도를 예시적으로 보여주고 있다.

(그림 3-2) 자산별 유동성 스펙트럼

금융상품의 유동성은 해당 상품의 정보 비대칭 정도와 반비례한다. 우량기업이 발행한 채권은 발행자에 대한 정보가 시장에 잘 알려져 있어 정보 비대칭이 낮다. 따라서 우량채권 보유자는 현금이 필요할 때 매수자를 비교적 쉽게 찾을 수 있다. 반면 투기등급 회사채는 발행자에 대한 정보 비대칭이 심하다. 이로 인해 대폭 할인된 가격이 아니면 현금화가 불가능하거나, 심지어 매수자를 아예 찾지 못할 수도 있다. 정보 비대칭과 유동성 간의 관계는 여타 자산에서도 쉽게 확인된다. 아파트 등 표준화된 주택은 정보 비대칭 여지가 크지 않아 비교적 유동성이 높다. 반면 상업용 건물이나 토지는 유동성이 낮고 따라서 즉각적인 현금화가 매우 어렵다.

은행의 자산인 대출 역시 만기 전에는 회수할 수 없어 유동성이 낮다. 설령 만기 전에 대출자산을 다른 곳에 매각해서 현금화하려고 해도 이는 쉽지 않다. 대출이 정보 비대칭이 심한 자산, 즉 정보민감성information-sensitive 자산이기 때문이다.[9]

은행은 예금자를 대신해서 차입자를 홀로 감시delegated monitoring하고, 따라서 해당 차입자에 대한 정보는 은행만이 갖고 있다. 이러한 상황에서 은행이 대출자산을 매각하려 들 때 사람들은 해당 대출이 우량자산이라고 확신하기 어렵다. 우량자산이라면 만기까지 보유함으로써 이자수익을 얻을 수 있다는 점에서 굳이 서둘러 매각할 이유가 없기 때문이다. 그 결과 은행은 자신이 보유한 대출자산을 쉽게 현금화할 수 없다.

여기에서 우리는 은행이 주는 또다른 편익을 발견한다. 은행 자신은 유동성이 낮은 대출자산을 보유하면서 예금자에게는 높은 유동성을 제공한다는 점이다. 이는 예금자가 은행을 통하지 않고 차입자에게 직접 대출할 경우에는 결코 누릴 수 없는 혜택이다. 은행의 존재에 힘입어 예금자에게 유동성이 제공된다는 점에서 은행을 유동성공급자liquidity provider라고 부른다.[10] 또한 만기가 긴 대출자산을 만기가 극히 짧은 예금으로 변환시킨다는 점에서, 은행의 유동성공급 기능을 만기변환maturity transformation 기능이라고 부르기도 한다.

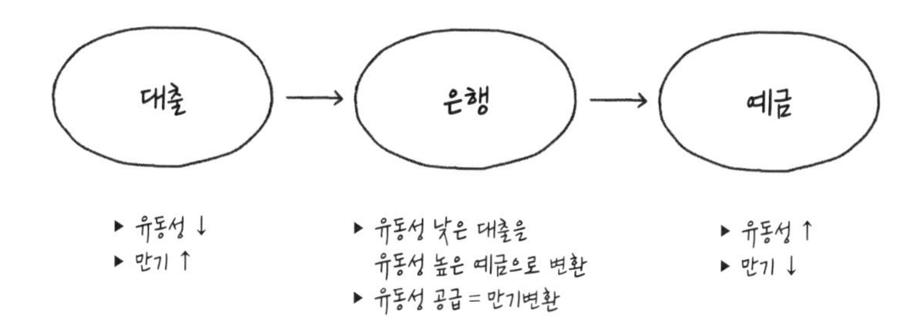

(그림 3-3) 은행의 유동성공급, 만기변환

은행의 유동성공급 혹은 만기변환 덕분에 예금자들은 조기인출 가능성에 대비할 수 있게 되었다. 동시에 자금수요자인 차입자들은 프로젝트의 조기청산에 대한 두려움을 떨칠 수 있게 되었다. 은행의 개입으로 경제성장에 긴요한 장기투자가 촉진될 여지가 확대된 것이다.[11]

은행은 만능 재주꾼?

1장부터 3장까지 금장이 어떻게 현대의 부분준비은행으로 진화했고, 이를 통해 어떠한 편익이 제공되는지 살펴보았다. 이를 간략히 정리해보자.

우선 금장은 보관업자가 되어 주화와 귀금속을 자신의 금고에 보관했다(예금수취). 그리고 수취하는 주화와 귀금속에 대한 시금 및 보관증 발행을 통해 이들의 품질을 인증하는 기능을 제공했다. 이는 당시 열악한 주화의 품질을 감안할 때 실로 중요한 기능이다. 즉, 믿을 수 없는 주화를 믿을 수 있는 금장의 보관증으로 변환시킴으로써 지급결제가 원활해지고, 그 결과 상거래가 촉진된 것이다(주화 품질 인증, 지급결제).

지급결제 기능을 제공하는 과정에서 기존 고객에게 가짜 보관증을 발행함으로써 대출 업무에 첫발을 디뎠다. 이익을 확대하고자 금장은 가짜 보관증 발행을 늘려나갔고 이로 인해 대출 규모도 점차 확대되었다. 그 결과 시장에는 주화와 귀금속의 실제 양보다 훨씬 많은 보관증이 유통되었으며 이는 시중의 통화량 증대로 귀결되었다(부분준비, 지불수단 창출, 파생통화 창출).

대출을 확대하는 과정에서는 차입자를 선별하고 감시하는 작업이 필수적이다. 그런데 금장은 정보비용 절감 효과를 통해 효율적으로 차입자를 선별하고 감시할 수 있는 위치에 있었다(정보생산, 정보 비대칭 해소). 이러한 정보생산의 효율성은 우량 차입자, 즉 부가가치를 창출하는 프로젝트에 지불수단이 흘러가도록 하는 데 매우 중요하다. 효율적 정보생산에 힘입어 부족한 자원이 효율적으로 배분되는 것이다.

한편, 금장은 대출에 따른 위험을 예금자에게 귀속시키지 않고 자신이 직접 부담했다. 이는 금장 자신이 예금자의 차입자가 됨으로써 대출자산의 질을 강력히 인증했음을 의미한다(차입자의 신용도 인증).

대출자산의 질을 인증하는 데는 대출다각화가 한몫했다. 금장은 여러 차입자에게 대출을 분산했는데, 이러한 대출 분산은 정보생산과 더불어 대출 손실이 발생할 확률을 크게 낮추었다. 그 결과 금장은 위험한 대출을 안전한 예금으로 변환시킬 수 있었다(신용위험 변환). 금장의 신용위험 변환은 믿을 만한 저축수단이 드문 시기에 예금이라는 안전한 금융자산이 시중에 공급되도록 했다.

한편, 은행예금은 매우 특별한 부채이다. 만기와 상관없이 언제든 예금자가 요구하는 즉시 현금(본원통화)을 돌려줘야 하기 때문이다. 은행예금을 제외하고 이러한 부채는 세상 어디에도 없다. 이는 당초 은행예금이 보관증에서 비롯되었기 때문이다. 그런데 시간이 흘러 은행예금에 이자가 지급되면서 예금은 단순한 보관증이 아니라 양(+)의 수익률이 발생하는 투자수단의 성격도 갖게 되었다.

보관과 투자는 양립할 수 없는, 일종의 형용모순oxymoron이다. 보관에는 즉각적인 인출이 허용된다. 반면 투자는 그렇지 않다. 우리가 어딘가에 돈을 투자한다는 것은, 일정 기간의 기다림이 필요하고 당연히 그동안 투자한 돈은 찾을 수 없음을 의미한다. 그런데 수많은 금융자산 중 유독 은행예금은 그렇지 않다. 수익을 얻는 금융자산인 동시에 필요시 즉시 현금화가 가능한, 참으로 기이한 금융자산인 것이다.

은행예금이 수익이 나는 금융자산이면서 동시에 상시 인출이 가능하다는 점은 예금자에게 위험분담risk sharing이라는 편익을 제공한다. 특별한 사건에 직면하지 않은 예금자는 만기까지 기다림으로써 꽤 높은 이자를 향유할 수 있고, 혹 운이 나빠 급전이 필요한 경우에도 최소한 원금 이상을 돌려받을 수 있다. 이러한 점에서 은행예금은 거의 현금에 맞먹는 유동성을 지닌 금융자산이다. 은행예금을 통화량에 포함시키는 이유다.

은행 자신은 유동성이 낮은 대출자산을 보유하면서 예금자에게는 현금에 버금가는 유동성을 제공한다는 점에서 은행은 유동성공급자로 불린다. 유동성공급은 만기가 긴 대출자산을 만기가 사실상 0인 예금으로 변환하는 것으로, 만기변환이라고 부르기도 한다(유동성공급, 만기변환). 유동성공급 혹은 만기변환 덕분에 예금자는 조기인출에 대한 걱정을 덜고, 동시에 차입자는 장기투자에 적극적으로 나설 수 있다.

은행의 그림자

여러 사람의 저축을 집합해 기업이나 가계에 대출하는 금융기관은 은행 말고도 다수 존재한다. 대표적인 곳이 여신회사[finance companies]이다. 그런데 여신회사는 은행과 달리 대출을 통해 예금을 만들지 못한다. 여신회사는 먼저 저축이 유입되고 난 후 대출을 제공한다. 이런 점에서 은행보다는 여신회사가 본래 의미의 금융중개기관에 훨씬 더 가깝다.

(그림 3-4)에는 부분준비은행의 기능이 표시되어 있다. 그런데 이 중 두 가지는 순수 중개기관인 여신회사도 제공하는 것이다. 즉, 여신회사는 대출 업무를 취급하는 과정에서 정보를 생산하고 대출을 다각화한다(③). 그 결과 위험한 대출을 비교적 안전한 저축으로 바꾸는 신용위험 변환 기능을 제공한다(④).

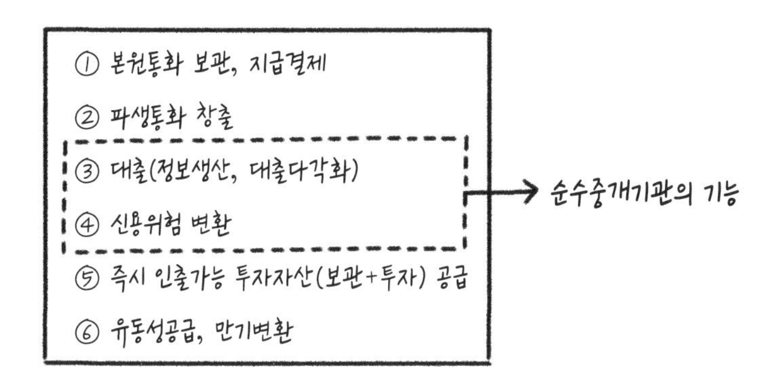

(그림 3-4) 금장(부분준비은행)의 기능

결국 (그림 3-4)에서 순수 중개기관이 제공하지 못하는 부분준비은행 특유의 기능은 ①, ②, ⑤, ⑥의 네 가지다. 이 중 특히 ②, ⑤, ⑥은 보관업자로서 본원통화 전부를 보관하지 않고 불법유용을 통해 대출을 제공하는 데 따른 것으로, 한마디로 반칙의 산물이다. 그리고 ①은 불법유용, 즉 부분준비의 기초를 제공한다.

애초 보관safe keeping과 중개intermediation는 양립할 수 없는 개념이다. 보관업자는 보관을 의뢰 받은 자산 전부를 항시 금고에 두고 있어야 한다(full reserve 혹은 100% reserve). 그래서 언제든 보관 의뢰자의 인출에 응할 준비를 하고 있어야 한다. 전부가 아닌 일부만 보관fractional reserve하는 자는 더이상 보관업자가 아니다.

보관자산의 유용을 통해 대출을 제공하면서 은행은 보관업자로서 지켜야 할 선을 넘었다. 보관업자이자 중개업자라는 정체불명의 업자가 탄생한 것이다. 사실 위험분담, 유동성공급, 만기변환 등 선뜻 납득하기 어려운 편익들도 보관과 중개가 이종교배를 통해 낳은 산물이다.

〈표 3-4〉의 ③대출에 대해서도 한 가지 짚고 넘어가야 할 것 같다. 은행과 여신회사 둘 다 대출을 취급한다는 면에서 겉으로는 차이가 없다. 그러나 여신회사는 먼저 차입을 한 다음 그 돈으로 대출을 하는 반면, 은행은 차입이 선행되지 않은 상태에서도 대출로 예금을 만들어낸다. 이 둘의 차이는 생각보다 훨씬 크다. 부분준비은행의 경우 여신회사에 비해 훨씬 많은 대출을, 훨씬 빠른 시간 내에 늘릴 수 있기 때문이다.[12]

부분준비은행은 즉시 인출 가능한 투자자산을 제공하고, 유동성공급, 만기변환의 기능을 수행한다. 아울러 많은 대출을 신속히 늘릴 수 있다. 이처럼 금장에서 진화한 현대의 부분준비은행은 여느 금융회사가 감히 범접할 수 없는 편익을 제공한다.

그러나 공짜 점심은 없는 법. 은행이 제공하는 편익에는 많은 비용이 수반된다. 다시 말해 은행의 편익은 우리 사회가 많은 비용을 치르는 대가로 얻어진다는 것이다. 그럼에도 불구하고 일반인은 물론 정책담당자, 금융학자에 이르기까지 사람들은 이러한 비용에 별로 주목하지 않는다. 부분준비은행의 비용을 인식하는 사람들조차 이러한 비용은 어쩔 수 없는 것이라고 치부한다. 지금부터는 부분준비은행의 존재로 우리 사회가 어떤 대가를 치르고 있는지, 그리고 이러한 대가 지불이 피할 수 없는 것인지 차례차례 알아가기로 하자.

2부

은행의 역사는 곧 위기의 역사

4장

깨지기 쉬운 은행

사업을 하려면 자산이 필요하다. 예를 들어 반도체를 만드는 사업이라면 공장과 기계, 그리고 반도체 생산에 투입되는 원재료가 필요하다. 편의점이라면 가게건물과 상품재고가 필요하다. 아이디어 하나로 창업하는 벤처기업이라면 작은 차고와 낡은 컴퓨터가 사업을 위해 보유하는 자산이 될 것이다. 이렇듯 사업의 내용이 다양한 만큼이나 그 사업에 필요한 자산의 종류 또한 다양하다. 그런데 사업에 필요한 자산이 무엇이든 이들 자산은 크게 두 가지 재원으로 마련된다. 하나는 사업가 자신의 돈이며, 또다른 하나는 다른 사람에게 빌린 돈이다. 전자를 자기자본owner's equity; equity capital이라고 하며, 후자를 부채debt 혹은 타인자본debt capital이라고 한다.

대차대조표, 기업정보의 스냅숏

(그림 4-1)은 A기업의 대차대조표[1]이다. 대차대조표의 왼쪽에는 현재 시점에서 A기업이 보유하고 있는 자산이 모두 100임을 보여준다. 자산 100 중에는 현금이나 재고품, 기계, 공장 등 다양한 것들이 포함되어 있다. 이처럼 대차대조표의 왼쪽에 있는 자산은 생산 과정에 직접 활용되어 수익을 창출한다(실물의 영역).

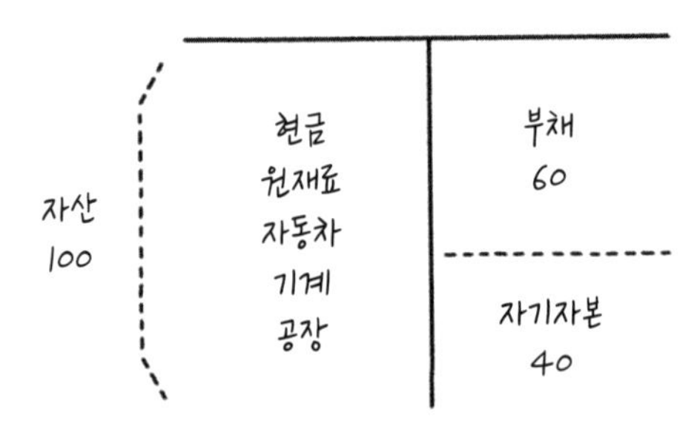

(그림 4-1) 대차대조표(A기업)

대차대조표의 오른쪽은 A기업의 자산 100이 어떻게 마련되었는지를 보여준다(금융의 영역). A기업이 오늘날 가장 일반적인 기업 형태인 주식회사라면, 이 기업의 자산 100 중 40은 주주들의 돈인 자기자본으로, 나머지 60은 채권자들의 돈인 부채, 즉 타인자본으로 구입한 것이다.[2] 이를 다른 관점에서 말하면 A기업의 자산 중 40은 주주 몫, 60은 채권자 몫이라고 할 수 있다. 기업의 자산이 하늘에서 떨어지지 않는 이상, 이들 자산은 단 하나의 예외도 없이 주주 혹은 채권자의 주머니에서 나온다. 따라서 대차대조표의 양쪽 크기는 언제나 같다. 대차대조표 balance sheet 라는 이름도 그래서 붙었다.

주주 vs 채권자

이야기를 조금 더 끌고 가보자. 기업은 자신이 보유한 자산을 활용하여 수익을 창출하는데, 이는 당연히 '자산의 증가'라는 형태로 구현된다. A기업이 보유 자산 100을 활용해 1년간 사업을 영위한 결과 보유 자산이 130으로 늘었다고 하자(그림 4-2).

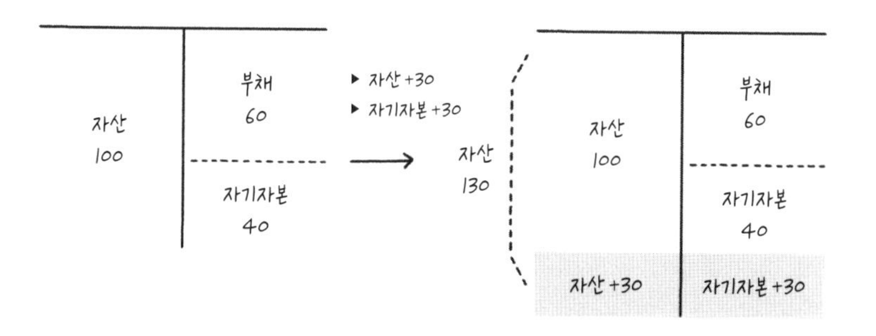

(그림 4-2) 대차대조표(A기업)의 변화 (수익 창출)

이 경우 채권자와 주주의 몫은 어떻게 될까. 채권자는 투자원금(고정된 금액)과 사전에 약정된 이자(고정된 금액)를 받아가는 고정 청구권자fixed claimants이다. 사업 활동 결과 수익이 많이 발생한다고 해서 A기업이 채권자에게 더 많은 금액을 갚아야 하는 것은 아니다. 보유자산이 130으로 증가하더라도 전체 자산에 대한 채권자 몫은 여전히 60이라는 것이다.[3]

채권자가 고정 청구권자인 것과 달리 주주는 잔여 청구권자residual claimants이다. 이 말은 회사 자산 중 채권자 몫으로 지불하는 금액(사전에 고정된 원금과 이자)을 제한 후의 나머지 부분에 대해 주주가 권리를 행사할 수 있다는 의미이다. 즉, 회사 자산 배분 측면에서 채권자가 주주보다 우선권seniority을 갖는 것이다. 이러한 점은 우리가 개인사업을 하는 경우에도 똑같이 적용된다. 내 돈과 빌린 돈을 합쳐 사업을 영위할 경우, 내가 가져갈 수 있는 몫은 빌린 돈을 먼저 다 갚고서 남는 부분이다. 따라서 1년이 경과한 시점에서 A기업이 보유한 자산 130 중 채권자 몫 60을 제하고 남는 70이 바로 주주 몫이다. 이처럼 기업활동 결과 수익이 창출될 경우, 늘어난 자산은 온전히 주주에게 귀속된다.[4]

만약 수익 대신 손실이 발생하면 어떻게 될까. 손실 발생은 자산 감소를 가져온다. 예를 들어 1년 후 영업손실이 발생해 A기업의 자산이 70으로 줄었다고 하자(그림 4-3). 채권자는 고정 청구권자이므로 자산변화에 무관하게 기업 자산 중 60에 해당하는 몫을 주장할 수 있다. 반면 주주는 채권자 몫을 제외한 나머지에 대한 권리를 가지므로 이제 주주 몫은 10이 된다. 주주 몫이 당초 40에서 10으로 줄어든 것이다.

정리하면, 기업활동을 통해 자산이 늘었다 줄었다 하는 동안 고정 청구권자인 채권자의 몫은 애초의 금액으로 고정된다. 반면, 잔여 청구권자인 주주의 몫은 자산크기의 변동(수익 혹은 손실)에 맞춰 함께 출렁이면서 변동함을 알 수 있다.

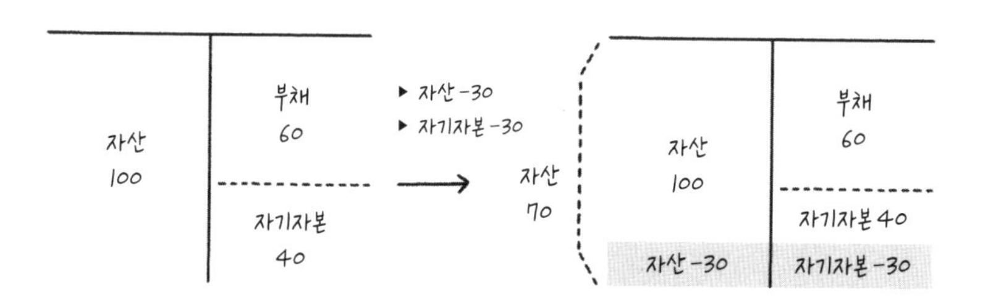

(그림 4-3) 대차대조표(A기업)의 변화 (손실 발생)

자기자본과 지급불능 위험

여기서 주목할 점이 하나 있다. 채권자 입장에서 볼 때 자기자본은 손실이 발생할 경우 이러한 손실을 우선적으로 흡수하는 쿠션 기능을 수행한다는 것이다. 앞의 예에서도 주주들이 발생한 손실 30을 전부 흡수한 덕분에 채권자들은 자신의 몫인 60을 온전히 지킬 수 있었다.

이제 손실 규모가 50으로 확대되어 자산이 애초의 100에서 50으로 급감한 경우를 살펴보자(그림 4-4). 그런데 이번에는 손실 규모가 커 주주들이 자기자본 40을 다 포기한 후에도 여전히 10의 손실이 남는다. 남은 자산 50을 다 처분해도 채권자 몫 60을 갚기에 부족하다. 이처럼 보유 자산이 부채보다 적은 경우가 바로 지급불능insolvency이다. 자산과 부채의 차이(자산-부채)를 순자산net worth이라고 하는데, 지급불능은 순자산이 음(-)인 영역에 해당한다. 당연한 말이지만, 지급불능에 처하면 채권자는 자신이 제공한 자금 중 일부를 회수할 수 없고, 기업의 생산 활동은 중단된다.

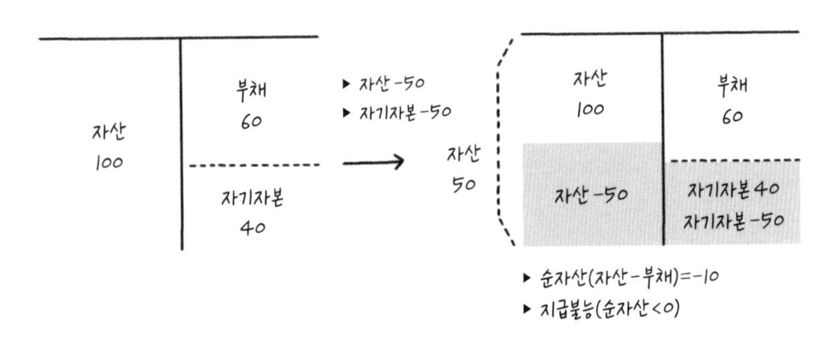

(그림 4-4) 대차대조표(A기업)의 변화 (지급불능)

애초에 자기자본이 40이 아니라 50 혹은 60이었으면 어떻게 되었을까. 기업이 자산 100을 자기자본 50, 부채 50으로 조달했다면, 손실

50이 발생하더라도 이 기업은 지급불능에 이르지 않는다. 자기자본 60, 부채 40인 경우도 마찬가지다.

총자산에 대비한 자기자본의 크기를 자기자본비율(=자기자본/총자산)이라고 한다. 앞의 예를 적용하면 자기자본비율이 40%(=40/100)인 경우에 비해 50%(=50/100), 60%(=60/100)로 높아질수록 지급불능 가능성은 낮아진다. 자기자본비율이 높을수록 채권자들에게 제공되는 손실 흡수력이 커지고, 이에 따라 채권자들이 자신의 돈을 되찾지 못할 가능성은 그만큼 낮아지는 것이다. 이러한 점에서 자기자본은 채권자에게 담보와 같은 기능을 제공하는 셈이다.

한편, 과거 파트너십이나 무한책임법인의 경우 사업가나 주주는 기업에 출자한 자금(즉, 자기자본) 이상의 책임을 져야 했다. 여기서 '책임'은 사업가 혹은 주주가 채권자에게 져야 하는 책임을 말한다. 따라서 출자금이 부채를 상환하는 데 충분하지 못하면 사업가나 주주 개인의 재산을 추가로 털어서라도 채권자에 대한 책임을 다해야 했다. 따라서 출자금의 크기만 보고 지급능력을 판단하기는 쉽지 않았다.

하지만 18~19세기 유한책임법인이 보편적인 기업조직의 형태가 되면서 상황이 달라졌다. 유한책임법인에서는 기업을 주주 개인과 단절된 별도의 인격체로 간주한다. 이 말은 주주의 금전적 책임이 기업에 출자한 금액 이내로 제한된다는 것이다. 그 결과 설령 기업의 자기자본이 채무를 상환하기에 부족하더라도 주주는 개인재산을 털어 빚을 갚을 필요가 없게 되었다. 이처럼 유한책임법인이 정착된 후 자기자본의 크기는 명실상부 기업의 지급능력을 나타내는 중요한 지표가 된 것이다.

여기서 법인이란 자연인과 대비되는 개념으로, 자연인이 태어날 때부터 권리능력이 부여되는 것과 달리 법인은 법에 의하여 권리능력이 부여된다. 법에 의한 회사설립을 통해 법인격이 부여될 때, 비로소 회사 스스로가 권리주체가 되어 회사 명의로 계약(차입, 고용, 원재료 구입 등)을 할 수가 있는 것이다.

조직 형태	법인 여부	주주책임 범위
파트너십	X	무한책임
무한책임회사	O	무한책임
유한책임회사	O	유한책임

(표 4-1) 기업의 조직 형태

유동성 위험

자기자본과 부채의 상대적 크기뿐만 아니라 부채의 성격도 매우 중요한 의미를 지닌다. 자산 규모가 100인 동일 업종의 두 기업 A, B가 있다고 하자. 두 기업은 동일한 수출시장을 두고 동일한 제품을 생산하며, 자산 구성 또한 정확히 동일하다고 하자. 여기에 더해 두 기업의 자기자본이 각각 40으로 동일하면 자기자본비율까지 똑같아진다. 이처럼 자산 규모와 자산 구성, 여기에 자기자본비율까지 똑같다면 두 기업의 채권자가 직면하는 위험risk도 당연히 동일해야 한다. 그러나 반드시 그런 것은 아니다. 부채의 성격 때문이다.

A기업의 부채는 만기가 5년인 반면, B기업의 부채는 만기가 1년이라고 하자. 그리고 1년이 지난 후 수출 부진으로 두 기업 모두 40의 손실을 기록해 자산가치가 당초 100에서 60으로 줄었다고 하자. 이제 자산가치는 60으로 부채의 크기와 동일하다. 큰 손실이 발생했지만 그래도 자산가치가 부채보다 작아지지는 않았고 따라서 지급불능은 아니다. 그리고 A기업의 경우 부채의 상환까지는 아직 4년의 여유가 있어 채권자들이 당장 돈을 내어달라고 할 수도 없다.

그러나 B기업은 상황이 다르다. 40의 손실이 발생한 시점에서 부채의 만기가 도래했기 때문이다. 물론 만기가 도래한 시점에서 채권자들이 돈을 찾아가지 않고 다시 만기 1년의 대출 계약을 맺을 수 있다. 이를 새로운 대출로 기존 대출을 갚는다는 의미에서 차환rollover이라고 한다. 이 경우 기존 부채의 만기가 실질적으로 연장되는 셈이다. 그러나 B기업이 바라는 일이 실현되기는 쉽지 않다. 머지않아 B기업의 자산가치는 부채 규모를 하회함으로써 지급불능에 이를 수도 있기 때문이다. 이런 점을 우려한 채권자들은 기존 부채의 상환을 요구하고 나설 가능성이 크다.

채권자들의 부채 상환 요구가 뭐 그렇게 대수인가. 채권자들이 상환을 요구하더라도 '자산=부채'인 만큼 자산을 팔아 부채를 갚으면 될 것 아닌가. 그런데 보유 자산의 처분은 생각처럼 만만한 일이 아니다. 요행히 B기업의 자산이 전부 현금이나 은행예금으로 이루어져 있다면 채권자들의 부채 상환 요구에 어렵지 않게 대응할 수 있다. 그러나 대부분의 기업 자산은 예외 없이 즉각적인 현금화가 어려운, 즉 유동성이 낮은 것들로 구성되어 있다.[5] 따라서 채권자들이 만기도래한 부채를 일거에 상환하라고 요구하면 B기업은 심각한 위기에 빠진다. 이처럼 지급능력[solvency]이 있음에도 불구하고, 부채의 만기가 짧아 어려움을 겪는 경우를 유동성 위기[liquidity crisis]라고 한다. A, B 두 기업은 모든 면에서 동일하고 부채의 만기만 다를 뿐이다. 그러나 이 단 하나의 차이가 B기업을 위기로 내몰고 만 것이다.

유동성 위기 가능성은 부채의 유동성이 자산의 유동성보다 높을 때 발생한다. 달리 말해 만기가 짧은 부채로 조달한 자금으로 현금화가 어려운 자산을 보유할 경우 유동성 위기의 확률은 높아진다.

유동성 위기에서 지급불능 위기로

유동성 위기가 무서운 것은, 자산이 부채보다 월등히 많아 지급능력이 풍부한 기업조차 단기간 내에 지급불능 상태에 빠질 수 있기 때문이다. 예를 들어 자산이 100, 자기자본과 부채가 각각 70, 30인 C기업을 생각해보자. 그리고 현재 시점에서 부채 30의 만기가 도래했다고 하자. 현재 보유하고 있는 자산 규모가 부채의 2배를 넘는 수준이므로 지급능력에는 아무런 문제가 없다. 당연히 채권자들도 만기도래한 채권을 회수할 유인이 크지 않다. 그럼에도 불구하고, 어떤 이유로든 채권자들이 즉각적인 채권 회수에 나선다면 지급능력이 그대로 유지된다고 장담하기 어렵다.

C기업의 생산물이 매우 특수한 설비와 공정을 필요로 하는 것이라고 하자. 그러면 C기업의 자산은 자신에게만 유용하고 다른 기업에는 그렇지 못할 가능성이 크다. 이처럼 어떤 자산이 범용성을 갖지 못하고 특정 사람, 특정 기업에만 유용한 경우 자산전속성asset specificity이 존재한다고 한다.[6] 2장에서 언급한 와트의 시제품이 여기에 해당한다.

자산전속성이 존재하는 상황에서는 C기업의 자산을 매입할 구매자를 찾기란 결코 쉽지 않다. 설령 가까스로 구매자를 찾아낸다고 해

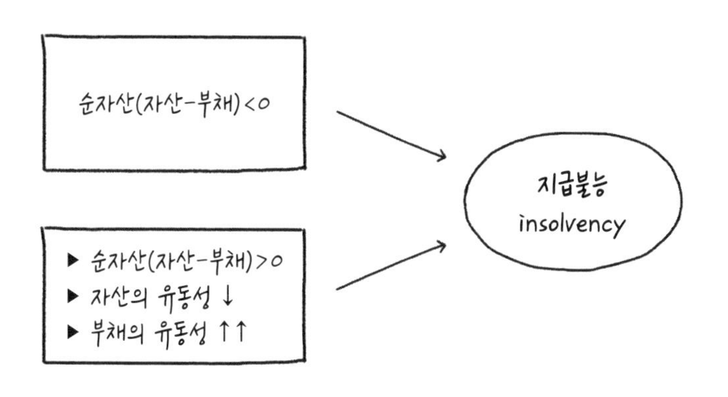

(그림 4-5) 지급불능에 이르는 두 가지 경로

도, 구매자 간 경쟁이 없는 상태에서 이루어지는 급매fire sale여서 제값을 받고 처분하기란 불가능하다.[7] C기업의 자산가치 100은 사업을 계속 영위하는 것going concern을 전제로 성립할 뿐, 즉각적인 처분이 요구되는 상황에서는 결코 유지될 수 없는 것이다.

C기업처럼 자산전속성이 심한 경우라면, 보유 자산 100의 급매를 통해 손에 쥐는 현금은 예를 들어 10이나 20밖에 안 되는 경우도 얼마든지 발생할 수 있다. 그런데 이는 부채 30에도 못 미치는 것으로, 이제 C기업은 자산이 부채를 밑도는 지급불능 상태에 처하게 된다. 분명 지급능력이 충분한 상태였으나 채권자들이 만기도래한 부채의 즉각적인 상환을 요구한 결과 순식간에 지급불능 상태로 옮겨간 것이다. 이러한 사례는 유동성 문제가 때로 지급불능 문제로 비화될 수 있음을 보여준다. 바로 이러한 이유 때문에 대부분의 기업은 자산의 유동성이 낮을수록 부채의 만기를 길게 가져가려고 노력하며, 특히 부채의 만기가 극도로 짧아지는 일은 반드시 피하려고 한다. 은행을 제외하면 말이다.

은행의 위태로운 지급능력

은행 역시 자산을 활용해서 수익을 창출하며, 이러한 자산은 부채와 자기자본으로 조달된다는 점에서 일반기업과 다를 바 없다. 그러나 기업의 자산은 생산 활동을 위한 것인 반면, 은행의 자산은 실제 생산 활동에 사용되는 것이 아니라, 생산 활동을 수행하는 기업에 대한

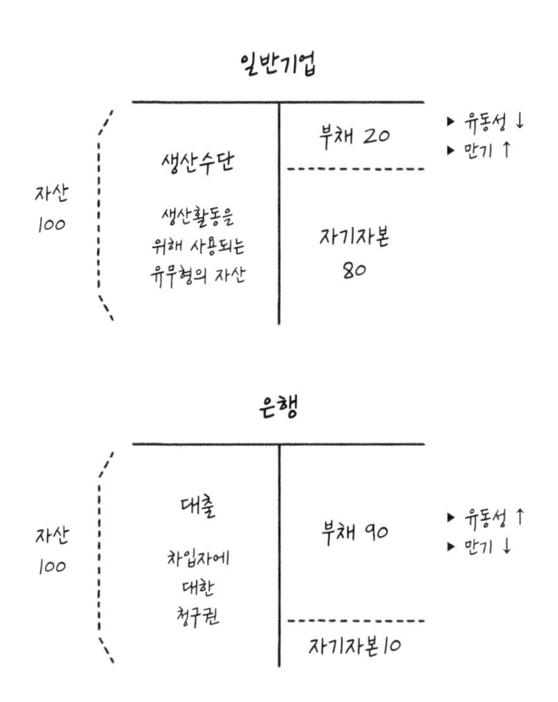

(그림 4-6) 일반기업과 은행의 대차대조표

채권자의 청구권이다. 이처럼 대차대조표의 왼쪽이 청구권으로 구성된다는 점이 일반기업과 구별되는 은행의 특징이다.

은행은 대차대조표의 오른쪽에서도 일반기업과 뚜렷한 차이를 보인다. 먼저 자기자본의 크기를 살펴보자. 금장 시절의 자료는 은행 자기자본비율의 크기를 파악하는 데 별 도움이 되지 못한다. 금장이 은행업에 뛰어든 17세기 중반부터 19세기 초반에 이르기까지, 영란은행Bank of England을 제외한 모든 은행은 주식회사가 아닌 파트너십 조직이었다. 이는 정부가 영란은행에 특혜를 주기 위해 여타 은행이 법인조직을 택하는 것을 금지했기 때문이다.[8] 19세기 초반에는 은행도 법인조직을 택할 수 있도록 허용되었으나, 주주는 파트너십 조직과 마찬가지로 무한책임을 져야 했다. 결국 19세기가 끝날 무렵에 가서야 비로소 영국의 은행은 온전한 유한책임 주식회사로 전환되었다.[9] 따라서 대차대조표에 표시된 자기자본비율로 지급능력을 파악하려면 19세기 말 혹은 20세기 초의 자료를 봐야 한다.

1880년 영국 은행들의 자기자본비율은 16%였으며 미국 은행들은 이보다 조금 높은 23% 수준이었다. 40년이 지난 1920년 영국과 미국 은행들의 자기자본비율은 각각 6%, 12% 수준으로 크게 하락했다.[10] 자기자본비율의 적정성에 대한 정답은 없지만 채권자 입장에서 볼 때 분명 높은 수치는 아니다. 예를 들어, 영국 은행의 자기자본비율 수치는 총자산의 6%만큼 손실이 발생하면 자기자본 전체가 소멸됨을 의미한다.

미국 은행들은 조금은 상황이 나은 듯하지만 그래도 지급능력이 썩 좋아 보이지는 않는다. 조금 더 감을 잡기 위해 은행의 자기자본비율을 당시 일반기업의 자기자본비율과 비교해보자. 1920년 미국 기업의 자기자본비율은 82%이다.[11] 은행과 달리 일반기업은 대부분의 자산을 자기자본으로 조달하고 불과 18%만 부채로 조달했음을 알 수 있다.

12% 대 82%! 업종별 속성에 따라 적정 자기자본비율에 차이가

날 수 있다는 점을 감안해도 이러한 차이는 너무 큰 것 아닌가. 이쯤 되면 은행의 자기자본비율이 이렇게 낮은, 아니 낮아도 되는 이유를 설명하는 이론이 있어야 할 것 같다. 물론 있다.

첫번째는 바로 3장에서 살펴본 큰 수의 법칙이다. 일반기업의 자산은 대부분 특정 제품 생산을 위한 기계와 공장으로 구성되어 있으며 이로 인해 자산 간에 관련성이 매우 높다. 가치 변동 측면에서 개별 자산이 서로 독립적이지 않고 한 방향으로 움직일 개연성이 크다는 의미다. 그 결과 주력 제품이 판매 부진을 겪을 경우 해당 기업이 보유하는 자산 모두 큰 폭의 가치 하락을 피해가기 어렵다. 반면 은행의 자산인 대출금은 여러 업종에 걸쳐 다양한 차입자에게 분산시킬 수 있다. 큰 수의 법칙 덕분에 손실위험을 줄일 수 있다는 것이다.[12] 그렇다면 낮은 자기자본비율은 큰 문제가 아닐 수 있다.

은행의 낮은 자기자본비율을 정당화하는 견해는 또 있다. 은행의 자산인 대출청구권은 복잡한 R&D를 수행하는 일반기업의 자산보다 훨씬 안전한 경향이 있다. 큰 수의 법칙과는 별개로, 은행과 일반기업이 보유하는 자산 자체의 위험이 애초에 다르다는 것이다. 그렇다면 은행에서는 채권자에게 담보 역할을 하는 자기자본이 많지 않아도 된다.[13]

두 주장 모두 일리가 있다. 그러나 이것만으로 은행과 일반기업의 자기자본비율 격차를 온전히 설명할 수 있을까. 자기자본비율의 역수(=총자산/자기자본)를 레버리지leverage라고 한다.[14] 1920년 미국 기업의 자기자본비율 82%의 역수, 즉 레버리지는 1.2인데, 이는 자기자본

1을 활용해 자산을 1.2배 늘렸다는 의미다. 반면 같은 해 미국 은행의 레버리지는 8.3, 영국 은행의 레버리지는 무려 16.7이다. 영국 은행의 경우 자기자본 1을 활용해 자산을 16.7배까지 증폭시켰음을 알 수 있다. 이러한 자산 확대는 부채 증가를 통해 이루어진다. 즉 대규모 부채를 지렛대leverage로 활용해 자산을 자기자본의 16배 이상으로 늘린 것이다.

그런데 이처럼 레버리지가 높아지면 주주의 행동에 변화가 생긴다. 레버리지가 극단적으로 높다는 것은 기업 자산 중 주주 몫이 극히 적다는 것으로, 기업이 지급불능에 이르더라도 주주들은 별로 잃을 게 없음을 의미한다. 이러한 상태에서는 성공 가능성은 낮지만 성공시 수익률은 높은 고위험 프로젝트를 추진하려는 강한 유인이 생긴다. 프로젝트가 성공할 경우 이익은 모두 주주에게 귀속되는 반면, 실패시 손실의 대부분은 부채를 제공한 채권자들에게 떠넘길 수 있기 때문이다. 고위험 프로젝트 추진이라는 행위로 이익을 얻는 사람(주주)과 동 행위에 따른 비용을 부담하는 사람(채권자)이 일치하지 않아, 위험 추구risk shifting가 조장되는 모럴해저드가 발생하는 것이다. 레버리지가 높은 기업의 주주들이 자산을 안전한 것에서 위험한 것으로 대체한다는 의미에서 이를 자산대체효과asset substitution effect라고도 한다.[15] 보험 가입 후 보험 가입자의 행동이 바뀌는 것과 레버리지가 높아진 기업에서 주주의 행동이 바뀌는 것은 같은 맥락에서 벌어지는 일이다. 이처럼 모럴해저드와 자산대체효과는 밀접히 관련되어 있다.

레버리지가 높은 기업에서 발생하는 주주의 모럴해저드 혹은 자산대체효과가 은행이라고 생기지 말라는 법은 어디에도 없다. 은행의 주주라고 해서 일반기업의 주주보다 선량하거나 신중할 하등의 이유가 없기 때문이다. 주주의 모럴해저드나 자산대체효과는 가뜩이나 레버리지가 높은 은행의 지급불능 위험을 더욱 높임은 물론이다. 한마디로 은행은 높은 레버리지로 인해 지급불능의 경계선 위에 위태로이 서 있다고 하겠다.

은행은 유동성 위험 그 자체

대차대조표의 오른쪽 측면에서 은행이 기업과 구별되는 또다른 특징은 부채의 만기이다. 은행 부채는 예금인데, 예금은 언제든 현금으로 인출할 수 있는 극히 유동성이 높은 부채이다. 즉, 만기가 사실상 0인, 일반기업에서는 결코 찾아볼 수 없는 특이한 부채이다.

부채의 만기가 이렇게 짧을 때 유동성 위기를 벗어나는 길은 자산의 유동성이 극히 높은 경우뿐이다. 그런데 은행 자산의 유동성은 어떤가. 은행은 예금자를 대신해서 차입자를 홀로 감시delegated monitoring하고[16], 따라서 해당 차입자에 대한 정보는 은행만 갖고 있다. 이처럼 대출자산에 대한 정보 비대칭이 존재하는 상황이라면, 대출자산의 잠재적 매입자는 역선택에 직면할 것을 우려한다.[17] 그리고 역선택 문제로 대출자산 매입자를 찾을 수 없다면 대출자산의 현금화 가능성, 즉 유동성 또한 낮아질 수밖에 없다. 부채의 만기가 사실상 0인 상태에서 자산의 유동성은 낮은 은행. 은행은 기업이라면 반드시 피해야 할 자산과 부채의 심각한 유동성 불일치 문제를 항시 떠안고 살아왔다.

은행은 유동성이 낮은 대출자산을 유동성이 높은 예금으로 전환(만기변환)하고 이를 통해 예금자에게 유동성을 공급한다. 그러나 만기변환, 유동성공급이라는 은행이 제공하는 놀라운 편익은 상시적 유동성 위기라는 비용을 치르면서 제공되는 것이다.

자기자본비율이 낮아 지급불능의 경계에서 줄타기하는 은행. 부채의 만기가 사실상 0이어서 항시 유동성 위험이라는 폭탄을 안고 사는 은행. 이런 은행이 과연 그동안 별 탈 없이 잘 생존해 왔을까.

5장

위기로 점철된 은행

은행 위기 역사를 살피기 전에 잠깐 용어를 정리하고 넘어가자. 지급불능insolvency, 파산bankruptcy, 채무불이행default은 모두 부채를 상환하지 못하는 것과 관련 있다. 먼저 지급불능은 자산보다 부채가 많아 빚을 갚을 수 없는 상태를 말한다. 파산 역시 예로부터 지급불능과 같은 의미로 사용되어 왔다. 따라서 지급불능, 파산 모두 은행의 부채가 자산을 초과하는, 즉 순자산〈0인 경우를 뜻한다고 보면 된다. 끝으로 채무불이행은 차입자가 부채의 원리금을 어떤 이유로든 갚지 못하는 상태를 말한다. 이러한 채무불이행은 순자산〈0, 즉 지급불능 때문일 수도 있고, 순자산〉0임에도 불구하고 유동성이 부족하기 때문일 수도 있다.

뱅크런, 은행 위기의 방아쇠

은행은 수익 증대를 위해 대출을 확대하길 원한다. 그런데 대출 확대 과정에서 때로 위험한 차입자가 제대로 걸러지지 않거나 소수의 기업에 대출이 집중되는 경우가 발생한다. 하지만 예금자들은 은행의 행동에 제동을 걸지 않는다. 좀더 정확히 말하면, 예금자들은 은행이 누구한테 얼마를 빌려주는지 관심이 없을 뿐 아니라 알지도 못한다. 애초에 차입자를 선별하고 감시하는 역할을 몽땅 은행에 위임했기 때문이다.[1]

그러나 고위험 대출이나 대출 집중 등으로 손실이 쌓이기 시작하면 얘기는 달라진다. 세상에 비밀은 없는 법. 은행이 손실을 입었다는 정보는 더이상 은행 안에만 머물지 않고 조금씩 새어 나간다. 은행이 이익을 낼 때는 아무런 관심도 보이지 않던 예금자들이 손실 정보에는 민감하게 반응한다. 손실 규모가 클 경우 조만간 ‘자산<부채’가 되어 자신의 예금이 위태로워질 수 있기 때문이다. 아니 예금자들만 모르고 있을 뿐 은행의 실상은 이미 ‘자산<부채’일지도 모른다. 예금자들의 우려가 사실이라면 은행은 자산을 모두 처분해도 예금을 다 갚지 못한다. 이때 예금자의 합리적인 반응은 간단하다. 은행의 자산이 조금이라도 남아 있을 때 다른 사람보다 먼저 예금을 인출하는 것이다. 뱅크런bank run이다.

은행 창구로 달려가는 것은 당장 현금이 필요한 사람으로 국한되지 않는다. 현재 시점에서 돈이 필요 없는 사람까지도 인출 대열에 합류한다. 그런데 모든 예금자가 한꺼번에 몰려올 경우 은행은 당해낼 재간이 없다. 설령 고객의 염려와 달리 '순자산>0'이어도 소용없다. 은행이 예금인출에 대비해 보유하고 있는 지급준비금(금장의 경우 금)은 전체 예금의 극히 일부에 불과하기 때문이다. 뱅크런의 결과는 100% 채무불이행이다. 예외는 없다.

은행 위기는 늘 뱅크런의 형태를 띠고 시작되는데, 이는 예금이 가지는 매우 독특한 속성에서 비롯된다. 예금은 은행의 부채로 고정 청구권fixed claim이다. 잔여 청구권residual claim인 주식과 달리 사전에 확정된 금액fixed amount을 지급해야 한다는 것이다.[2] 동시에 예금은 일반적인 부채와 달리 보관증의 성격도 갖고 있어 상시 인출이 가능하다. 고정된 금액을 언제든 인출할 수 있는데 준비금은 부족하다! 이러한 상태에서 은행의 지급능력이 의심된다면 선착순 경쟁은 피할 길이 없다.

뱅크런은 예금이 부채(고정 청구권)와 보관증(상시 인출)이라는, 어울리지 않는 두 가지 속성을 모두 갖는 데 따른 것이다. 은행과 달리 일반기업에서는 런run(인출 사태)이 일어나지 않는데, 일반기업의 부채는 만기 이전에는 상환을 요구할 수 없기 때문이다. 만기 이전에 상환 요구가 불가능한 점은 은행을 제외한 여타 금융기관도 마찬가지다. 뱅크런은 은행만의 고유한 특징이다.

고대 그리스와 로마의 은행, 환전상

1부에서는 17세기 중반 런던의 금장을 중심으로 부분준비은행의 탄생과 편익을 살펴보았다. 그러나 사실 부분준비은행은 훨씬 오랜 역사를 갖고 있다. 역사적 기록은 고대 그리스, 로마 시대에 이미 부분준비은행이 활동하고 있었음을 보여준다.[3]

당시의 은행은 17세기 런던 금장과 달리 환전상money changer에서 출발했다.[4] 환전상은 표시금액과 발행도시가 상이한 주화들을 교환해줌으로써 상거래를 활성화시키는 역할을 수행했다. 그런데 환전업을 영위하려면 다종다양한 주화를 재고inventory로 보유하고 있어야 했다. 이 때문에 환전상에게는 금고가 있었다. 자연히 고객들은 이 금고에 자신의 주화나 귀금속의 보관을 의뢰하게 된다. 환전상에서 출발했지만 마치 금장처럼 보관업자의 역할을 수행하게 된 것이다.

보관업자가 되고 난 뒤 환전상의 행태는 후대의 금장과 별반 다르지 않았다. 보관 주화 및 귀금속의 불법유용이 그것이다. 고객이 맡긴 주화, 귀금속을 일부만 보관한 채, 나머지는 이자를 받고 다른 사람에게 대출하는 부분준비은행으로 변모한 것이다. 인간의 탐욕은 시대를 초월한다.

보관업자를 겸하던 환전상은 고객이 요구하면 곧바로on demand 주화나 귀금속을 내줘야 했다. 만기가 0인 예금부채로 인해 상시적 유동성 위험에 노출된 것이다. 더불어 대출을 통해 예금, 즉 부채를 늘릴수록 수익이 늘었기 때문에 지급능력solvency 또한 수시로 위험수위를 넘나들었다. 낮은 지급능력과 높은 유동성 위험은 부분준비은행 출범 즉시 문제를 일으키기 시작했다.

고대 그리스, 로마 시대의 은행 위기

고대 그리스에서는 은행 위기가 주기적으로 발생했다. 특히 기원전 4세기 후반, 당대 유명한 은행이었던 티모데무스Timodemus, 소시노무스Sosynomus, 아리스토로쿠스Aristolochus 등이 집단으로 파산했고 이에 따라 불황이 도래했다. 당시 위기는 은행들이 공격적으로 대출을 늘린 데 따른 것이었다.[5]

그리스의 식민 도시였던 에페수스Ephesus에서도 심각한 은행 위기가 발생해 대규모 뱅크런이 일어났다. 당국은 뱅크런을 잠재우기 위해 은행이 10년간 예금을 반환하지 않아도 된다고 선포했다. 이러한 조치는 극히 이례적인 것으로 당시 은행 위기의 심각성을 짐작케 하는 대목이다.[6] 무려 10년간 예금을 찾을 수 없었으니 그 뒤에 벌어진 상황은 불 보듯 뻔하다. 돈을 찾지 못한 예금자들이 상거래나 금전거래와 관련한 대금을 지급하지 못해 수많은 파산이 일어나고 심각한 불황이 뒤따랐을 것이다.

당국의 공식적인 예금 반환 유예 조치와는 별개로 은행가들이 자의적으로 예금인출을 중단suspension of specie payment하는 사례도 빈발했다. 이소크라테스Isokrates의 17번째 연설Trapeziticus은 한 은행가에 대한 것이다. 이 연설문에는 은행가 파시오와 그에게 돈을 맡긴 예금자가 등장하는데, 예금자가 돈을 인출하려고 하자 은행가 파시오는 지금 당장은 돈이 없으니 돌려줄 수 없다고 떼를 쓴다.[7] 이처럼 고대 그리스에서는 은행 위기와 인출 중단이 빈번하게 일어났고, 그 결과 은행가에 대한 대중의 반감은 매우 컸다.[8]

로마시대에도 상황은 크게 다르지 않아 AD33년 심각한 은행 위기가 발생했다.[9] 코모두스 황제 재위 기간에 속한 185~190년에도 은행 위기가 있었다. 이어서 3세기 및 4세기에도 대규모 은행 위기가 발생했고 이 기간 동안 대부분의 은행이 파산했다. 로마법에 의하면 은행가조합Societates Argentariae은 조합 소속 은행이 파산할 경우 공동으로 예금 지급을 무한책임져야 했다. 이는 로마시대 은행 위기가 빈번했고 그 파장 또한 컸음을 보여주는 증거라 하겠다.[10]

로마제국 멸망과 함께 기나긴 중세가 시작되었고 한동안 은행도 찾아볼 수 없게 되었다. 이탈리아 도시에서 은행이 다시 출현한 것은 거의 800년이 지난 중세말에 이르러서였다. 13세기 일부 환전상들이 고객 예금을 유용하여 대출하면서 부분준비은행은 다시 고개를 들기 시작했다.[11]

14~16세기, 남부유럽의 은행 위기

14세기 피렌체 은행들은 부분준비를 통해 주로 정부에 대출을 제공했는데, 정부가 채무상환에 실패하면서 1341~1346년 동안 은행 위기가 발생했다. 뱅크런에 직면한 은행들은 인출 요구에 응하지 않

고 시간을 끌다가 한참이 지난 후 예금의 최대 50%, 최소 20%만 돌려주었다.[12]

14세기 바르셀로나에서도 은행파산이 거듭되었다. 당국은 예금자 피해를 줄이고자 일종의 진입규제를 도입했다. 바르셀로나에서 은행업을 영위하려면 시 당국에 은 1,000마르크를 공탁deposit하도록 한 것이다. 공탁 의무를 이행한 은행가는 시의 문양이 새겨진 테이블보를 사용할 수 있었다. 반면 공탁금을 내지 않은 은행가는 테이블보 없이 영업해야 했다. 테이블보 여부를 통해 은행가의 신용도를 드러낼 수 있도록 조치한 것이다.[13] 그러나 이 정도는 약과였다. 은행가에게 경종을 울리기 위한 조치는 갈수록 극단적으로 변해갔다.

1300년 통과된 법에 따르면, 파산한 은행가는 바르셀로나 시내 곳곳과 자신의 은행 사무실 앞에서 대중이 지켜보는 가운데 선포관원public crier에 의해 파산선고를 받는 수모를 겪어야 했다. 그리곤 빵과 물로만 연명하는 내핍생활을 해야 했다. 나아가 1321년 수정된 법에는 파산 후 1년이 지나도록 돈을 다 갚지 못하면 사형에 처하는 한층 강화된 내용이 담겼다. 실제로 1360년 바르셀로나의 한 은행가는 파산한 자신의 은행 앞에서 교수형을 당했다.[14] 당국의 강경한 조치에도 불구하고 시간이 갈수록 은행파산이 더욱 빈발하고 사회문제로 비화되고 있었음을 엿볼 수 있다.

15세기 후반에는 은행파산의 물결이 여러 도시를 동시다발적으로 휩쓸고 지나갔다. 은행 위기는 특히 남부유럽에서 심각했는데, 은행들은 뱅크런 와중에 인출 요구에 응하지 않거나 영업시간을 줄이거나 심지어 문을 닫아버렸다. 이에 따라 여러 도시에서 은행의 행태를 규제하는 조치들이 잇따랐다.

(그림 5-1) 바르셀로나 은행가의 처형[15]

1444년 바르셀로나에서는 인출 요구를 받은 은행이 24시간 안에 현금을 지급하도록 강제하는 법이 통과되었다.[16] 1470년 베네치아에서는 예금자의 인출 요구에 3일 이내에 응하도록 하고, 오전과 오후 각 2시간 이상 은행문을 열도록 강제했다.[17] 은행 위기에 넌더리가 난 부르고뉴 정부는 은행업의 전면 금지가 최선책이라고 결론짓고, 1489년부터 예금수취를 금지하는 명령을 반복해서 발동했다. 당국의 잇따른 강경조치에도 불구하고 은행 위기는 좀처럼 잦아들지 않았다.

베네치아 공화국 설립 이후 103개 민간은행 중 96개가 파산했다는 16세기 기록은 실로 놀라울 따름이다.[18]

은행, 파산의 대명사

파산bankruptcy이란 단어는 은행과 밀접히 관련되어 있다. 이탈리아 피렌체의 은행가들은 테이블tavola 위에 환전, 예금, 대출에 필요한 장부를 펼쳐 놓고 벤치banco에 앉아서 일했다. 벤치에 앉아 일하는 사람이라는 뜻에서 은행가banker란 용어가 생겨났다.[19] 참고로 고대 그리스의 은행가는 trapezitei라고 불렸는데, 이는 당시 은행가들이 테이블trapeza을 펼쳐놓고 일했기 때문이다. 앞서 언급한 이소크라테스의 은행가에 대한 연설문에 Trapeziticus란 이름이 붙은 것도 여기에 연유한다. 고대 로마시대 은행가들 역시 테이블mensa을 펼치고 일했던 관계로 mensarii라고 불렸다.[20]

한편, 14~16세기 이탈리아에서는 은행이 파산할 경우 관료들이 현장에 나와 파산한 은행가의 테이블을 두 동강 내는 관행이 있었다. 파산bankruptcy의 이탈리아어는 banca rotta인데 이는 부서진 벤치broken bench, 부서진 테이블broken table이란 뜻이다. 학자에 따라서는 rotta를 채무불이행 혹은 지급불능으로 해석해야 한다는 견해도 있다.[21]

은행 위기를 겪은 당시 남부유럽 도시를 한번 상상해보자. 은행 위기가 휩쓸고 지나갈 때마다 도시 곳곳에서는 은행가의 부서진 테이블이 나뒹구는 을씨년스러운 풍경이 연출되었을 것이다. 예금을 찾지 못해 관공서로 몰려가 울부짖는 사람들, 상거래 대금을 지불하지 못해 파산한 채 굳게 문이 닫힌 수많은 가게들, 엄습한 불황으로 걸인이나 도둑으로 전락한 사람들, 흉흉한 민심으로 불안한 정치 상황. 이로 인해 시민들의 뇌리에는 파산이라고 하면 으레 은행이 떠올랐을 것이다. 은행의 잦은 파산, 그리고 파산에 따른 막대한 후유증을 생각해보면, 은행 파산을 의미하는 단어bankruptcy가 일반적인 파산 전체를 의미하는 용어로 둔갑한 이유를 어렵지 않게 짐작할 수 있다.

17~19세기, 영국의 은행 위기

17세기 중반 은행업에 뛰어든 런던의 금장은 이내 위기에 직면한다. 2차 네덜란드 전쟁에 패한 1667년, 영국정부에 돈을 빌려준 것으로 알려진 모든 금장에 뱅크런이 발생한 것이다.[22]

그리고 불과 5년 후 또다시 위기가 찾아왔다. 1672년 1월, 찰스 2세는 런던 금장에게 빌린 차입금의 상환을 중단the Stop of the Exchequer한다고 선언했다. 3차 네덜란드 전쟁에 필요한 막대한 군비를 마련해야 하는 상황에 금장들이 더이상 대출을 제공하지 않자 취해진 조치였다. 이 조치는 1640년의 왕립주화청 징발사건을 떠올리게 했고, 사람들은 돈을 인출하기 위해 다투어 금장으로 달려갔다. 이 사건으로 다수의 금장이 파산했다.[23] 한때 통화로 유통되던 금장의 보관증은 이제 아무도 받으려 하지 않았다. 금장의 보관증은 은행의 지급능력solvency이 전제된 상태에서만 수용되는 조건부 통화이기 때문이다.

이후 시간이 흐르면서 금장의 위기는 사람들 머릿속에서 점차 잊혀졌다. 살아남은 금장들은 다시 대출을 늘리기 시작했다. 그러다 1720년 남해회사버블South Sea Company Bubble로 런던 금장은 최대의 위기를 맞이한다.

대항해시대 신대륙 발견은 사람들의 기대를 한껏 부풀렸고 신대륙 사업을 영위하는 기업의 주식은 큰 인기를 끌었다. 특히 남해회사는 남아메리카South Sea 무역에 대한 독점권을 부여받은 터라 많은 주목을 받았다. 신대륙 사업에 대한 낙관이 시장을 휩쓸면서 불과 몇 달 만에 남해회사 주가는 125파운드에서 1,000파운드로 수직 상승했다. 남해회사 주가가 오르는 걸 지켜본 사람들은 주식회사가 황금알을 낳는 거위라고 생각했다. 주식회사 붐이 일면서 1720년 한 해에만 202개의 주식회사가 설립되었다.[24] 문제는 남해회사를 비롯한 주식회사 붐에 금장의 대출이 불쏘시개 역할을 했다는 점이다.

금장이 은행업에 뛰어든 초기에는 담보대출이 대부분이었다. 차입자에 대한 신뢰가 낮았기 때문이다. 실제로 금장 리처드 호어의 장부를 보면 17세기 후반까지 담보대출 비중은 70%를 넘었다. 그러나 은행영업이 지속되면서 차입자 정보가 쌓였고, 이에 따라 담보대출은 1714년 10.5%까지 축소되었다. 그런데 1720년을 전후로 담보대출 비율은 기존의 하향 추세에서 벗어나 68%까지 상승한다.[25] 갑작스러운 담보대출 비중 상승은 남해회사 주식을 비롯한 주식 매입자에게 주식을 담보로 잡고 돈을 빌려준 탓이다. 국회의원 578명을 비롯한 고위층 사람들은 전액 차입한 돈으로 주식청약에 나서기도 했다.[26] 너나 할 것 없이 차입한 돈으로 주식 투기[27]에 뛰어들면서, 한때 남해회사의 시가총액은 영국 전역Britain 토지가격의 2배에 달하기도 했다.[28]

그러나 이내 심판의 시간이 다가왔다. 막상 뚜껑을 열어보니 남아메리카 무역에서 얻는 수익이 극히 미미했기 때문이다. 1720년 말 남해회사 주가는 200파운드 아래로 곤두박질쳤다. 한여름 최고가 대비 80%가 넘는 하락이다.[29] 수많은 사람이 주가 폭락으로 곤경에 처했는데, 그중에는 2만 파운드의 손실을 입은 아이작 뉴턴Issac Newton도 있었다. "천체의 움직임은 계산할 수 있지만 인간의 광기는 예측할 수가 없다"는 뉴턴의 말은 이때를 배경으로 한다.

남해버블이 꺼지자 뱅크런이 몰아쳤다. 특히 주식투기에 많은 돈을 빌려준 금장일수록 런을 겪는 경우가 더 많았다. 파산을 피하려는 금장들의 인출 중단 조치가 한동안 이어졌다.[30] 인출 요구에 응한 금장의 상황도 크게 다르지 않았다. 한 금장은 4륜마차 여러 대 분량의 은화를 실어 와서 '소액 주화로 천천히' 인출 요구에 응했다. 이러한 시간끌기로 인해 한 예금자는 은행업무 종료 직전까지 기다린 끝에 8,000파운드를 1실링과 6펜스짜리 주화로 지급받기도 했다.[31]

남해버블은 다수의 금장을 소멸의 길로 이끌었다. 남해버블이 끝나고 5년이 지난 1725년, 런던의 은행 중심지였던 웨스트엔드West End에는 불과 12개의 은행밖에 남지 않았다. 리처드 호어를 비롯한 소수의 은행은 겨우 살아남았지만, 이때부터 오랜 기간 은행가들은 시련의 시기를 피할 수 없었다. 그 결과 남해버블이 끝나고 50년 가까이 흐른 1770년에도 런던의 은행 수는 별로 늘지 않았다.[32] 남해회사의 모델이 되었던 프랑스 미시시피회사도 똑같은 길을 걸었다. 버블 붕괴 당시의 고통이 너무나 극심해, 이후 100년 이상 프랑스에서는 은행이라는 단어를 입 밖에 내는 것조차 꺼릴 정도였다.[33]

남해버블 이후 반세기가 지난 18세기 말, 은행 수는 다시 큰 폭으로 늘기 시작했다. 특히 이전까지는 미미한 수준에 불과하던 지방은행 수가 크게 늘어나, 1750년 12개 미만에 불과하던 것이 1800년 300개를 넘어섰다.[34] 여기에다 1826년부터는 주식회사 은행 설립이 허용되면서 은행 규모도 확대되었다. 전국적으로 은행 수가 늘고 규모도 커지면서 이전에 비해 더 큰 대출 붐이 일었는데 이는 곧 은행 위기로 직결되었다. 그리고 이전보다 은행 위기 빈도도 잦아져 19세기 들어 영국에서는 매 10년마다 은행 위기가 반복되었다.

한 가지 특기할 점은, 19세기 중반 이전에는 수많은 은행이 동반 위기를 겪은 반면, 시간이 갈수록 몇몇 개별 은행의 위기로 축소되는 경향이 나타났다는 것이다. 이는 영국 재무부와 중앙은행인 영란은행의 광범위한 구제조치 덕분이다. 은행 구제에 대해서는 8장에서 살펴보게 될 것이다.

18세기 후반~20세기 초, 미국의 은행 위기

금장의 보관업에서 우연히 부분준비은행이 탄생한 영국과 달리, 미국 은행은 처음부터 부분준비은행업을 영위하고자 설립되었다. 또한 19세기 초반까지 파트너십 조직만 가능했던 영국 은행과 달리 미국에서는 법인 형태의 은행을 설립할 수 있었다. 법인은행은 주별로 면허를 받아 설립되었고 설립 후에는 주 당국의 규제를 받았다.

미국 최초의 법인은행은 1781년 펜실베이니아주에서 설립되었다. 은행업은 이내 전국으로 퍼져 나갔는데, 19세기가 시작될 무렵에는 뉴저지, 노스캐롤라이나, 버몬트, 조지아를 제외한 모든 주에 주 면허은행(이하 주법은행)이 속속 설립되었다. 주법은행과 더불어 2개의 연방면허은행Bank of United States, BUS이 순차적으로 생겨났다. 1차 연방면허은행은 1791~1811년, 2차 연방면허은행은 1816~1836년 동안 한시적으로 활동하다, 연방정부 권한 확대에 대한 주들의 반발로 끝내 소멸되었다.

미국의 은행 위기는 영국과 거의 비슷한 패턴을 보였다. 남북전쟁 이전까지 1819년, 1837년, 1857년, 1860년에 은행 위기가 발발했다. 남북전쟁 이전에 특히 파산이 잦은 곳은 소위 자유은행이었다. 이 시기 주법은행 설립은 치열한 입법활동의 산물이었다. 은행면허 취득을 위해 주의회 의원에게 로비를 벌여야 했고, 이 과정에서 면허권 판매와 관련한 스캔들이 곳곳에서 터져 나왔다. 여기에다 이미 면허를 받은 은행은 의회에 압력을 가해 신규 진입을 불허하도록 요구하는 일도 다반사였다.

면허 부여 방식에 대한 반발이 고조된 끝에, 일정한 요건을 충족하기만 하면 은행업을 자유롭게 영위할 수 있도록 법이 개정되었다.[35] 자유은행법free banking law이 그것이다. 자유은행이라고 해서 아무런 제약 없이 누구나 은행을 설립할 수 있다고 오해하기 쉬운데 그렇지 않다. 여기서 '자유'란 사전에 정해진 진입요건만 갖추면 은행설립이 가능하다는 의미로, 은행설립이 의회의 재량권으로부터 자유롭게 되었음을 뜻한다. 오늘날에 비추어 말하면 인가제에서 등록제로 바뀌었다고 보면 된다.

자유은행법 제정으로, 은행업에 진입하는 경로는 기존처럼 의회의 면허를 취득하는 것(주법은행)과 법에서 정한 일정한 진입요건을 충족하는 것(자유은행)의 두 가지로 확대되었다. 자유은행법은 1838년 뉴욕주에서 최초로 시행되었으며 이후 다른 주로 신속히 전파되었다. 뉴욕주의 경우 자유은행법 시행 첫 3년간 은행 수는 2배로 늘었다. 자유은행법 시행 첫해 미시간, 인디애나, 위스콘신, 미네소타에서도 각각 40개, 30개, 18개, 16개의 은행이 신설되었다.[36] 그러나 면허은행에 비해 자유은행의 파산비율이 높았으며 존속기간도 짧았다. 자유은행 시기(1837~1863년)에 신규 설립된 자유은행 861개 중 58%가 문을 닫았으며, 이 중 영업 기간이 1년 미만인 경우도 15.6%에 달했다. 이는 같은 시기 설립된 857개 면허은행 중 27%가 문을 닫은 것과 대조적이다.[37]

남북전쟁이 끝나고 엄청난 변화의 시기가 도래했다. 1860년 이후 50년간 이민자가 대거 유입되면서 인구증가율은 193%에 달했으며, 산업화 과정에서 수백만 명의 미국인이 농촌에서 도시로 이주했다. 또한 기업가정신이 충만해 1870~1900년 기간 미국 특허청은 4,000건 넘게 특허권을 발급했는데, 이는 이전 80년 동안의 발급 건수를 훌쩍 뛰어넘는 수치였다.[38] 기술발전과 창업으로 경제는 크게 성장했다.

신기술과 경제에 대한 낙관적 전망이 지배하면서 은행 수도 폭발적으로 늘어났다. 1880년 841개였던 주법은행은 1900년 7,444개, 1910년 12,482개로 급증했으며, 1920년에는 22,000개를 초과했다. 남북전쟁 이후 연방정부가 면허를 주기 시작한 은행(이하 국법은행)도 사정은 마찬가지였다. 1870년 1,615개였던 국법은행 수는 1900년 3,840개, 1910년 7,172개, 그리고 1920년 8,000개를 훌쩍 넘어섰다.[39]

남북전쟁 이후 은행 수가 급증하면서 은행 대출도 큰 폭으로 확대되었고, 그 결과 1873년, 1884년, 1890년, 1893년, 1907년에 은행 위기가 일어났다. 남북전쟁 이전보다 은행 위기 빈도가 더 잦아진 것이다. 이 중 1907년 위기가 특히 주목할 만하다.

1907년 뉴욕의 유명한 2개 증권사가 시세조종에 실패해 파산했고, 이어 뉴욕의 대형 신탁은행이 파산하면서 뱅크런이 촉발되었다. 파산한 증권사 및 신탁은행과 거래하던 뉴욕 소재 은행들이 줄줄이 뱅크런에 직면했다. 그리고 뉴욕 소재 은행들과 거래하던 타 지역 은행들로 뱅크런이 확산되었다.[40] 인출 중단을 선언한 은행 수는 73개로 직전 위기(1893년 위기)의 584개에 비해 훨씬 적었지만, 이들 은행의 부채는 직전 위기 대비 20% 이상 많았다.[41] 이는 위기를 겪은 은행 수는 줄었지만 개별 은행이 제공한 대출은 이전보다 훨씬 많았음을 의미한다. 한층 대형화된 은행이 대규모 신용창출에 나서면서 위기에 빠졌음을 시사하는 대목이다.

대형은행의 실패는 더 큰 파장을 불러오기 마련이다. 이를 반영하듯 오클라호마, 네바다, 워싱턴, 오리건, 캘리포니아에서는 은행휴일bank holiday을 선포했다.[42] 인출 중단이 개별 은행 차원에서 이루어지는 것인 반면, 은행휴일은 정부가 공식적으로 모든 은행의 영업을 중단시킴으로써 인출 중단 효과를 거두려는 것이다.

대공황과 미국의 은행 위기

1930년대 초반 대공황기 수많은 은행이 파산했다. 은행 위기의 씨앗은 이미 한참 전에 뿌려졌다. 은행 수의 폭발적 증가가 바로 그것이다.

1900년 7,000여개 수준이었던 주법은행은 1920년에는 22,000개까지 늘었고, 같은 기간 국법은행은 4,000개 미만에서 8,000개를 초과하는 수준에 이르렀다.[43] 20세기 첫 20년 동안의 은행 수 폭증은 대출 급증으로 이어졌다. 대출 급증은 레버리지 확대와 함께 이루어졌다. 1880년 미국 은행의 레버리지는 4.3배 수준이었다. 이 수치는 1920년 8.3배로 상승한다. 자기자본의 8.3배까지 자산, 즉 대출을 늘린 것이다.[44]

1920년대 들어서도 대출 성장세는 멈출 줄을 몰랐다. 1922년 중반~1928년 4월 동안 은행 대출은 2배 넘게 증가했다.[45] 늘어난 대출을 불쏘시개 삼아 경제는 호황 국면에 접어들었고 주가는 치솟았다. 1920년대 경제는 매년 4.2%씩 성장했으며 주가지수는 4배 가까이 상승했다. 실로 모든 것이 역동적으로 꿈틀대는 1920년대roaring twenties 였다.

그러나 과도한 대출에 의한 호황과 자산버블의 대가는 혹독했다. 1930년 경제성장률은 -10.4%를 기록했고, 1929년 9월 3일 최고점을 찍은 주가는 3년 후 무려 89%나 하락했다. 새로운 시대에 대한 낙관으로 대출이 폭발적으로 늘어나는 와중에, 많은 대출이 상환 가능성이 낮은 사업으로 흘러갔을 것이다. 특히 차입을 통한 주식투기 붐이 일면서 주가가 상승하자 은행 대출 확대는 더욱 탄력을 받았을 것이다. 이런 점에서 급격한 대출 확대에 이은 주가버블 붕괴로 은행파산이 촉발되었다는 주장은 충분히 설득력 있어 보인다.[46]

1930년부터 1933년까지 미 전역에 걸쳐 뱅크런과 인출 중단이 지속되었고, 이 기간 매년 다수의 은행이 끝내 파산했다. 몇 년이 지나도록 은행 위기가 잦아들 기미를 보이지 않자, 1933년 2월 중순 미시간주에서 모든 은행의 문을 닫는 은행휴일이 선포되었다. 다른 주들도 속속 은행휴일을 선언하거나 인출 중단을 공식적으로 허용하기 시작했다.[47] 그리고 마침내 1933년 3월 6일, 루스벨트 대통령이 연방차원의 은행휴일을 선포함으로써 미국 전역의 모든 은행이 3월 13일까지 문을 닫았다.

은행휴일이 끝나고 지급능력이 있다고 판단되는 은행부터 차례로 다시 문을 열었다. 1933년 말 먼지가 가라앉고 나자, 1929~1933년의 대공황 기간 동안 국법은행 2,007개, 주법은행 7,429개를 합쳐 총 9,436개 은행이 파산한 것으로 드러났다.[48]

영국과 마찬가지로 미국 역시 19세기 대부분의 기간, 그리고 20세기의 대공황에 이르기까지 거의 10년 주기로 반복적인 은행 위기를 경험했다. 남북전쟁 이전에 빈발했던 은행 위기는 남북전쟁 이후에도 주기적으로 반복되었다. 한 가지 눈에 띄는 점은 남북전쟁 이후의 은행 위기는 거의 예외 없이 주가 폭락과 연관되어 있다는 것이다.[49] 이는 남북전쟁 이후 주법은행에 이어 국법은행까지 시장에 진입하면서 은행 수가 늘어났고, 이에 따른 은행 대출 확대가 주식시장 버블을 일으켰음을 시사한다. 특히 20세기 초 은행 수가 급증하면서 은행의 신용팽창과 자산버블의 연관성은 1920년대 절정에 달했고, 이어진 자산버블 붕괴는 수많은 은행의 파멸과 세계사적으로 유례를 찾기 어려운 극심한 불황으로 귀결되었다.

3부

신용팽창을 막아라

6장

신용팽창과 은행 위기

은행 위기에는 다양한 요인이 작용한다. 때로는 정부의 채무상환 불이행, 대출 집중 그리고 은행가의 사기 등이 은행 위기를 불러온다. 그러나 공통으로 발견되는 특징은 따로 있다. 이러한 특징은 시공간을 가로지르는 것으로, 은행 위기가 발발하기 이전 거의 예외 없이 신용팽창, 즉 큰 폭의 대출 증가가 있었다는 점이다. 이는 은행 위기에 대한 수많은 연구의 한결같은 결론이기도 하다.[1]

신용팽창, 은행 위기의 서막

〈그림 6-1〉은 경제성장과 금융의 관계를 보여준다. 경제성장은 실물 부문의 성장을 의미하며, 따라서 이 그림은 실물과 금융의 관계라고 봐도 무방하다.

(그림 6-1) 경제성장(실물)과 금융의 관계

경제성장, 즉 총생산의 증가는 성장기회, 즉 새로운 기술과 사업모델에 의해 이루어진다. 그러나 성장 기회가 있더라도 이를 사업화할 자금이 없다면 경제성장은 불가능하다. 여기서 금융의 역할이 대두된다.

(그림 6-1)에서 금융이 빠짐없이 제공된다면(금융의 값이 1일 경우) 성장 기회는 모두 사업화되고 그 결과 경제는 성장한다. 반면 금융이 불충분하다면(예를 들어 금융의 값이 0.5일 경우) 성장 기회의 상당 부분이 유실되어 경제성장은 위축된다. 실제로 다수의 문헌은 금융과 경제성장, 즉 금융과 실물 간에 강력한 양(+)의 상관관계가 존재함을 시사한다.[2] 이처럼 경제성장에는 금융의 역할이 긴요한데 왜 신용팽창이 문제가 되는 것일까.

금융기관에서 차입하는 사람의 목적은 차입을 통해 자신이 필요로 하는 재화와 서비스를 소비하기 위함이다. 그런데 소비는 생산된 재화와 서비스의 합, 즉 총생산[GDP] 이내에서만 가능하다. 당연한 말이다. 이러한 점에서 가계와 기업의 소비를 위해 제공되는 대출 역시 총생산을 넘어설 수 없다. 총생산을 초과하는 대출은 있지도 않은 재화와 서비스를 대출하는 것에 해당하기 때문이다. 문제는, 현실에서는 총생산을 초과하는 대출이 종종 발생한다는 사실이다. 어떻게 이런 일이 가능한가.

한 사회 내에서 생산되는 재화와 서비스의 종류와 양은 매우 방대하며, 따라서 개별 금융기관 입장에서 총생산의 크기를 아는 것은 불가능하다. 하지만 저축의 흐름과 규모를 보고 총생산에 대한 개략적인 윤곽을 잡는 것은 가능하다. 누군가 금융기관에 저축한다는 것은 자신의 생산물을 판매하고 받은 돈을 금융기관에 빌려준다는 뜻이다. 만약 저축이 계속해서 늘어나는 추세라면 총생산물이 그만큼 충분할 가능성이 크다. 따라서 금융기관은 저축 증가에 맞춰 대출을 늘리면 된다. 그리고 유입된 저축 범위 내에서 대출이 이루어지므로 대출이 총생산을 넘어서기란 불가능하다. 먼저 저축이 이루어지고 이 저축을 대출하는 순수 중개기관이라면 분명 맞는 얘기다.

그러나 부분준비은행이라면 사정이 달라진다. 부분준비은행은 저축으로 유입된 돈을 대출하는 것이 아니라 대출을 통해 저축(예금)을 만들어낸다. 순수 중개기관은 저축이 독립변수, 대출이 종속변수인 반면, 은행은 대출이 독립변수, 저축(예금)이 종속변수라는 것이다. 이처럼 은행은 자신이 직접 저축을 만들어내기에 저축의 크기로 소비 가능한 총생산물의 크기를 가늠하기란 불가능하다. 그 결과 은행에서는 대출이 총생산의 규모를 초과하는 일이 심심찮게 발생한다.

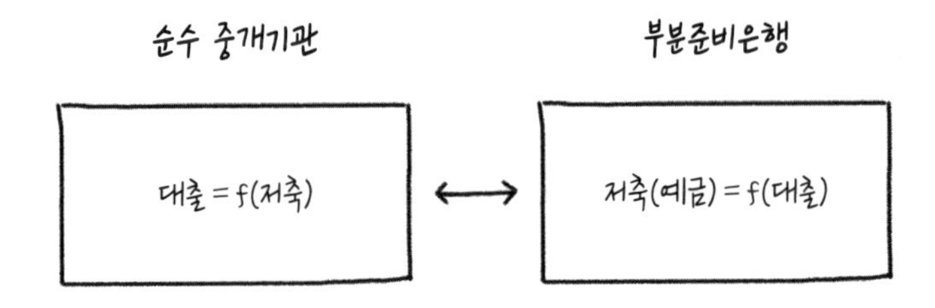

(그림 6-2) 순수 중개기관 vs 부분준비은행

세뇨르, 은행

저축 유입에 구애받지 않고 대출할 수 있는 은행은, 대출 규모를 최대한 늘리려는 강한 유인을 가진다. 시뇨리지seigniorage, 즉 주조차익 때문이다.

13세기 후반에 이르자 모든 주화의 제작은 왕이나 봉건영주sovereign의 직접통제 하에 들어갔다.[3] 그런데 당시 주화청mint에서 만들어진 금화나 은화에는 저렴한 금속이 포함된 경우가 많았다. 예를 들어 1파운드짜리 금화를 만들면서 순금과 구리를 각각 0.7, 0.1파운드어치 사용했다고 하자. 이 경우 왕이나 봉건영주는 실제 가치가 0.8파운드인 주화를 주고 1파운드 가치의 물건을 살 수 있어 앉은 자리에서 이익을 얻는다. 여기서 1파운드와 0.8파운드의 차이, 즉 0.2파운드가 주조차익이다. 주조차익은 주화 제작을 독점한 왕 혹은 통치자인 세뇨르seigneur의 몫으로, 시뇨리지라는 말은 여기에서 비롯됐다.

중세 왕이나 봉건영주가 얻은 시뇨리지는 은행에 비하면 애교 수준이다. 은행은 대출을 통해 예금통화를 만들고는 차입자로부터 높은 대출금리를 받는다. 반면 예금금리는, 대출금리는 물론 시장금리보다 낮다. 특히 요구불예금의 경우 금리는 0이다. 대출을 통해 예금통화를 만드는 족족 하늘에서 이익이 떨어진다. 은행은 총칼 없이 집권한 세뇨르인 셈이다.

은행이 누리는 시뇨리지는 주식시장에서도 확인된다. 1856년 뉴욕증권거래소 상장주식의 절반 이상이 은행주였다. 은행 주식에 대한 선호가 그만큼 강했다는 말이다. 또한 1880년대 은행주는 여타 주식에 비해 연평균 2.8% 이상의 초과수익률을 제공했다.[4]

탐욕과 공포 사이에서, 공유자원의 비극

대출을 확대할수록 시뇨리지는 커진다. 그러나 대출을 큰 폭으로 늘릴 경우 불량 차입자가 섞여 들어올 가능성도 높아진다. 이러한 가능성이 현실화될 경우 머지않아 은행은 대출 손실을 입고 자칫 뱅크런에 직면할 수 있다. 이러한 점에서 은행 스스로 대출 확대 유인을 통제할 가능성을 배제할 수 없다. 뱅크런에 대한 두려움이 은행의 탐욕을 규율할 수 있다는 것이다.[5] 하지만 이러한 가능성은 실제로는 좀처럼 현실화되지 않는다. 공유자원의 비극tragedy of commons[6] 때문이다.

우리가 일상에서 소비하는 대부분의 재화와 서비스는 배제성과 경합성을 갖고 있다. 여기서 배제성exclusiveness이란 대가를 지불하지 않은 사람은 그 재화나 서비스를 소비할 수 없음을, 즉 소비에서 배제됨을 뜻한다. 경합성contestability이란 누군가 한 재화나 서비스를 사용하면 다른 사람은 그 재화나 서비스를 소비하는 데 지장을 받음을 의미한다. 예를 들어보자. 고급 레스토랑에서 식사를 하려면 대가를 지불해야 한다(배제성). 뿐만 아니라 이 레스토랑의 테이블은 한정적이어서 미리 예약한 사람이 이미 식사를 하고 있다면, 예약하지 않은 사람은 식사를 할 수 없다(경합성).

그런데 경합성은 있지만 배제성이 없는 재화가 있다. 즉, 내가 소비할 경우 다른 사람이 소비할 몫을 줄이지만(경합성), 대가를 지불하지 않은 사람도 소비에 참여할 수 있다(비배제성)는 것이다. 이런 특성을 가진 것을 공유자원commons이라고 한다. 공해상에서의 어획 행위, 주인이 없는 목초지에서 양떼를 방목하여 풀을 뜯게 하는 행위, 사바나 지역에서의 코끼리 밀렵 행위 등이 대표적인 사례다. 소비 대상 자원이 한정된 상태에서 대가를 지불하지 않고도 소비할 수 있다면 어떤 일이 벌어질까. 개인 입장에서는 무조건 먼저 소비하는 것이 최선이다. 당연히 치열한 소비 경쟁이 벌어지고 그 결과 자원은 이내 고갈되고 만다. 이를 공유자원의 비극이라고 한다.

공유자원의 비극이 은행에도 적용된다는 점은 무척 흥미롭다.[7] 은행은 저축 없이도 대출이 가능하므로 대출 행위에 대가 지불이 거의 수반되지 않는다(비배제성). 하지만 대출시장 내에 우량 차입자 수는 제한되어 있다(경합성). 그렇다면 개별 은행에 합리적인 선택은 경쟁자보다 먼저 대출을 늘림으로써 우량 차입자를 선점하는 것이다. 그래야만 시뇨리지도 선점할 수 있다. 문제는 모든 은행이 같은 입장에 처해 있기 때문에 동시다발적으로 대출을 늘린다는 것이다. 이에 따라 우량 차입자는 신속히 고갈되고 은행의 대출 풀pool에는 불량 차입자가 대거 섞여 들어오기 마련이다. 당장은 대출 확대로 이익이 나는 듯이 보이지만 추후 대출 손실은 필연적이다.

극단적으로 은행의 신용팽창으로 총대출이 총생산을 초과하면, 우량 차입자의 프로젝트도 중단된다. 우량 차입자가 프로젝트를 계속하는 데 소비할 생산물이 바닥났기 때문이다.[8] 불량 차입자에 의한 대출 손실, 그리고 우량 차입자의 프로젝트 중단에 따른 대출 손실까지 더해져 이제 은행의 손실은 눈덩이처럼 불어난다. 무엇보다 모든 은행이 경쟁적으로 신용팽창에 나섰기 때문에 은행권 전체가 위기를 맞는다. 은행권 전체가 위기를 겪는 경우를 시스템리스크systemic risk라고 한다. 5장의 은행 위기 사례에서 시스템리스크에 해당하는 경우가 자주 발견되는데, 이는 은행에 공유자원의 비극이 적용됨을 강력히 시사한다.

개중에는 대출 확대를 끝내 자제하는 은행도 분명 있을 것이다. 이 은행은 과연 살아남을 수 있을까. 애석하게도 그럴 개연성은 크지 않다. 신용팽창에 나선 상당수의 은행이 뱅크런과 파산에 직면할 경우, 은행권 전체에 대한 신뢰가 저하되면서 대출 확대에 가담하지 않은 은행도 뱅크런을 피하기 어렵기 때문이다. 특히 예금자들이 거래은행 대출자산의 질을 제대로 알지 못한다는 점[9]은 이러한 가능성을 더욱 높인다. 은행들이 이를 모를 리 없다. 그 결과 모든 은행은 처음부터 집단적인 신용팽창에 가담할 강한 유인을 갖는 것이다.

성과에 대한 평가 역시 은행으로 하여금 집단적 움직임에 동참하게 만든다. 신용팽창에 가담한 은행은 단기적으로는 높은 이익을 얻기 마련인데, 이때 홀로 대출을 확대하지 않은 은행은 능력이 없는 것으로 평가된다.[10] 반대로 대다수 은행의 성과가 나쁠 때 자신의 성과도 나쁠 경우, 이는 능력 탓이 아니라 환경 탓이라고 둘러댈 여지가 생긴다. "건전한 은행가는 위험을 예견하여 피하는 사람이 아니다. 건전한 은행가는 동료들과 함께 망하는 사람이다. 그래야 누구도 그를 비난할 수 없기 때문이다"라는 케인스[Keynes]의 표현에는 은행가의 유인이 잘 드러나 있다.[11]

자산시장, 신용팽창에 날개를 달다

은행 위기 사례에서 발견되는 또다른 특징이 있다. 신용팽창의 상당수가 자산시장 버블과 결부되어 있다는 점이다. 18세기 초반 영국의 남해회사버블, 같은 시기 프랑스의 미시시피버블, 19세기 중반의 영국 철도버블, 19세기 후반 내내 반복된 미국의 주가버블, 그리고 대공황에 이르기까지, 신용팽창이 자산버블로 이어진 사례는 차고 넘친다.

신대륙 발견, 신기술의 발명과 보급 같은 외부 충격[external shock]은 신용팽창의 무대를 마련한다. 1920년대 미국에서는 전국적인 전력 보급, 전화 보유 가정의 급속한 확산, 자동차 생산 급증, 고속도로 건설

등이 집중되면서 사람들의 낙관적인 기대를 한껏 부풀렸다.[12] 은행가들 역시 이러한 낙관적인 기대에서 예외일 수 없었으며, 따라서 시뇨리지 선점을 위해 대공황 직전까지 신용팽창에 매진했다.

그러나 실물경제 활동을 지원하기 위한 신용팽창은 장기간 지속되기 어렵다. 예를 들어 경쟁적인 신용팽창 결과 대출 규모가 총생산을 초과했다고 하자. 차입자들은 생산 활동 과정에서 다른 사람의 생산물을 소비하는데, 대출이 총생산보다 많기 때문에 머지않아 차입자들이 소비할 생산물이 바닥난다. 그 결과 프로젝트는 중단되고 은행엔 위기가 닥친다. 대출 확대 시점부터 은행 위기까지 소요되는 기간이 길기 어렵다는 것이다.

자산시장이 개입되면 얘기가 달라진다. 차입한 돈으로 사람들이 생산 활동에 필요한 재화를 사는 것이 아니라 이미 발행된 주식을 매입하는 경우를 생각해보자. 낙관적인 기대가 팽배한 상태에서 주식 매입을 위한 대출이 제공되면 주가는 상승한다. 주가가 상승하면 은행 입장에서 확보하는 담보가치가 늘어나 더 많은 대출이 제공된다. 이에 따라 주가는 더욱 상승한다.

주택, 건물 등 기존에 생산된 자산도 마찬가지다. 대공황 이전 10년간 미국 도시지역 주택담보대출은 신용팽창에 힘입어 3배나 늘었다.[13] 이처럼 부동산 매입을 위한 대출이 늘어나면 부동산 가격은 지속적으로 오른다. 특히 부동산의 경우 가격이 상승하더라도 단기적으로 공급을 늘리기 어렵기 때문에, 즉 공급의 가격탄력성이 낮기 때문에 가격 상승도 가파르게 이루어진다.

주식과 부동산 모두 지나치게 많이 올랐다는 의견이 제기되기도 하지만, 높은 가격을 합리화하는 강력한 내러티브narrative에 이내 묻히고 만다. 즉각적인 소비를 통해 효용(즉 가치)이 바로 확인되는 일반적인 재화와 달리, 주식이나 부동산 등의 자산가치는 미래의 추상적, 주관적 판단에 크게 의존하기 때문에 이러한 내러티브는 쉽게 힘을 얻는다. 당대 최고의 경제학자였던 어빙 피셔Irving Fisher도 이러한 내러티브의 주창자이자 동시에 피해자였다는 점은 널리 알려진 사실이다.[14]

소위 전문가를 자처하는 사람들의 내러티브에 힘입어 자산가격이 지속해서 오른다면, 이들 자산을 담보로 제공되는 대출은 총생산 규모를 쉽게 넘어설 수 있다. 그리고 이러한 신용팽창은 차입으로 매입한 자산을 자기보다 더 어리석은 바보the greater fool에게 더 높은 가격에 팔 수 있다고 생각하는 사람이 존재하는 한 계속된다.[15]

일반적인 재화는 이내 소비되어 사라진다. 반면 주식, 부동산 등의 자산은 좀처럼 소비되어 사라지지 않는다. 이처럼 소비되어 사라지지 않는 자산을 매개로 이루어지는 신용팽창은 필연적으로 해당 자산의 버블을 야기한다. 실물경제 활동과 관련한 신용팽창과 달리, 자산 매입을 위한 신용팽창은 훨씬 더 큰 규모로, 그리고 장기간 지속될 수 있다는 것이다. 결국 자산시장의 존재는 신용팽창을 극한 수준까지 몰고가려는 부분준비은행에 날개를 달아준 셈이다.

비효율적 뱅크런?

은행 위기의 원인으로 신용팽창 말고 다른 건 없을까. 혹시 신용팽창이 일어나지 않고, 따라서 지급능력이 충분한 상태에서도 은행 위기는 발생할 수 있지 않을까. 이는 부분준비은행의 속성을 감안할 때 충분히 제기할 수 있는 질문이다.

지급능력이 충분한 은행에서 벌어지는 뱅크런은 비효율적일 뿐 아니라 파괴적이다. 서로 협력해서 예금을 찾지 않으면 나중에 모두가 예금을 돌려받을 수 있는데, 괜한 인출 경쟁으로 은행은 물론 예금자 자신도 손해를 입기 때문이다. 상호협력과 조율을 통해 더 나은 결과를 얻을 수 있음에도 불구하고, 개별적으로 행동하는 바람에 모두에게 나쁜 결과가 초래되는 경우를 집단행동 문제collective action problem라고 한다.[16] 널리 알려진 죄수의 딜레마prisoner's dilemma도 집단행동 문제의 한 유형이다.

그렇다면 지급능력이 충분한 상태에서 단순히 집단행동 문제로 인해 뱅크런이 벌어질 개연성은 얼마나 될까. 일부 문헌에서는 이러한 비효율적 뱅크런 가능성을 언급하고 있다. 이에 따르면 예금자들의 생각에 영향을 줄 수 있는 모든 것이 뱅크런의 원인이 된다. 심지어 태양의 흑점 활동도 뱅크런을 촉발할 수 있다.[17]

영화 〈메리 포핀스Mary Poppins〉는 비효율적 뱅크런의 사례를 묘사한다. 이 영화에는 아빠가 일하는 은행에 찾아간 제인과 마이클 남매가 등장한다. 남매는 가져간 돈으로 비둘기 모이를 사려고 하는데, 은행장이 저축을 해야 한다며 돈을 뺏으려 하자 마이클은 돈을 돌려달라고 울며 소리친다. 이 모습을 본 사람들이 은행으로 달려가 인출 경쟁을 벌이고, 당황한 창구직원은 서둘러 은행문을 닫아버린다.

출처를 알 수 없는 홍콩의 어느 은행 에피소드도 있다. 어느 날 갑자기 소나기가 퍼붓자 행인들이 비를 피해 은행의 처마 아래로 몰려들었다. 이를 본 택시기사가 그 은행에 인출 소동이 벌어졌다고 승객에게 말한다. 택시기사의 말이 급속히 전파되면서 실제로 뱅크런이 벌어진다. 이러한 에피소드는 뱅크런이 일어날지도 모른다는 상상만으로도 뱅크런이 현실화될 수 있음을 시사한다. 소위 뱅크런의 자기실현적 속성이다self-fulfilling prophecy.

뱅크런에 대한 이러한 내러티브는 무척 흥미롭기는 하지만 현실과는 상당한 거리가 있다. 실제로 대부분의 연구는 거의 모든 뱅크런과 은행 위기가 은행의 지급능력 저하에서 시작되었음을 보여준다.[18]

이러한 연구 결과는 빈발한 뱅크런과 은행 위기가 그저 재수가 없어 벌어진 일이 아님을 의미한다. 그보다는 은행가의 사기 혹은 부분준비은행의 강력한 대출 확장으로 대출자산의 질이 저하되고, 그 결과 지급능력이 훼손되면서 뱅크런이 촉발되었다는 것이다. 중세 남부 유럽에서 은행파산의 와중에 취해진 강력한 규제, 특히 인적처벌이라는 극단적 조치까지 동원된 사례는, 은행파산이 단순한 유동성 위기가 아닌 지급불능 문제에서 비롯된 것임을 강력히 시사한다.

큰 수의 법칙은 어디로?

신용팽창이 일어나면 큰 수의 법칙은 더이상 성립하지 않는다. 이에 따라 3장에서 살펴본 대출다각화에 의한 위험감소, 예금자 간 위험분담risk sharing 효과는 사라진다. 나아가 유동성공급liquidity provision, 만기변환maturity transformation 기능도 작동을 멈춘다. 은행의 편익이라고 일컬어지는 기능들이 일거에 소멸되는 것이다. 왜 이런 일이 벌어지는 것일까.

은행 간 대출 확대 경쟁이 벌어지면 애초 상환능력이 의심되는 차입자에게도 대출이 흘러간다. 그런데 큰 수의 법칙은 은행이 선별과 감시를 통해 불량 차입자를 충분히 걸러낸다는 것을 전제할 때만 성립한다. 불량 차입자를 대상으로 대출을 분산한들 대출위험이 감소할 리 만무하기 때문이다.

대출다각화에 따른 위험 감소를 기대하기 어려운 이유는 또 있다. 대출이 적절한 수준에 머물 경우, 차입자의 파산 위험은 상호 독립적이다. 한 차입자의 파산이 다른 차입자의 파산 확률에 영향을 주지 않는다는 뜻이다. 파산 확률의 독립성은 특히 다른 업종에 속한 기업일수록 강하다. 가전제품 생산기업의 매출이 레스토랑 매출과 함께 움직일 이유가 없듯이 말이다.

하지만 신용팽창이 개입되면서 상황은 반전된다. 신용팽창 바람이 불면 은행들은 여기저기 몰려다니며 거의 모든 업종에 걸쳐 대출을 확대한다. 이로 인해 특정 업종이 아닌 전체 업종의 경기가 함께 움직이기 시작한다. 이 말은 이전까지 상호 영향을 주지 않고 거리를 유지하던 차입자 간 파산 확률도 어느새 한 덩어리로 밀착됨을 뜻한다. 그리고 신용팽창 와중에 추진된 수많은 프로젝트에 투입될 생산물이 바닥나는 순간, 모든 업종에 걸쳐 차입자들이 동시다발적으로 파산한다.

자산시장에 대한 대출도 마찬가지다. 대출 규모가 크지 않으면 우량주 중심, 우량 부동산 중심으로 자산가격 상승이 제한적으로 일어난다. 그러나 신용팽창이 개입되면 급격히 늘어난 대출을 바탕으로 거의 모든 주식, 거의 모든 부동산 가격이 동반 상승한다. 우량자산, 불량자산 할 것 없이 모든 자산이 한 방향으로 움직이기 시작하는 것이다. 그러나 어느 순간 더 높은 가격에 자산을 매입할 어리석은 바보를 찾기 어려워지고, 그때부터 모든 자산가격은 한 덩어리로 자유낙하를 시작한다. 이렇듯 생산 활동을 위한 대출이든, 자산 매입을 위한 대출이든 신용팽창이 개입되면 큰 수의 법칙에 의한 위험 감소는 물 건너 가는 것이다.

신용팽창으로 은행 자산의 질이 악화되면 예금자 간 위험분담도 중단된다. 예금자 간 위험분담 역시 큰 수의 법칙에 의존하는데, 큰 수의 법칙이 성립하려면 예금자들이 상호 독립적이어야 한다. 다른 예금자의 인출 행위가 나의 인출 행위에 영향을 주지 않아야 한다는 것이다. 그러나 은행이 부실하다는 정보가 흘러나오는 순간 모든 예금자가 한 덩어리가 되어 인출을 위한 아귀다툼을 벌인다. 평상시라면 큰 수의 법칙에 힘입어 위험분담 기능이 정상적으로 작동하고, 그 결과 예금은 수익성과 유동성을 모두 제공한다. 하지만 신용팽창으로 누적된 손실이 임계점에 도달하는 순간, 마치 불연속 상전이discontinuous phase transition가 일어나는 것처럼 은행예금은 중간지대를 거치지 않고 수익성과 유동성 모두를 순식간에 상실하고 만다.

뱅크런이 벌어지면 은행의 유동성공급 기능도 멈춘다. 은행 자신이 유동성 위기에 빠졌는데 예금자에게 무슨 유동성을 공급한단 말인가. 이쯤 되면 은행 자신은 유동성 낮은 대출자산을 보유하면서 예금자에게는 유동성 높은 예금을 제공하는, 소위 만기변환 기능도 그저 말장난에 지나지 않는다.

통화와 신용의 결합, 은행 취약성의 근원

4장에서는 대차대조표를 통해 부분준비은행의 본질적 취약성을 살펴보았다. 즉 높은 레버리지로 인한 지급불능 위험, 예금의 속성에서 비롯되는 만성적 유동성 위험의 두 가지가 더해져 은행은 태생적으로 깨지기 쉬운 존재라는 것이다. 이러한 점은 5장의 은행 위기 사례를 통해 실제로 확인되었다. 결국 높은 레버리지와 상시인출 가능한 예금부채의 속성, 이 두 가지는 은행 위기의 알파요 오메가라 할 수 있다.

높은 레버리지와 상시 인출 가능한 예금, 이 둘의 관계에 대해 좀 더 짚고 넘어가야 할 것 같다. 은행은 대출을 통해 예금, 즉 부채를 만들어낸다는 점에서 돈을 빌려주는 사람에 덜 의존한다. 반면, 대출자가 먼저 돈을 빌려줘야만 부채를 늘릴 수 있는 일반기업은 철저하게 대출자 의존적이다. 순수 금융중개기관도 다르지 않다.

이러한 점에서 은행의 부채는 일반기업이나 순수 금융중개기관보다 쉽게 늘어날 잠재력을 갖는다. 그런데 은행의 부채 쌓기, 즉 레버리지 확대에 기름을 끼얹는 것이 있다. 바로 예금이다. 은행예금은 파생통화로서 사람들에 의해 지불수단으로 수용된다. 그런데 만들어낸 부채가 지불수단으로 널리 통용된다면 은행의 부채 쌓기는 누워서 떡 먹기다. 예금이 가진 통화성이 은행의 높은 레버리지를 가능하게 하는 것이다. 이러한 점에서 은행 위기의 근원적 출발점은 예금이 갖는 통화성이라고 해도 틀리지 않다.

순수 금융중개기관은 주어진 통화를 매개로 신용을 중개한다는 점에서 신용중개기관에 해당한다. 반면 은행은 신용중개기관인 동시에 스스로 통화를 창출한다. 통화와 신용의 결합은 양날의 칼이다. 통화와 신용의 결합은 대출(신용)에 의해 부채이자 지불수단인 통화를 큰 폭으로, 그리고 신속히 늘릴 수 있게 한다. 그러나 과도한 레버리지로 지급능력에 의문이 드는 순간 뱅크런이 벌어지고, 그 결과 은행은 일반기업이나 순수 중개기관과는 비교도 안 될 정도로 빠르게 무너진다. 이와 함께 지불수단인 통화량도 급속히 축소된다. 일반기업이나 순수 중개기관의 파산에 비해 은행의 파산이 훨씬 더 큰 비용을 초래할 것임을 쉽게 짐작케 하는 대목이다.

7장

은행 위기의 비용

신용팽창으로 대출 손실에 대한 우려가 고조되면 은행예금은 지불수단으로 통용되기 어렵다. 백화점 상품권을 생각해보자. 사람들은 백화점 내에 있는 것은 무엇이든 상품권으로 구입할 수 있지만, 여기에는 백화점이 파산하지 않고 영업을 지속한다는 것이 전제된다. 비행기 티켓 역시 해당 항공사가 파산하지 않을 때만 사용 가능하다.[1] 같은 현상이 은행예금에도 그대로 적용된다. 평소 은행예금을 받고 물건을 내주던 사람들이, 은행의 신뢰가 무너지는 즉시 더이상 예금을 지불수단으로 인정하지 않는다. 통화로 널리 수용되던 은행예금이 한 순간에 통화로서의 지위를 잃어버리는 것이다. 백화점 상품권이 백화점의 생존을 전제로 하는 조건부 상품권인 것처럼, 은행예금 역시 은행의 생존을 전제로 하는 조건부 통화이기 때문이다.

진실의 순간

(그림 7-1)은 3장에서 본 유동성 스펙트럼이다. 스펙트럼의 왼쪽에서 오른쪽으로 갈수록 유동성은 낮아지고, 대신 요구수익률은 높아진다. 은행예금은 파생통화로서 통화량에 포함되며, 따라서 은행의 건전성이 유지되는 한 본원통화(현금)와 파생통화(은행예금)의 경계는 사실상 없다고 해도 무방하다. 사람들이 은행예금 대신 본원통화를 가지려는 유인이 특별히 강하지 않다는 것이다. 이자를 지급한다는 점에서 은행예금을 더 선호한다고 보는 게 정확하다.

(그림 7-1) 유동성 스펙트럼

이제 본원통화량이 고정된 상태에서 신용팽창으로 예금통화량이 대폭 늘어나는 경우를 생각해보자. (그림 7-1)에서 은행예금이 예를 들어 2배가량 확대된다고 보면 된다. 신용팽창으로 통화량(본원통화+예금통화)이 증가하면 늘어난 통화를 매개로 우량채권, 우량주식은 물론 투기등급 채권, 부동산에 이르기까지 자산시장의 거래가 활발해진다. 거래가 활발하다는 것은 이들 자산의 유동성(환금성)이 높아짐을 의미한다. 신용팽창이 없을 때는 유동성이 높지 않던 자산들이 신용팽창이 개입되면서 유동성이 높은 자산으로 변모하는 것이다. 위험자산임에도 언제든 본원통화로 바꿀 수 있다는 믿음이 점차 확산되고, 따라서 더 많은 사람이 자산시장으로 몰려든다. 신용팽창이 자산버블로 이어지는 메커니즘이다. 자산버블이 형성되면 유동성 스펙트럼의 길이는 오른쪽으로 확장된다.

한편, 신용팽창으로 모든 자산의 유동성이 높아지지만 예금과 여타 자산 간의 경계는 여전히 존재한다. 예금이 통화로 수용되는 한, 은행예금의 유동성은 여타 자산의 유동성을 압도하기 때문이다.

흥미로운 점은, 은행 위기가 발발하면 은행예금을 포함한 여러 자산에 걸친 유동성 스펙트럼이 소멸된다는 사실이다. 뱅크런은 예금통화에 대한 신뢰 상실에 기인한다. 부실한 은행의 예금은 더이상 본원통화와 교환되지 않는, 그저 믿을 수 없는 은행의 부채에 불과하다. 한동안 진짜통화 행세하던 은행예금이 가짜통화임이 드러나는 진실의 순간이 도래하는 것이다.

뱅크런은 불안에 휩싸인 사람들이 유동성 스펙트럼에서 극히 일부를 차지하는 진짜 유동성, 궁극의 유동성인 본원통화를 먼저 손에 넣기 위해 발버둥 치는 행위에 다름 아니다. 스펙트럼의 오른 쪽을 향해 멀리 나갔던 사람들이 이제는 일제히 스펙트럼의 왼쪽 끝점을 향해 몰려든다. 파생통화인 예금이 버림받은 마당에 다른 자산의 형편은 볼 것도 없다.[2] 본원통화 확보를 위해 모든 자산에 걸쳐 투매 현상이 벌어지고 그 결과 자산시장은 극적인 파멸을 맞는다.

급격한 통화량 감소

금융시장 전반에 걸쳐 신뢰 상실이 만연할 때 믿을 수 있는 것은 오직 본원통화뿐이다. 이로 인해 은행예금을 포함한 나머지 자산은 한결같이 쓸모없는 하나의 덩어리로 취급된다. 긴 스펙트럼상에 순차적으로 위치하던, 은행예금을 포함한 다양한 자산이 갑자기 동일한 위험자산으로 붕괴되어 하나로 뭉쳐버리는 것이다. 그 결과 본원통화와 나머지 자산 간에는 건널 수 없는 거대한 협곡이 생긴다(그림 7-2).

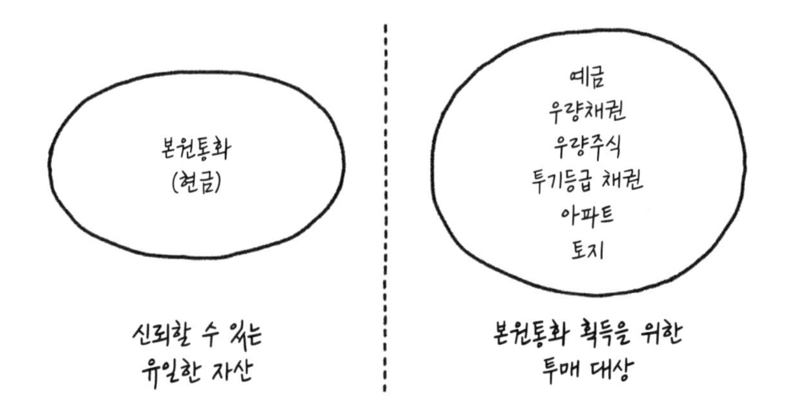

(그림 7-2) 은행 위기 시 유동성 스펙트럼 소멸

확장된 자산군의 유동성이 급격히 소멸하는 이유는, 이들 자산의 유동성이 본래의 유동성이 아닌 부채로 고양된 유동성이기 때문이다. 신용팽창으로 활발한 거래가 수반되면서 마치 유동성이 높은 자산처럼 보였지만, 은행 위기를 계기로 이들 자산의 실체가 수면 위로 드러나는 것이다.

은행 위기로 뱅크런이 벌어지면 본원통화는 은행권 밖으로 유출된다. 이는 은행이 파생통화를 늘렸던 바로 그 기초가 허물어짐을 뜻한다. 파생통화 창출의 기반인 본원통화의 유출로 파생통화 감소 역시 승수적으로 일어난다. 특이한 점은 파생통화의 승수적 증가에 비해 파생통화의 승수적 감소가 훨씬 더 빠른 속도로 진행된다는 것이다.

은행 위기가 일어난 직후에는 어김없이 큰 폭의 통화량 감소가 목격되었다. 대공황 직후인 1931년 4분기 미국의 통화량(본원통화+예금통화)은 전년동기 대비 30.8% 감소했으며, 1933년 1분기에는 39.8% 감소했다.[3] 광범위한 인출 중단, 전국에 걸친 은행휴일 선포 등, 인출 사태를 막으려는 갖은 조치가 동원되지 않았다면 통화량은 훨씬 더 큰 폭으로 감소했을 것이다.

한편, 1929~1933년 기간 본원통화 인출은 12억 달러에 불과했는데, 이로 인한 은행예금 감소는 10배가 넘는 156억 달러에 달했다.[4] 본원통화 인출에 따른 파생통화 감소가 승수적으로, 그리고 급속도로 진행됨을 보여준다. 통화를 원해 인출 대열에 나서면 통화량은 오히려 감소한다. 타는 갈증으로 우물을 찾는 사람이 늘어날수록 우물은 더욱 빠르게 말라가는 현상, 이것이야말로 뱅크런이 가지는 가장 무서운 속성이다.

금융자산 소멸, 우량기업 파산

통화량 감소는 한 사회 내 지불수단의 감소를 의미한다. 은행 위기 시 지불수단의 승수적인 감소가 가져오는 파장을 상상하기란 어렵지 않다. 은행 위기 직전까지만 해도 지불수단으로 널리 수용되던 은행 예금을 이제는 아무도 받아주지 않는다. 왕성하던 경제 활동이 본원통화만을 매개로 드문드문 이루어질 뿐이다. 상거래를 매개하는 지불수단의 급감은 경기침체로 직결된다.

예금통화 감소는 상거래 활동 위축으로 끝나지 않는다. 파산한 은행의 예금 소멸은 예금자의 금융자산 소멸로 이어진다. 대공황 시기에 속하는 1930년과 1933년, 미국 파산 은행 예금자의 평균 손실률은 각각 28%, 15%에 달했다.[5] 난데없는 금융자산 소멸로 예금자들은 소비를 줄일 수밖에 없어, 가뜩이나 위축된 실물경제는 더욱 악화된다.

뱅크런으로 본원통화 유출을 겪는 은행은 이를 만회하기 위해 온갖 노력을 기울인다. 가장 손쉬운 방법은 만기가 도래한 대출을 회수함으로써 본원통화를 확충하는 것이다. 평소 같았으면 차환을 통해 만기를 연장해줄 수도 있었겠지만, 은행 자신이 위기에 몰린 상황이라 이것저것 따질 겨를이 없다. 우량기업, 부실기업 따지지 않고 닥치는 대로 대출을 회수하는 것만이 인출 요구에 대응할 수 있는 유일한 길이다. 1929년 3월에서 1932년 12월에 이르는 기간 은행 대출은 무려 64%나 감소했는데[6], 이는 위기에 몰린 은행의 대출 회수 유인이 얼마나 강했는지를 짐작케 한다.

거래은행의 대출금 상환 요구에 당황한 우량기업은 다른 은행을 물색한다. 그러나 대다수 은행이 위기를 겪는 상황이라 다른 은행도 대출 여력이 없기는 마찬가지다. 간혹 대출 여력이 있는 은행을 찾아낸다고 해도 상황은 크게 달라지지 않는다. 이 기업에 대한 정보는 기존 거래은행만 갖고 있어, 다른 은행은 이 기업의 질을 제대로 알지 못한다.[7] 즉, 이 기업이 자신에게 대출받으려는 이유가 거래은행의 문제인지, 아니면 기업 자체의 문제인지 알 수가 없다는 것이다. 역선택을 우려한 은행이 선뜻 대출을 내주려 하지 않음은 물론이다.

차입에 실패한 기업에 남은 대안은 보유 자산의 처분이다. 그러나 이 또한 쉽지 않다. 특정 기업의 자산이 다른 기업에는 별 쓸모가 없는 경우가 허다하다.[8] 뿐만 아니라 은행들의 무차별적 대출 회수로 인해 기업 자산의 잠재적 구매자 역시 위기에 처해 있을 가능성이 크다.[9]

이러한 논의가 시사하는 바는 명확하다. 거래은행이 곤경에 처할 경우 우량 차입자들도 지급불이행, 나아가 파산에까지 이를 수 있다는 것이다. 이는 거래은행이 파산하거나 대출을 축소할 경우 어느 누구도 그 틈을 쉽게 메울 수 없음[10]을 의미한다. 거래은행의 건전성이 차입기업의 주가에 영향을 미친다는 발견[11]은 이를 뒷받침한다.

결론적으로 은행 위기가 발발하면 불량기업은 물론 우량기업도 파산을 면하기 어렵다. 우량기업의 파산은 부가가치를 창출할 다수의 프로젝트가 중단됨을 뜻하는데, 이는 곧 성장잠재력 훼손으로 이어진다. 그리고 은행 위기로 인한 성장잠재력 훼손은 국가경제에 일시적이 아닌, 영구적인 영향을 미친다.[12] 은행 위기를 겪고 나면 경제성장의 경로 자체가 바뀐다는 것이다. 건강이 크게 나빠져 일부 장기에 훼손이 발생할 경우, 건강을 회복한 후에도 해당 장기가 이전과 같은 수준의 기능을 발휘하지 못하는 것과 같은 이치라 하겠다.

위험회피, 변동성을 싫어하는 인간

인간은 기본적으로 위험회피적risk averse이라고 알려져 있다.[13] 예를 들어 다음과 같은 두 가지 선택지가 있다고 하자. 첫번째는 100%의 확률로 4억 원을 얻는 경우다. 두번째는 운이 좋으면(확률 50%) 10억 원을 얻고, 운이 나쁘면(확률 50%) 아무것도 얻지 못하는 경우다. 첫번째 경우의 기대값은 4억 원(=4억×100%)이고, 두번째는 5억 원(=10억×1/2 +0억×1/2)이다. 두번째의 기대값이 1억 원만큼 높으므로 당연히 선호될 것 같지만 현실에서는 그렇지 않은 경우가 많다. 두번째의 경우 자칫 재수가 없으면 아무것도 가질 수 없는데, 대체로 사람들은 이러한 상황을 꺼린다. 그 결과 확실한 4억 원을 얻을 수 있다면 1억 원만큼의 기대이익을 기꺼이 포기하는 경우도 왕왕 발생한다. 심지어 위험회피 성향이 강한 사람이라면 4억 원이 아닌 3억 원만 받는다고 해도 이를 수용한다. 여기서 확실한 금액을 받기 위해 포기하는 1억 원 혹은 2억 원의 기대이익을 위험프리미엄risk premium이라고 한다. 많은 사람이 기꺼이 보험료를 지불하고 생명보험 혹은 화재보험에 가입하는 것은 위험회피 성향risk aversion이 실재함을 보여준다. 그리고 이들이 지불하는 보험료는 위험을 회피하기 위해 지불하는 위험프리미엄에 다름 아니다.

위험회피 성향은 근로자의 급여 설계에도 반영된다. 급여 전체가 온전히 실적에 연동될 경우, 실적이 좋을 때는 높은 급여를 받지만, 갑자기 경기가 악화되면 아주 낮은 급여만 받는 상황을 감내해야 한다. 심지어 자칫 큰 병이라도 걸려 아예 일을 못 하는 상황이 벌어지면 급여는 0이 된다. 대부분의 근로자는 급여가 이처럼 상황에 따라 극단적인 변동성을 보이는 것을 원하지 않는다. 이를 반영하여 일정 수준의 기본급여base salary를 조건 없이 지급하고, 나머지 급여는 실적에 비례하는 성과급으로 지급하는 경우가 많다. 이 경우 상황에 따라 들쭉날쭉 큰 변동성을 보이던 급여 수준은 한층 안정화된다. 다만, 고정적인 기본급여가 보장되는 만큼, 실적이 좋은 경우에 받는 성과급은 고정급여가 없을 때의 성과급에 비해 적을 수밖에 없다. 이 둘의 차이는, 실적이 나쁠 때를 대비해 고정급여를 받는 대가로 근로자가 지불하는 위험프리미엄에 해당한다. 이러한 논의는 과도한 변동성을 싫어하는 것이 우리 인간의 본성임을 시사한다. 그리고 위험회피적인 우리의 본성은 경기변동에도 똑같이 적용된다.

신용팽창과 경기변동

우리 삶에는 굴곡이 있다. 때로는 운으로 때로는 노력으로 성공을 거두는 반면, 때로는 운이 나빠 때로는 실수나 게으름으로 실패를 겪기도 한다. 그렇다고 이런 굴곡이 반드시 나쁜 것은 아니다. 굴곡 덕분에 보다 겸손해지거나 지혜로워지는 계기가 마련될 수 있기 때문이다. 이런 점에서 탄탄대로만 걷는 삶에 비해 어느 정도의 굴곡진 삶이 오히려 윤택한 것일지도 모르겠다.

국가경제도 마찬가지다. 개인의 자유가 보장되어 활력이 넘치는 사회에서는 신기술의 발명, 신사업 모델의 발굴 등이 활발히 이루어진다. 이러한 환경에서는 사람들은 장래를 낙관하고 그 결과 투자가 증진되고 생산이 촉진된다. 하지만 이러한 낙관 중 일부는 사실이 아닌 것으로 드러나면서 기대가 실망으로 바뀌는 시점이 도래한다. 투자가 중단되고 쓸데없이 만들어진 일부 생산물은 끝내 소비되지 못하고 버려진다. 이처럼 민간의 자율에 맡겨진 경제는 부침을 거듭한다. 자율적 인간이 모여 사는 세상에서 경기변동은 피할 수 없는 숙명과도 같다.

그러나 어느 정도의 경기변동은 우리 삶의 굴곡처럼 유익한 것일 수 있다. 경기변동 과정에서 새롭게 부를 쌓는 사람이 등장해 부의 재배분이 일어나고, 일부 산업의 성쇠 과정에서 효율적인 산업재편이 일어날 수도 있기 때문이다. 일체의 경기변동이 없는 경제는 중세 봉건사회나 공산주의 경제 말고는 없다. 그렇다고 이를 선망하는 사람은 많지 않을 것이다. 비록 위험회피적인 인간이지만 우리 속에는 변화와 발전에 대한 갈구도 존재하기 때문이다. 위험회피 성향만이 우리를 전적으로 지배한다면, 기업은 100% 고정급여를 지급하는 임금체계를 선택할 것이다. 하지만 이 경우 근로자와 기업의 성장과 발전은 기대하기 어렵다. 따라서 일정 수준의 경기변동은 자연스러운 것이며 바람직한 측면을 가진다.

여기서 한 가지 질문. 금융기관의 존재로 경기변동의 진폭이 확대될 수 있을까. 저축으로 유입된 본원통화를 대출하는 순수 중개기관이라면 이런 일은 일어나기 어렵다. 예를 들어 미래에 대한 낙관으로 투자가 활발해지고, 그 결과 가치 있는 생산물이 늘어난다면 저축도 활발히 유입될 것이다. 여기에 반응해 중개기관은 대출을 늘려갈 것이다. 반면, 투자가 활발히 이루어지더라도 이 투자가 과도한 낙관에 의한 것이었다면, 투자는 결실을 맺지 못하고 사람들이 원하는 재화도 생산되지 못한다. 생산, 즉 소득이 감소함에 따라 저축도 감소한다. 이제 중개기관은 저축감소에 발맞춰 대출을 줄여나간다. 순수 중개기관은 실물 경기변동에 철저하게 수동적으로 대응할 뿐이다.

부분준비은행은 그렇지 않다. 은행은 저축에 의존적이지 않으며 대출을 통해 저축을 만들어낸다. 실물경기와 무관하게 대출을 늘릴 수 있는 것이다. 이러한 상황에서 시장에 낙관이 지배하는 경우를 생각해보자. 대부분의 사람이 낙관적인 전망을 가지므로 은행 역시 낙관적인 입장에 빠지기 쉽다. 문제는 시뇨리지 선점을 위해 은행 간 대출 경쟁이 벌어진다는 것인데, 대출 경쟁이 벌어지면 대출금리는 낮게, 대출금액은 더 많이 제공하는 방식이 동원된다. 이처럼 쉬운 신용은 시장의 낙관을 부추김으로써 호황의 꼭짓점을 신용팽창이 없었을 때보다 훨씬 더 높은 곳으로 이끈다. 순수 중개기관과 달리 부분준비 은행은 시장의 낙관을 부풀리고, 그 결과 경기의 진폭을 한층 확대시키는 것이다.

나아가 늘어난 대출이 자산시장으로 대거 흘러 들어가기 시작하면 경기는 불을 뿜는다. 자산가격 상승으로 자신감을 가진 사람이 늘어나면서 새로운 세상, 새로운 경제에 대한 낙관은 더욱 강화된다. 강화된 낙관으로 은행은 더 많은 대출을 자산시장에 투입해 거의 모든 자산이 동반 상승한다. 그리고 이렇게 생겨난 자산버블은 호황의 높이와 길이를 더 높고 더 길게 만든다.

호황과 불황의 비대칭성

신용팽창에 의해 인위적으로 확장된 호황은 파국을 피할 수 없다. 산이 높으면 골도 깊은 법. 자연스런 호황에 비해 호황의 크기와 길이가 확장된 만큼, 불황의 크기와 길이도 확대될 수밖에 없다. 실제로 은행의 신용팽창이 경기변동을 야기하며[14], 일반적인 불황에 비해 은행 위기와 결부된 불황이 훨씬 심각하다는 발견[15]은 이를 입증한다. 1,2년 안에 끝나는 일반적인 불황과 달리 대공황이 10년간 지속된 것도 은행 위기 때문이었다는 견해가 지배적이다.[16] 미국의 총생산은 1893년 위기 시 54.9%, 1907년 위기 시 50.8%, 대공황 기간 85.9%

감소했는데[17], 이처럼 큰 폭의 생산 감소는 은행 위기가 결부되지 않은 불황에서는 좀처럼 찾아보기 어렵다. 이쯤 되면 금융위기 시의 생산 감소가 전쟁으로 인한 생산 감소에 맞먹는다는 견해[18]도 충분히 일리가 있다.

한편, 은행의 신용팽창은 호황과 불황의 크기 모두를 증폭시키지만, 이러한 증폭 효과는 불황에서 더 크게 나타난다. 신용팽창이 호황과 불황에 미치는 영향의 크기가 비대칭적asymmetric이라는 것이다.

한바탕의 신용팽창 사이클이 정점에 도달하면, 대출 손실이 누적되고 자산시장에서 더 어리석은 바보를 찾기 어려워지는 순간이 도래한다. 돌연 뱅크런이 발생하고 뱅크런은 전체 은행권으로 삽시간에 퍼져 나간다. 만연하던 낙관이 비관으로 돌변해 공포가 엄습하는 순간이다. 그리고 은행 위기는 예금자 손실, 우량 차입자 파산, 지급결제 중단 등을 통해 빠른 속도로 경제를 망가뜨린다. 이처럼 빠른 속도로 불황이 진행되면 불황의 정도 또한 심할 수밖에 없다. 경제주체들이 불황을 피해갈 시간을 확보할 수 없기 때문이다. 천천히 달려오는 자동차는 피할 겨를이 있어 일부 사람은 목숨을 건지지만, 빠르게 달려오는 자동차를 피해 목숨을 건질 사람은 거의 없는 것과 같은 이치다.

은행 위기와 결부된 불황이 이처럼 신속하게 진행되는 것은 은행예금의 속성에 기인한다. 은행예금이 언제든 찾을 수 있는 것이 아니라면, 다른 부채와 마찬가지로 만기도래 전에는 상환을 요구할 수 없는 것이라면, 뱅크런은 일어나지 않는다. 따라서 실물경제가 급속도로 무너지는 일도 발생하지 않을 것이다.

신용팽창이 사람들의 낙관을 상대적으로 서서히 강화시키는 것과 달리, 뱅크런은 예금자들의 공포를 급속도로 확산시킨다. 사람들의 내면에 머물러야 할 공포가 뱅크런을 계기로 실체적인 공포로 전환되는 것이다. 언제든 인출 가능하다는 은행예금 고유의 장점이 공포를 순식간에 현실화시키는 통로로 작용한 셈이다. 호황에 비해 불황의 속도와 깊이가 남다른 것은 바로 이 때문이다.[19]

양극화

은행 위기로 불황이 몰려올 때 가장 큰 타격을 받는 것은 경제적으로 취약한 사람들이다.[20] 이들에게는 깊고 긴 불황의 골짜기를 버텨낼 부와 소득이 부족하기 때문이다. 팬데믹pandemic이 벌어지면 노약자나 기저질환이 있는 사람들이 바이러스에 가장 취약해지는 것과 마찬가지다.

신용팽창으로 유발된 활황 국면에서는 주로 부와 소득이 적은 사람들이 차입을 늘리는데, 활황이 끝나고 급격한 불황이 닥치면 이들은 늘어난 차입을 감당하지 못한다. 불황으로 소득은 큰 폭으로 줄어드는데 고정 청구권인 부채는 줄지 않기 때문이다. 특히 자산버블의 막바지에 차입을 통해 자산 매입에 나선 경우라면 상황은 더욱 심각하다. 막차에 올라탄 사람들은 가격이 부푼 자산을 매입하느라 가장 많은 부채를 동원한 자들이다. 동시에 버블 붕괴 후 가장 큰 폭의 자산 가격 하락을 경험하는 것도 이들이다. 고정된 차입금과 급락한 자산가격 간의 간극을 줄어든 소득으로 메꾸기란 사실상 불가능하다.

기업도 사정은 매한가지다. 불황이 도래하면 대기업보다는 중소기업이 훨씬 더 큰 어려움을 겪는다.[21] 불황 국면에서 은행은 중소기업 대출을 우선적으로 회수한다. 가뜩이나 규모가 작아 불황을 견디기 어려운데 은행의 차입금 회수까지 겹치면 미래를 위한 투자는 언감생심이다. 이제 유일한 목표는 생존으로 바뀐다. 그 결과 중소기업 근로자 다수가 실업자로 전락한다. 그런데 중소기업에 근무하는 사람일수록 부와 소득이 적은 계층인 경우가 많다. 그 결과 신용팽창으로 큰 폭의 호황과 불황이 지나고 나면 이전에 비해 빈부격차는 한층 심화된다.

더 큰 문제는 경제적 약자일수록 위험회피 성향이 강하다는 것이다.[22] 동일한 정도의 경제적 손실에 대해 부와 소득이 적은 사람이 느끼는 주관적 고통이 더 크다는 뜻이다. 그런데 전술한 바와 같이 은행위기로 인한 경제적 손실은 부와 소득이 적은 사람에게 집중되는 경향이 강하다. 그렇다면 결과는 자명하다. 경제적 양극화를 뛰어넘는 심리적 양극화가 초래되고 이에 따라 극심한 사회 분열이 야기된다. 절망과 분노에 휩싸인 사람이 늘어날수록 이러한 분위기에 편승한 극단적 정치세력이 주도권을 쥘 개연성 또한 그만큼 커진다.

1847년 영국 은행 위기의 여파는 프랑스로 확산되었는데, 이는 이듬해인 1848년 프랑스에서 발발한 노동자계급과 사회주의자 혁명의 토양을 제공했다.[23] 대공황이 히틀러가 권력을 잡는 단초를 제공했다는 것 역시 잘 알려진 사실이다.[24]

부채 디플레이션과 불황의 늪

재화의 양이 일정한 상태에서 통화량이 늘어날 경우, 재화에 비해 상대적으로 풍부한 통화의 가치가 하락한다. 이는 통화량이 증가하면 동일한 재화를 구입하는 데 더 많은 통화를 지불해야 함을 뜻한다. 통화량 증가와 직결되는 신용팽창으로 인해 물가 상승, 즉 인플레이션이 유발되는 것이다.[25]

은행 위기 시에는 정반대 현상이 전개된다. 은행 위기가 발생하면 본원통화가 은행 밖으로 인출되면서 예금통화가 승수적으로 감소한다. 이로 인해 통화량이 급격히 감소한다. 통화량 감소는 재화에 비해 상대적으로 부족한 통화에 대한 선호를 강화시킨다. 이로 인해 재화 가격 수준의 하락, 즉 디플레이션이 발생한다.

한 가지 유의할 점은 물가하락 자체가 나쁜 것은 아니라는 사실이다. 신기술, 기업가정신에 입각한 건강한 투자로 생산성이 향상되면 양질의 재화가 더 많이 생산되는데, 이 경우 가격은 자연스럽게 하락한다. 대표적인 사례가 가전제품이다. 한때 소득 대비 엄청난 고가였던 가전제품의 가격은 생산성 향상에 힘입어 큰 폭으로 하락했다. 반면 품질은 지속적으로 개선되었다. 개인용 컴퓨터, 자동차 등도 생산성 향상으로 가격이 하락한 대표적인 제품이다. 덕분에 과거 소수의 부유층만 사용할 수 있었던 제품을 중산층도 쉽게 소비할 수 있게 되었다. 이러한 점에서 생산성 향상에 기인한 점진적 물가하락은 건강한 경제발전 과정의 한 부분이다.[26]

문제는 부채가 누적된 상태에서 물가가 급격히 하락(디플레이션)하는 경우이다. 소위 부채 디플레이션debt-deflation이다. 대공황기인 1929~1932년 동안 물가는 40% 하락했다.[27] 이처럼 물가가 급락하면, 즉 통화가치가 급등하면 고정된 부채를 갚아야 하는 차입자의 부담은 가중된다.

불황 속에서 물가가 큰 폭으로 하락할 경우 차입자의 소득 역시 빠른 속도로 줄어든다. 불황이 닥치면 제품이나 서비스의 판매량이 감소하는데, 여기에다 디플레이션에 의한 단위당 가격하락까지 겹치면서 소득 감소가 한층 심화되기 때문이다. 부채의 크기는 요지부동인데 원리금 상환에 필요한 소득은 급감한다. 채무부담이 급증할 수밖에 없다. 채무부담에 짓눌린 차입자들이 소비를 줄임은 물론이다. 호황기 동안 늘어난 소비가 영원히 지속될 줄 알고 생산 능력을 대폭 늘린 기업의 창고에는 재고자산이 산더미처럼 쌓인다. 개중에는 과도한 낙관 속에 생산되었으나, 정작 소비자는 원하지도 않는 쓸모없는 제품도 다수 포함되어 있을 것이다. 기업의 어려움으로 수많은 근로자가 실직하면서 소비는 더욱 감소한다. 생산과 소비 감소가 연쇄적으로 이루어지면서 불황은 한없이 깊은 골짜기로 빠져든다.

부채 디플레이션 개념은 1933년 미국의 저명한 경제학자 어빙 피셔에 의해 처음 제시되었다.[28] 맞다. 6장에서 언급한, 대공황 직전 주식투자로 전 재산을 날린 바로 그 어빙 피셔다. 그에 따르면 대공황은 부채와 디플레이션이라는 두 가지 질병이 결합한 결과이다.

부채와 디플레이션, 이 둘은 은행과 밀접히 관련되어 있다. 실물경제를 넘어서는 신용팽창(부채 누적), 신용팽창이 끝나고 은행 위기가 발발하는 순간 나타나는 급격한 통화량 감소(디플레이션)는 부분준비 은행의 개입 없이는 불가능하다. 순수 중개기관이 개입된 자연스러운 경기변동 과정에서는 애초 부채의 과도한 집적이 어렵고, 또한 중개 기관의 부채가 통화가 아닌 만큼 불황기에도 통화량 감소는 없기 때문이다. 결국 부채와 디플레이션이 펼치는 죽음의 이중주는 부분준비 은행이란 무대 위에서만 가능한 것이다.

부분준비은행과 외부효과

은행 위기는 통화량 감소, 금융자산 소멸, 차입자 파산, 자산시장 붕괴, 부채 디플레이션으로 인한 불황 심화, 양극화로 인한 사회, 정치 불안 등 수많은 부작용을 양산한다. 이는 은행이 유발한 신용팽창의 비용을 은행 자신이 아닌 사회 전체가 부담해야 함을 뜻한다. 이를 외부효과externalities라고 한다. 외부효과는 특정 행위에 따른 결과가 행위자 이외의 사람에게도 영향을 미치는 경우를 말한다.[29] 은행은 죽을 때 혼자 죽지 않는다는 것이다.

사정이 이렇다면 뱅크런이 은행의 무모한 행위를 규율하는 효과적인 기제라는 주장[30]은 공허하다. 예금인출을 통한 은행 규율은 은행에 대한 처벌로 끝나지 않고, 은행의 신용팽창 행위와 무관한 수많은 경제주체를 함께 처벌하기 때문이다. 다시 말해 규율에 따른 외부효과가 크다면 그것은 더이상 효과적인 규율장치가 아니다.

금융이 부족하면 소중한 성장 기회가 유실되어 사회 전체가 손실을 본다. 그래서 금융 부족은 나쁘다. 그러나 성장 기회를 초과해서 대출이 제공되는 신용팽창 역시 나쁘다. 어쩌면 엄청난 외부효과를 불러온다는 점에서, 때에 따라서는 신용팽창이 신용부족보다 더 나쁠 수도 있다. 부분준비은행이 야기하는 외부효과를 몸서리치게 겪은 선대 사람들이 은행을 그냥 내버려뒀을리 만무하다.

8장

은행을 고칠 것인가, 구할 것인가

은행의 역사는 곧 은행 위기의 역사다. 그리고 은행 위기는 통화량 감소, 심각한 불황, 양극화 등 감당하기 힘든 비용을 초래했다. 이쯤 되면 은행 위기가 도래할 때마다 은행을 뜯어고쳐야 한다는 논의가 들불처럼 번졌을 것임을 쉽게 짐작할 수 있다.

초기 은행개혁 논의의 핵심은 은행의 통화창출권 제거였다. 은행은 대출을 통해 예금부채를 만들어내는데, 예금부채는 다른 부채와 달리 지불수단으로 널리 통용된다. 그리고 예금부채가 가지는 이러한 통화성에 힘입어 손쉽게 신용이 팽창된다. 달리 말하면, 은행의 부채에서 통화성을 제거한다면 신용팽창은 일어나기 어렵고, 따라서 더이상 급속한 경기변동에 따른 고초를 겪을 이유도 없다는 것이다.

영국의 개혁 시도, 1844년 은행면허법

철학자로 더 유명한 데이비드 흄David Hume은 은행에 의한 신용확장을 신랄히 비판했다. 그리고 은행은 엄격한 100%준비금을 갖춰야 한다고 주장했다.[1] 흄이 주장하는 바는 명확하다. 금장이 100% 보관원칙을 어기고 대출 업무에 뛰어들면서 통화와 신용이 결합되었고, 그 결과 신용팽창이 일상화되었다는 것이다. 저명한 경제학자였던 데이비드 리카도David Ricard 역시 100%준비를 강제함으로써, 보관업자가 대출을 통해 통화를 만들어내는 일을 중단시켜야 한다고 주장했다.[2] 100%준비제도 도입으로 보관업자가 대출을 하지 못하면 대출 업무는 순수 중개기관이 영위하게 될 것이었다.

리카도의 주장 이후에도 은행 위기는 반복되었고, 이에 따라 100%준비 주장은 점차 세를 불려 나갔다. 그리고 마침내 1844년 은행면허법Bank Charter Act of 1844에 의해 100%준비가 법제화되기에 이르렀다. 리카도의 주장을 모범으로 삼은 이 법은 당시 총리였던 로버트 필Robert Peel이 주도했다.[3] 이 법에 의하면 보관증, 즉 은행권 발행은 중앙은행인 영란은행이 독점하고, 영란은행은 은행권 발행에 대해 금 혹은 은으로 100%준비금을 갖도록 강제되었다.[4] 이 법은 수많은 은행이 각자 보관증을 발행하던 시대가 끝나고 단일통화 시대가 열렸음을 알리는 것이었다. 동시에 부분준비은행의 종식을 알리는 것이기도 했다.

그러나 필의 기대와는 달리 부분준비은행은 사라지지 않았다.

1844년 법에 심각한 결함이 있었기 때문이다. 보관증, 즉 은행권 발행에만 100%준비 의무를 부과하고, 예금에는 이 의무를 부과하지 않은 것이다. 예금이 보관증과 같은 통화의 역할을 한다는 점을 인식하지 못한 데 따른 치명적 실수였다.[5] 이로 인해 영란은행을 제외한 은행들은 보관증을 발행하지 않았을 뿐, 영란은행이 발행하는 본원통화를 기초로 파생통화인 예금을 계속해서 만들어냈다. 그 결과 1844년 법 시행 이후에도 신용팽창에 따른 극심한 경기변동은 지속되었고, 이로 인해 100%준비가 은행 위기를 막을 수 있다는 주장도 힘을 잃었다.[6]

오늘날 중앙은행을 제외한 은행들은 보관증, 즉 은행권을 발행하지 못한다. 그러나 은행들은 여전히 대출을 통해 예금통화를 만들어낸다. 1844년 법의 유산legacy이다.

미국의 개혁 시도, 시카고플랜

주기적 은행 위기를 겪은 미국에서도 은행제도 개혁에 대한 논의가 잇따랐다. 1809년 토머스 제퍼슨Thomas Jefferson 대통령은 민간은행으로부터 통화창출권을 박탈해야 한다고 주장했다.[7] 1819년 은행 위기의 참상을 목격한 펜실베이니아주 상원의원 콘디 라구에Condy Raguet 역시 부분준비은행에 대한 반대 목소리를 높였다. 주목할 점은 그가 보관증뿐 아니라 예금도 통화의 역할을 수행한다는 사실을 간파하고 있었다는 것이다. 연방 하원의원을 지낸 데이비드 크로켓David Crockett도 비슷한 견해를 피력하는 등, 19세기 전반기 내내 부분준비은행의

문제점을 지적하는 인사들이 하나둘 늘어났다. 그러나 이들의 주장은 법제화로 연결되지는 못했다.[8]

이후 1930년대 초반 대공황으로 은행에 대한 반감이 극에 달하자, 시카고대학을 중심으로 하는 일련의 경제학자들이 다시금 은행개혁 논의에 불을 지폈다. 핵심 인물 중 한 명인 헨리 사이먼즈Henry Simons는 부분준비은행으로 인해 호황기에는 돈이 넘쳐나고, 이후에는 수많은 경제주체가 부채를 갚지 못해 파산에 이른다고 주장했다.[9] 그는 이러한 생각을 바탕으로 100%준비를 요건으로 하는 은행개혁안을 루스벨트 대통령에게 전달했다.[10]

사이먼즈 외에도 다수의 학자가 은행개혁 논의에 가세했다. 시카고플랜Chicago Plan으로 통칭되는 당시의 은행개혁안은 오스트리아학파를 대표하는 경제학자 루트비히 폰 미제스Ludwig von Mises의 영향을 받은 것이다. 개혁안의 공통점은, 통화창출은 정부 혹은 중앙은행이 전담하고 민간 금융기관은 오직 자금의 중개행위만을 수행한다는 것이었다.[11] 이 경우, 금융기관은 더이상 대출을 통해 예금통화를 만들어 낼 수 없으며, 따라서 대출을 하려면 먼저 본원통화를 차입해야 한다.

1936년 예일대 경제학과 교수 어빙 피셔는 이러한 제안들을 한 권의 책으로 묶어 『100% 통화』라는 제목으로 출판했다.[12] 대공황으로 전 재산을 잃고, 부분준비은행이 야기하는 부채 디플레이션의 참상에 대한 논문을 쓴 피셔로서는 당연한 수순이었을 것이다. 피셔는 100%준비제도가 갖는 장점을 명확히 적시했다. 그것은 "신용팽창과 수축의 사이클로 인한 급격한 경기변동 가능성을 줄이고, 동시에 극

히 파괴적인 뱅크런을 종식시킬 수 있다"는 것이다.[13]

시카고플랜으로 상징되는 은행개혁안은 학계와 일부 정치계의 지지를 얻어 거의 채택 직전까지 갔지만, 끝내 결실을 맺지 못해 사장되고 말았다.[14] 영국에 이어 미국에서도 100%준비를 핵심으로 하는 은행개혁은 실패로 돌아갔다. 이후 은행개혁 논의는 전혀 엉뚱한 방향으로 흘러가게 된다.

영란은행, 정부의 군비 조달 창구

1688년 제임스2세 폐위 이후 영국은 중세 이후 가장 긴 전쟁 국면에 돌입했다. 전쟁 수행에는 엄청난 비용이 수반되었다. 일례로 당시 전함 한 대의 제작비용은 대규모 제철소 건설 비용의 3~4배를 초과했다.[15] 전쟁은 근대 초기 국가가 수행한 가장 값비싼 활동이었으며, 따라서 전장에서의 성공을 결정짓는 열쇠는 다름 아닌 돈이었다.[16] "승리는 최후의 이스쿠두escudo(포르투갈 화폐)를 가진 사람의 것"이라는 어느 스페인 사령관의 발언[17]은 전쟁에서 돈이 갖는 위력을 보여준다.

군비 마련을 위해 제일 먼저 생각할 수 있는 방안은 세금을 걷는 것이다. 그러나 이는 당시의 정치 상황에서 가능한 대안이 아니었다. 지난 반세기에 걸친 내전이 왕의 과세권 확장 시도에 대한 반발에서 시작되었기 때문이다. 세금을 걷기 어렵다면 국채를 발행해야 한다. 그러나 이마저도 여의치 않았다. 아직 윌리엄왕의 지위가 확고하지 않은 데다 부채 상환과 관련한 정부의 평판도 좋지 않았기 때문이다.[18] 실제로 정부는 몇 차례 채권 발행을 시도했으나 결과는 처참했다.

오렌지공 윌리엄과 그가 데려온 네덜란드 자문관들이 선택한 대안은 기업 특권corporate privileges의 매각이었다. 특정 기업에 특권을 부여하고 그 대가로 국채를 매입하도록 하는 것이다. 그렇게 탄생한 것이 영란은행Bank of England이다.

1694년 설립된 영란은행은 잉글랜드와 웨일스에서 유일한 주식회사 은행이었다. 그것도 납입한 자본금 이내에서만 주주들이 책임을 지는 유한책임제가 적용되었는데, 이는 당시로서는 파격적인 것이었다. 여기에다 또 다른 특권이 부여되었다. 그것은 국채를 담보로 보관증, 즉 은행권을 발행하는 것이었다.

주주들이 본원통화(금)로 자본금을 납입하면 영란은행은 이 돈으로 국채(이자율 8%)를 매입한다. 그리고 영란은행은 매입한 국채를 담보로 같은 금액만큼 보관증(은행권)을 발행한다. 영란은행 주주들은 보유 국채에서 발생하는 8% 이자수입에, 보관증 발행(즉, 대출)으로 생기는 시뇨리지까지 고스란히 가져가는 구조였다. 덕분에 정부는 국채를 쉽게 매각할 수 있고, 영란은행 주주는 유한책임만 부담하면서도 높은 수익을 누릴 수 있어 누이 좋고 매부 좋은 방식이었다. 막 설립된 새로운 화폐공장money factory의 주주가 되려는 사람들이 몰리면서 자본금 청약은 2주 만에 끝났다.[19]

정부의 자금줄이 된 영란은행은 설립 이후에도 계속해서 특권을 받아냈다. 18세기 초에는 보관증 발행 권한을 영세한 소규모 금장으로 제한함으로써, 영란은행에 대적할 대형 발권은행 출범의 싹을 잘랐다.[20] 이때부터 대부분의 보관증 발행은 사실상 영란은행 수중에 떨어지기 시작했다. 이어 영란은행 보관증은 18세기 말과 19세기 초 임시 법화의 지위를 획득했고[21], 1844년 은행면허법이 통과되면서 영란은행은 명실상부 법화의 독점적 발행자가 되었다.

은행클럽의 우두머리

1844년 은행면허법 이후에도 영국에서는 은행 위기가 계속되었다. 이에 따라 100%준비를 통해서는 은행 위기를 막을 수 없다는 생각이 확산되었다. 이러한 생각은 부분준비제도의 불가피성을 인정하고, 대신 은행 위기의 부작용을 줄이기 위해 은행을 지원해야 한다는 논의로 이어졌다. 은행을 고칠 수 없다면 은행을 지원해야 한다는, 전혀 엉뚱한 방향으로 논의가 전개된 것이다.

뱅크런으로 이어지는 은행의 유동성 위험은 자산과 부채 간의 유동성 격차에서 비롯된다. 대출을 비롯해 유동성이 낮은 자산을 극히 유동성이 높은 예금으로 변환하는, 소위 유동성공급, 만기변환이라는 은행의 편익이 은행 취약성의 원천이라는 것이다. 그렇다면 은행이 유동성 위기에 처했을 때 누군가 유동성 낮은 은행자산을 담보로 궁극의 유동성, 즉 본원통화를 빌려준다면 은행 위기는 피할 수 있을 것이다. 중앙은행의 최종대부자Lender of Last Resort 기능에 대한 아이디어는 그렇게 시작되었다.

남은 문제는 최종대부자가 될 후보를 정하는 일이었다. 영란은행은 1844년 법에 따라 본원통화인 은행권을 독점 발행하는 유일한 곳이었다. 그 결과 최종대부자 역할은 자연스럽게 영란은행의 몫이 되었다. 최종대부자란 말은 프랑스어 최종법정dernier resort에서 기원하는데[22], 유동성 위기에 처한 은행이 최후에 비빌 언덕이 바로 영란은행이란 의미에서 생겨난 것으로 보인다.

1873년 이코노미스트The Economist 편집장이었던 월터 배젓Walter Bagehot이 펴낸 『롬바르드 스트리트Lombard Street』는 최종대부자 기능에 대한 바이블이다. 그는 10년마다 반복되는 은행 위기 과정에서, 뱅크런에 직면한 은행이 대출을 회수하고 보유 채권을 급매함으로써 발생하는 후유증을 바로 곁에서 지켜보았다. 이를 통해 그가 내린 결론은 다음의 문장으로 압축된다. "은행이 유동성 위기에 처할 경우, 우량자산good banking securities을 담보로, 높은 금리high interest rate에, 본원통화를 무제한으로 대출lend freely해야 한다"는 것이었다.[23]

우량자산을 담보로 빌려준다는 것은, 지급불능 위기가 아닌 순수 유동성 위기에 처한 은행에 유동성을 공급해야 한다는 인식이 깔린 것으로 보인다. 지급불능 위기에 처한 은행이라면 우량자산을 가지고 있을 가능성이 낮다. 따라서 우량자산 보유 은행으로 대상을 제한한다면 지급불능 은행에 대출이 제공될 가능성을 낮출 수 있을 것이다.[24]

높은 금리로 대출한다는 원칙은, 영란은행의 본원통화 대출이 최종적인 것이어야 함을 의미한다. 영란은행의 대출금리가 시장금리보다 낮을 경우, 다른 곳에서 본원통화를 구하려는 노력 없이 처음부터 영란은행에 손을 벌릴 것을 우려한 것이다. 글자 그대로 영란은행은 최종대부자가 되어야 한다.

끝으로 무제한으로 대출한다는 것은, 은행 위기 시 예금통화가 승수적으로 감소하는 것을 염두에 둔 것으로 보인다. 뱅크런이 발생하면 은행 보유준비금의 몇 배에 달하는 본원통화 인출수요가 발생하는데, 이러한 인출수요에 대응하려면 영란은행이 공급하는 본원통화량에 제한이 없어야 한다. 그러나 문제가 있다. 1844년 법에 의해 영란은행은 자신이 발행하는 본원통화의 100%에 해당하는 금이나 은을 보유해야 한다. 영란은행이 보유하는 금과 은의 양이 급작스럽게 늘지 않는 한, 은행 위기 시 최종대부자 기능을 행할 총알이 부족할 수밖에 없다. 결국 배젓의 주장은, 위기가 발생하면 영란은행의 100%준비금 원칙을 허물어야 한다는 것으로 귀결된다.

실제로 1847년 은행 위기가 발발하자, 총리와 재무장관은 영란은행이 1844년 법이 정한 100%준비 원칙을 지키지 않아도 된다는 공문relaxatory letter을 발송했다. 영란은행이 보유한 금보다 훨씬 많은 본원통화를 찍어 은행에 공급해도 문제 삼지 않겠다는 점을 확인한 것이다. 이후의 은행 위기 시에도 이런 일은 반복되었으며, 그때마다 영란은행은 금 보유량에 구애받지 않고 은행에 자유롭게 대출했다.[25] 배젓은 영란은행의 이러한 행태를 사후적으로 합리화하는 이론적 기틀을 제공한 셈이다.

과거 다른 은행들과 경쟁관계에 있던 영란은행은 최종대부자 기능 수행을 통해 중앙은행, 즉 은행클럽의 수장이 되었다. 중앙은행과 여타 은행 간에 위계hierarchy가 확립된 것이다. 영란은행의 사례를 모범으로 하여 네덜란드, 프랑스, 스웨덴 등 유럽 주요국 중앙은행도 최종대부자 기능을 수행하기 시작했다. 이에 따라 19세기가 끝나갈 무렵 유럽 주요국 은행들은 예외 없이 중앙은행의 우산 아래 들어갔다. 중앙은행이 독점적으로 공급하는 본원통화를 기초로 은행들이 파생통화를 창출하는 체제. 위기가 발생해 파생통화가 줄어들 움직임이 보이면 중앙은행이 본원통화량을 늘려 은행을 지원하는 체제. 모든 국가가 공통으로 채택하고 있는 지금의 은행 체제는 이때 성립된 것이다.

고대 그리스, 로마의 은행, 그리고 중세 이후 유럽도시의 은행은 부분준비제도 자체의 한계를 극복하지 못해 역사의 무대 뒤로 사라졌다. 그러나 영국의 금장 은행은 중앙은행을 클럽의 수장으로 추대함으로써 지금까지 살아남을 수 있었다. 금장이 현대 은행의 기원으로 자리매김한 것은 전적으로 중앙은행 덕분이라고 해도 결코 과장이 아니다.

연준의 탄생, 은행가의 승리

미국에서는 연방정부의 권한 집중에 강한 거부감이 있었다. 이에 따라 영국과 같은 중앙은행 설립도 쉽지 않았다. 그러나 은행 위기가 거듭되면서 중앙은행에 대한 반감은 조금씩 줄어들었다. 최종대부자 기능을 통해 은행 위기를 잠재우려면 영국식 중앙은행 설립이 필요하다는 주장이 고개를 들기 시작한 것이다. 이러한 주장은 특히 은행협회American Bankers Association, ABA 및 대형은행의 강력한 지지를 얻었다. 실제로 1900년, 전 ABA회장이자 시카고퍼스트내셔널뱅크First National Bank of Chicago 회장을 역임한 재무장관 라이먼 게이지Lyman Gage는 중앙은행 설립을 공식적으로 제안했다.[26]

이후 1907년의 은행 위기를 계기로 중앙은행 설립 논의는 탄력을 받는다. 당시의 위기는 투자은행가 모건John Pierpont Morgan이 주도한 민간은행 컨소시엄에 의해 가까스로 수습되었다. 이를 계기로 더이상 개인의 영향력에 기댄 은행 위기 해결 방식에 의존해서는 안 된다는 목소리가 높아졌다. 은행 위기 시 유동성을 무제한 공급할 연방 차원의 공적기구가 필요하다는 것이다.

그러나 1907년의 위기는 이전의 위기보다 덜 심각했다는 견해가 지배적이다. 중앙은행 설립의 명분을 얻기 위해 은행가들이 위기의 심각성을 과장했다는 것이다.[27] 그럼에도 불구하고 대형은행을 중심으로 은행가들은 중앙은행 설립을 강하게 밀어붙였다. 그 결과 마침내 1913년 연방준비법Federal Reserve Act이 제정되기에 이른다.

이 법에 의해 연방준비제도 이사회Federal Reserve Board 및 각 지역별 연방준비은행Federal Reserve Banks이 설립되었고, 이들 전체가 합쳐 연방준비제도Federal Reserve System(이하 연준)를 구성했다. 보관증(본원통화) 발행은 연준으로 일원화되었다. 그러나 1913년 법에는 여전히 연방정부

입김을 억제하려는 내용이 다수 포함되어 있었다. 은행에 유동성을 공급하는 역할이 이사회가 아닌 지역별 연방준비은행에 주어진 것이 대표적 사례다.

이후 대공황으로 상황은 역전된다. 처음에는 부분준비제도 자체의 부작용을 지적하며 100%준비제도를 법제화하려는, 소위 시카고 플랜이 힘을 얻는 듯했다. 그러나 은행가와 의회가 움직이면서 은행을 개혁하는 것이 아니라 연준을 개혁하는 쪽으로 방향이 잡힌다. 대공황 당시 은행에 대한 유동성공급을 체계적이고 일관되게 수행할 구심점이 부재해 연준의 실효성이 발휘되지 못했다는 것이다.

그 결과 1933년, 1935년 은행법Banking Act of 1933, 1935에 의해 이사회의 권한이 대폭 강화된다. 지역 연방준비은행장에 대한 임명권을 이사회에 부여하는 한편, 은행에 대한 유동성공급 권한을 지역 연방준비은행에서 박탈하여 이사회로 일원화했다. 바야흐로 연준은 중심부에서 막강한 권력을 독점적으로 행사하는, 의심의 여지없는 진정한 중앙은행이 되었다.[28]

연준의 탄생으로 은행은 천군만마를 얻었다. 대공황으로 온 국가를 혼란에 빠뜨려 개혁의 대상으로 떠올랐던 은행에 처벌 대신 산타클로스의 선물이 주어진 것이다. 그런데 산타클로스가 가져온 선물은 또 있었다.

뜻밖의 선물, 예금보험제도

뱅크런이 발발할 때마다 선착순 경쟁에서 뒤처진 수많은 예금자가 손실을 입는다. 손실을 입은 예금자들은 파산한 은행과 주정부 당국에 몰려가 아우성을 친다. 예금자 등쌀에 못이긴 주정부는 예금자 손실을 보상할 대책 마련에 골몰한다. 그러다 문득 예금자 손실 보상이 단순한 민원 해결 이상의 장점을 갖는다는 결론에 도달한다.

향후 은행이 파산할 경우 예금자 손실을 보상해주겠다고 미리 선언한다면, 앞으로 예금자들이 인출 경쟁을 벌일 가능성은 크게 줄어든다. 애초 뱅크런 자체가 일어나지 않을 수 있다는 것이다. 그렇다면 더이상 지긋지긋한 은행 위기를 걱정하지 않아도 된다. 그렇게 도입된 것이 예금보험deposit insurance이다. 은행들이 일정 수준의 보험료(뉴욕주의 경우 자기자본의 0.5%)를 내어 보험기금을 마련하고, 보험 가입 은행이 파산할 경우 이 기금에서 예금자 손실을 지급하는 방식이다.

그러나 주정부 차원의 예금보험 도입 결과는 처참했다. 뉴욕주와 버몬트주에서는 보험에 가입한 은행의 파산율이 보험 미가입 은행의 파산율보다 훨씬 높았다.[29] 이러한 차이는 주 간 비교에서도 마찬가지였다. 예금보험을 도입한 주에서 은행파산이 훨씬 극심했다.[30]

이러한 현상이 나타난 것은 보험 가입 후 가입자의 행동에 변화가 생기는 모럴해저드를 고려하지 못했기 때문이다. 거래은행이 파산해도 예금을 받을 수 있다면 예금자는 거래은행의 건전성을 염려할 필요가 없다. 이로 인해 웬만해서는 인출 사태가 벌어지지 않는다. 은행이 이를 모를 리 없다. 어지간해서는 예금자들에 의한 규율이 없을 것임을 눈치챈 은행은 이전보다 더 많은 대출을, 더 위험한 곳에 제공할 유인을 가진다. 예금보험 도입이 예금자, 나아가 은행의 행태에 변화를 일으켜 은행 위기가 오히려 심화된다. 보험기금의 고갈은 시간문제다.

예금보험이 작동하기 어려운 이유는 또 있다. 보험은 큰 수의 법칙에 기반하는데, 큰 수의 법칙은 보험 대상 사건의 발생 확률이 독립적일 때만 성립한다. 그러나 6장에서 언급한 바와 같이, 부분준비은행 고유의 신용팽창 유인으로 인해 은행 간 파산 확률은 상호 밀접하게 연관되어 있다. 집단적인 대출 경쟁으로 은행권 전체가 한 방향으로 달려가기 때문이다. 대부분의 은행 위기가 소수 몇몇 은행의 위기idiosyncratic crisis가 아닌 집단적 은행 위기, 즉 시스템위기systemic crisis 형태로 나타나는 것이 이를 증명한다.

이처럼 예금보험은 모럴해저드 및 큰 수의 법칙 붕괴로 태생적으로 실패할 수밖에 없다. 그런데 1933년 은행법에 난데없이 연방 차원의 예금보험이 포함된 것이다. 당시 예금보험이 초래하는 모럴해저드 문제는 이미 널리 알려져 있었다. 1933년 법 이전까지 150개 가까운 연방예금보험법안이 발의되었으나 단 한 차례도 통과되지 못한 것은 이 때문이다.

루스벨트 대통령, 연준, 재무장관, 심지어 대형은행의 이익을 주로 대변하는 은행협회ABA까지 나서 모럴해저드 우려를 들어 연방예금보험 도입에 반대했다.[31] 그러나 앨라배마주 출신의 연방 하원의원이자

은행통화위원회Committee on Banking and Currency 위원장인 헨리 스티걸Henry Steagall이 강하게 밀어붙인 결과 연방예금보험이 도입되고 말았다. 당시 예금보험 도입을 찬성한 것은 주로 지역의 소형은행들로, 태생적으로 은행 위기에 취약할 수밖에 없는 곳이었다. 앨라배마주에서 강한 입김을 내고 있던 다수 소형은행의 이익을 위해 이 지역 출신 헨리 스티걸이 총대를 멘 것이다.[32]

연준의 최종대부자 기능, 예금보험이라는 안전망safety net 덕분에 은행들은 살판이 났다. 안전망 도입으로 위기를 겪을 가능성은 크게 준 반면, 대출을 통한 시뇨리지는 이전보다 확대될 가능성이 높아졌기 때문이다. 그러나 이것으로 상황이 종결될 수는 없었다. 시카고플랜이 우여곡절 끝에 폐기되었지만 은행개혁에 대한 요구는 여전히 강했다. 뿐만 아니라 안전망 도입으로 야기될 은행의 모럴해저드를 강화된 규제로 차단해야 한다는 목소리도 비등했다. 최종대부자 기능과 예금보험이 뜻밖의 당근이었다면, 이제는 분노한 대중에게 보여줄 채찍을 내놓을 차례였다.

경쟁제한 규제 신설

은행 위기는 은행 간 치열한 대출 경쟁 및 이로 인한 신용팽창의 결과다. 그런데 안전망이 도입될 경우 신용팽창은 한층 심화될 개연성이 크다. 우선, 위기 시 중앙은행으로부터 본원통화를 공급받을 수 있다면 뱅크런에 대한 염려 없이 한바탕 대출 경쟁을 펼칠 수 있다. 예금보험 역시 뱅크런 우려를 잠재움으로써 은행 간 대출 경쟁을 심화시킨다. 안전망 도입은 필연적으로 은행 간 경쟁 격화로 이어지는 것이다. 이러한 점을 고려할 때, 안전망은 반드시 강력한 경쟁제한 규제와 결합되어야 한다. 안전망과 경쟁제한 규제는 분리할 수 없는 하나의 세트인 셈이다.

이를 반영하듯, 1933년 은행법에 포함된 주요 규제는 모두 경쟁제한을 목표로 한다. 대표적인 것이 이자율 규제Regulation Q이다. 대출 확대 경쟁을 펼치는 은행이라면 다른 은행보다 본원통화를 더 많이 확보할수록 유리하다. 그래야만 늘어난 본원통화를 기초로 더 많은 대출을 만들어낼 수 있기 때문이다. 본원통화 뺏기 경쟁은 주로 예금금리 인상을 통해 이루어진다. 따라서 대출 확대 경쟁을 차단하려면 예금금리 경쟁의 여지를 없애야 한다.

이자율 규제가 도입되면서 요구불예금에는 일체의 이자를 지급할 수 없게 되었다. 저축성예금에 대해서도 연준에 의한 이자율 상한이 부과되었다. 연준은 저축성예금 이자율 상한을 1933년 3%, 1935년 2.5%로 책정했다.

경쟁제한과 관련된 또다른 중요한 규제로 은행업과 증권업 분리를 들 수 있다. 은행의 신용팽창으로 1920년대 주식시장 붐이 일었고, 이로 인해 증권회사의 이익이 큰 폭으로 늘어났다. 은행은 증권업무에서 발생하는 이익을 놓치기 싫었다. 자신들의 신용팽창으로 만들어진 주가버블의 과실을 증권사들이 독식하는 것을 원치 않았던 것이다. 그 결과 은행은 증권업무를 담당하는 부서를 만들거나 증권 계열사를 설립해 증권업무에 뛰어들었다. 이를 반영하듯 1922년 국법은행의 증권 자회사 수는 10개에 불과했으나, 1931년에는 114개로 10배 이상 폭증했다.[33] 그러나 1929년 주식시장 붕괴로 은행은 큰 손실을 입었는데, 상당수 은행의 경우 증권업무의 손실이 대출 손실과 맞먹는 수준이었다.[34] 당연히 은행의 증권업무 취급이 은행 위기를 확대시켰다는 주장이 제기되었고, 이에 따라 은행업과 증권업의 분리 목소리가 비등했다.

은행업과 증권업 분리는 원래 1929년 초 허버트 후버Herbert Hoover 대통령이 제시한 아이디어였으나, 당시에는 거의 힘을 얻지 못했다. 그런데 이 아이디어는 대공황이라는 환경에서 화려하게 부활했다. 1930년 초 상원의원 카터 글래스Carter Glass는 이 아이디어를 법안으로 만들어 제출했고, 1932년 민주당은 은행업과 증권업 분리를 대통령 선거공약으로 내걸었다.[35]

예금보험이라는 안전망 도입 역시 은행업과 증권업 분리 필요성을 부각시켰다. 안전망을 확보한 은행이 증권업무를 계속 영위할 경우 자산운용이 한층 더 위험해질 수 있고, 이로 인해 예금보험기금을 축낼 수 있다는 우려가 제기된 것이다.[36]

그 결과 소위 글래스-스티걸법Glass-Steagall Act으로 알려진 1933년 은행법의 4개 조항이 신설되었다. 이 법에 의하면 은행은 증권업의 사내 영위는 물론 증권 계열사를 둘 수도 없다. 더불어 은행과 증권사의 임원 겸직도 금지되었다. 이 법에 따라 수많은 은행이 예금수취 및 대출을 전담하는 상업은행commercial banks과 증권업무를 영위하는 투자

은행investment banks으로 분리되었다. 이러한 분리 조치는 20세기 말까지 지속된다. 참고로 지금부터 특별한 언급이 없는 한, 은행이라고 하면 상업은행을 지칭하는 것으로 간주하면 된다. 그리고 이 책에서 증권회사와 투자은행은 정확히 같은 의미로 사용되고 있다.

암묵적 규제를 택한 영국

미국이 공식적인 법률에 따라 은행을 규제한 반면, 영국은 비공식적, 암묵적 규제를 통해 은행의 위험 추구 행위를 규제했다. 영국의 경우, 은행권 발행을 영란은행이 독점하도록 한 1844년 은행면허법 이외에는 은행에 대한 명시적 규제는 전무했다. 그럼에도 불구하고 대공황기 영국 은행들은 미국과 달리 별 위기를 겪지 않았는데, 이는 영란은행의 최종대부자 기능과 더불어 강력한 암묵적 규제가 있었기 때문이다. 흥미로운 점은, 은행에 대한 암묵적 규제의 가장 큰 목적이 은행 위기 방지가 아닌 정부의 차입 자금 마련이었다는 것이다.

영국정부는 제1,2차 세계대전에 소요된 막대한 군비지출 자금을 은행으로부터 조달했다. 이에 따라 제2차 세계대전 직후 영국 은행들의 국채 보유 규모는 총예금의 60%에 달했다.[37] 이는 평소 대출을 통해 예금을 만들어내는 은행이, 국채 매입으로 예금의 60%에 달하는 자금(파생통화)을 만들어 정부에 빌려주었음을 의미한다.

은행에 대한 국채 매입 요구는 전후에도 이어져 1970년대까지 계속되었다. 1950~1970년 기간 영란은행은 주요 대형은행에 유동성비율을 약 40%로 유지할 것을 요구했다.[38] 유동성비율 40%는 총자산 중 유동성 높은 자산이 40% 이상 되어야 함을 뜻한다. 그런데 유동성 높은 자산 중 가장 대표적인 것이 국채이며, 따라서 유동성비율에 대한 암묵적 규제는 국채 보유 비중을 높게 유지하라는 지시에 다름 아니었다. 이처럼 자산의 절반 가까이를 국채로 보유함에 따라 민간에 대한 신용창출은 크게 위축되었다. 이는 장기간에 걸친 은행 안정으로 이어졌다. 재정지출을 충당하기 위한 암묵적 규제 덕분에 은행 위기가 원천봉쇄되는 아이러니가 벌어진 것이다.

유동성비율 규제 외에 은행들은 정부나 영란은행의 대출 지시에도 따라야 했다. 대출 지시 역시 암묵적이었음은 물론이다. 대출 지시는 제2차 세계대전 당시 재무장관 존 사이먼John Simon이 영란은행 총재 몬터규 노먼Montagu Norman에게 쓴 편지에서 시작되었다. 이 편지에는 은행이 전략적 부문(정부 납품회사, 방위산업회사, 무역금융, 농업)이 아닌 곳에 대출하지 못하도록 요구하는 내용이 담겨 있었다. 이러한 전시통제 시스템은 전후에도 이어졌다.[39]

영란은행에 의한 대출 지시에는 대출 규모 축소, 대출 증가율 억제와 같은 양적 지시와 더불어, 특정 산업으로 대출을 유도하는 질적 지시까지 포함되었다. 일례로, 전후 경제부흥에 도움이 되지 않는다고 판단된 개인소비를 위한 대출, 부동산 관련 대출은 사실상 금지되었다.[40]

법률에 기반한 명시적 규제가 아닌 암묵적 지시가 효과를 발휘한 데는 은행시장 구조가 한몫했다. 영국에서는 1880년대 후반부터 은행 합병이 진행되면서 소수의 대형은행 중심으로 은행시장이 빠르게 재편되었다. 특히 1918년 6건의 대규모 합병이 이루어진 결과 5개 대형은행Big Five이 시장을 주도하는 형국이 되었다. 1921년 빅5 은행은 전체 예금의 79.4%, 전체 점포 수의 78.5%를 차지했다.[41] 은행시장이 소수의 대형은행 중심으로 재편됨에 따라, 정부와 영란은행은 구두지시만으로 전체 은행시장을 손쉽게 통제할 수 있었던 것이다.

은행들은 수시로 하달되는 암묵적 규제에 별 불만이 없었다. 자산의 절반 가까이 국채를 보유해야 했지만, 예금금리도 낮게 유지하도록 규제된 덕분에 안정적인 이익을 얻을 수 있었기 때문이다. 이로써 정부는 재정지출에 필요한 자금을 손쉽게 얻고, 은행은 안전망이란 우산 아래에서 안정적인 이익을 향유하는, 정부, 영란은행, 대형은행으로 이어지는 굳건한 카르텔이 형성되었다.

금융억압의 시대

미국과 영국은 안전망 도입과 함께 강력한 경쟁제한 규제를 부과했다. 미국의 명시적 규제, 그리고 영국의 암묵적 규제로 은행의 신용창출 및 위험 추구 행위는 크게 위축되었다. 소위 금융억압financial repression[42]의 시대가 도래한 것이다. 전 세계 대부분의 나라도 안전망을 도입하고 동시에 경쟁제한 규제를 강화하는, 미국과 영국의 금융억압 정책을 거의 그대로 수용했다. 이는 대공황 이후 시장경제를 비판하는 목소리가 높아지고, 이에 따라 산업 전 부문에 걸쳐 정부 개입이 강화되는 전 세계적 흐름과 맥을 같이하는 것이기도 했다.

유럽의 많은 국가는 영국의 모델을 답습하여, 전후 경제부흥을 위해 정부가 바람직하다고 판단하는 부문으로 은행 대출이 흘러가도록 지시했다. 일부 국가에서는 정부가 단순히 지시하는 수준을 넘어 은행을 국유화했다.[43] 은행 소유를 바탕으로 정부가 대출정책을 직접 펼쳐 나간 것이다.

아시아 국가도 예외가 아니었다. 일본과 한국 등 아시아 주요국은 미국의 명시적 규제와 영국의 암묵적 규제 모두를 동원하여 경제성장에 긴요한 부문으로 대출을 집중시켰다. 대신 부동산 등 투기 목적으로 활용될 수 있는 부문에 대한 대출은 엄격히 금지되었다. 이러한 금융억압 정책은 1970년대까지, 심지어 일부 국가에서는 1990년대까지 지속되었다.

국제통화제도 재편도 은행의 신용팽창에 제동을 걸었다. 1944년 미국 뉴햄프셔주의 브레턴우즈에 모인 44개국 대표단은 소위 브레턴우즈 체제Bretton Woods system라고 불린 새로운 국제통화제도에 합의했다.

제2차 세계대전으로 황폐해진 나라들이 경제부흥을 위해 취할 수 있는 가장 손쉬운 방법은 자국 통화가치를 절하시켜 수출 촉진을 꾀하는 것이다. 이때 통화가치를 절하시키지 않는 국가는 수출이 감소하면서 수많은 기업이 어려움에 처하고, 그 결과 경기침체를 피하기 어렵다. 통화가치 절하는 전후 경제부흥이 절실한 인근 국가를 궁핍화시키는 결과를 초래할 것이었다. 따라서 경쟁적 평가절하를 차단함으로써 환율의 안정성을 유지하는 것이 긴요한 상황이었다.

이러한 상황에서 탄생한 브레턴우즈 체제는 각국의 통화가치, 즉 환율 안정을 주된 목적으로 했으며, 이를 위해 고정환율제도를 도입했다. 구체적으로, 금 1온스를 35달러[44]로 고정시킴으로써 미국 달러를 금에 의해 지지되도록 하고, 미 달러화와 나머지 통화들 간의 교환비율, 즉 환율을 고정시켰다. '금-달러-여타통화'로 이어지는 관계 속에서 모든 나라의 본원통화는 사실상 금에 의해 지지되는 방식이었다. 그런데 고정환율제도를 택할 경우 각국은 자국 은행의 신용팽창을 철저히 억제해야 했다. 신용팽창은 통화량 증가를 수반하는데 이 경우 통화 가치 하락으로 고정환율을 지킬 수 없기 때문이다. 결과적으로 은행에 대한 경쟁제한 규제와 더불어 새로운 국제통화질서 도입 또한 은행의 신용팽창을 억압하는 방향으로 작용한 것이다.

전 지구적인 금융억압 바람이 불면서 은행의 날개는 꺾여버렸다. 매 10년마다 호황과 불황의 극심한 사이클을 야기하던 신용팽창 유인이 단단히 봉인된 채 지하감옥dungeon에 갇힌 것이다. 그 결과 1930년대 중반 이후 거의 모든 국가에서 은행 위기가 사라지는, 역사상 유례없는 시절이 도래했다. 사람들의 뇌리에서도 은행 위기에 대한 기억은 사라져 갔다. 적어도 1970년대 중반까지는 그랬다.

4부

시스템리스크 축적과 대붕괴

9장

금융억압 종식, 금융위기 시작

금융억압기를 맞아 은행산업은 태평성대를 누렸다. 자산의 상당 부분을 차지하던 국채의 금리가 낮았지만 예금금리도 낮게 규제되어 일정 수준의 이익을 확보할 수 있었다. 은행의 이익을 확고히 한 요인은 또 있었다. 금융억압기 동안 은행의 자기자본비율이 큰 폭으로 하락한 것이다. 1920~1930년 기간 11~15%에서 머물던 미국 은행의 자기자본비율은 금융억압기 동안 7%로 내려앉았다. 영국도 사정은 비슷해 같은 시기 5~7% 수준의 자기자본비율이 3%대로 급락했다.[1] 자기자본비율의 역수인 레버리지는 미국 14, 영국 33으로 금융억압기 이전의 2배가 되었다.

3/6/3 모델

주주가 얻는 수익률을 자기자본이익률Return on Equity(이하 ROE)이라고 하는데, ROE는 '순이익/자기자본'으로 계산된다. ROE는 다시 (순이익/자산)×(자산/자기자본)으로 분해된다. 즉 자기자본이익률은 자산이익률Return on Asset(이하 ROA)과 레버리지의 곱이다(ROE=ROA×레버리지). 이 식으로부터 ROE와 레버리지의 관계가 도출된다. 자산 1단위에서 얻는 이익ROA이 일정하다면 레버리지가 높아질수록 ROE도 비례적으로 높아진다는 것이다.

금융억압기 동안 은행은 정부나 중앙은행의 지시에 따라 자산을 운용한 관계로 ROA는 이전보다 하락했을 가능성이 있다. 그러나 ROA 하락에 따른 효과는 이전 시기의 2배에 달하는 레버리지로 인해 상쇄되고도 남았을 것이다. 레버리지 증가에 힘입어 ROE는 오히려 상승했을 개연성이 크다. 실제로 1950~1960년대 영국 은행들의 과도한 이윤을 근거로 은행 카르텔을 해체해야 한다는 목소리가 높았다.[2]

금융억압기 동안 은행의 레버리지는 왜 이렇게 높아졌을까. 중앙은행의 최종대부자 기능, 예금보험 등 안전망 덕분에 은행의 파산 위험이 낮아진 데 일부 원인이 있을 것이다. 그러나 설령 안전망이 없었더라도 은행파산 가능성은 극히 낮았다. 대량의 국채를 보유하고 있을 뿐 아니라, 부동산 등 투기적 부문에 대한 대출이 엄격히 금지된 관계로 자산의 질이 매우 양호했기 때문이다. 결국 레버리지 증가는, 은행이 정부와 중앙은행의 지시에 충실히 따르는 대가로 주어진 보상일 가능성이 크다. 자산운용의 재량권을 빼앗긴 은행들의 우는 소리에 정부와 중앙은행이 레버리지 확대를 눈감아준 것이다.

주기적으로 찾아오던 은행 위기가 사라진 시대. 정부와 중앙은행이 만든 카르텔 속에서 독점적 이윤을 안정적으로 누리는 시대. 은행에는 더할 나위 없는 환경이었다. 무엇보다 가장 큰 장점은 성가신 경쟁이 사라졌다는 것이다. 엄격한 금리 규제, 자산운용 규제로 경쟁의 여지가 제거되었으니 은행가의 일은 그저 평안히 하루하루를 즐기며 보내는 것이었다. 3%에 예금을 받아 6%에 대출하고 3시까지는 골프장에 간다는, 소위 '3/6/3 비즈니스모델'[3]은 당시 은행업의 분위기를 상징적으로 보여준다. 그러나 1970~1980년대 들어 영원할 것 같았던 카르텔에 금이 가기 시작했다.

경쟁시대의 도래

금융억압의 시기 미국에서는 금리 규제Regulation Q에도 불구하고 예금 이탈은 없었다. 시장금리가 예금금리와 비슷한 수준에 머물렀기 때문이다. 그러나 1960년대 후반부터 시장금리가 치솟으면서 시장금리와 예금금리의 격차가 벌어지기 시작했다.

미국 시장금리는 1960년대 중반 4% 수준이었으나 1970년대 초에는 8%로 급등했다. 그리고 급기야 1970년대 말, 1980년대 초에는 15%를 넘어섰다.[4] 시장금리 상승의 배경에는 인플레이션이 있었다.

시장금리는 실질금리에다 물가상승률이 더해져 결정되는데, 1960년대 후반부터 물가상승률이 높아지면서 시장금리를 끌어올린 것이다.

시장금리가 오르는 상황에서도 규제에 발이 묶인 은행들은 예금금리를 높일 수 없었다. 동요한 예금자들이 예금을 인출하기 시작했다. 사람들은 은행에서 인출한 자금을 공모펀드와 MMF[Money Market Fund]에 넣었다. 이 펀드들은 주로 국채 등 단기우량채권에 투자하고 있었는데, 환금성 측면에서는 은행예금에 다소 뒤졌지만 수익률은 은행예금을 압도해 큰 인기를 끌었다. 공모펀드와 MMF는 유입된 자금으로 우량기업이 발행하는 단기부채증권[Commercial Paper](이하 CP)을 매입했다. CP는 만기 6개월 이내가 대부분으로 평균 만기는 30일 정도다. 기업은 CP 외에 채권[bond]을 통해서도 자본시장에서 자금을 조달하는데, 채권은 최소 1년 이상의 만기를 가진다는 점에서 장기부채증권에 해당한다. 결국 기업이 자본시장에서 자금을 조달하는 방식은 부채증권 발행과 주식 발행으로 대별되는데, 이 중 부채증권은 다시 CP(단기)와 채권(장기)으로 구별된다고 보면 무방하다. 아무튼, 예금에서 이탈한 자금이 공모펀드와 MMF로 이동한 결과, '기업 ← 은행 ← 예금자' 중개방식의 상당 부분이 '기업 ← 공모펀드/MMF ← 투자자' 형태로 옮겨갔다.

금리 규제의 틈을 파고든 금융기관은 또 있었다. 여신회사[finance companies]는 순수 중개기관으로 우량기업과 마찬가지로 주로 CP를 발행해 자금을 조달하고 있었다. 그런데 시장금리가 높아지면서 예금 대신 CP에 대한 투자수요가 늘었고 이에 따라 여신회사의 대출 여력

또한 확대되었다. 공모펀드, MMF에 이어 여신회사에도 고객의 상당수를 뺏기게 되자 은행은 탈중개 현상disintermediation이 벌어진다고 아우성이었다. 은행의 불평은 난센스다. 대출로 예금을 만들어 내는 부분준비은행 대신, 먼저 차입한 후 대출을 제공하는 순수 중개기관의 비중이 커지는 것이 어떻게 탈중개란 말인가.

은행이 타 금융권역에 시장을 뺏기는 현상은 영국에서도 예외가 아니었다. 은행이 차지하던 시장을 강하게 치고 들어온 것은 주택대출조합Building Society이었다. 이 조합은 회원들이 주택을 건설하거나 구매하는 것을 돕기 위한 목적으로 18세기 말에 최초로 설립되었다.

주택대출조합은 예금수취 업무를 영위한다는 점에서 기능적으로는 은행이었으나 영란은행의 규제 대상이 아니었다. 이로 인해 은행에 부과되는 자산운용 규제, 예금금리 규제에서 자유로웠다. 이러한 상태에서 1960년대 중반 이후 시장금리가 상승하자 주택대출조합은 예금금리를 높임으로써 은행의 예금시장을 빼앗았다. 그 결과 조합의 예금시장 점유율은 1962년 23%에서 1970년 36%까지 상승했다. 반면, 같은 기간 은행의 예금시장 점유율은 47%에서 36%로 하락했다.[5]

은행시장을 넘본 것은 국내 경쟁자만이 아니었다. 외국은행foreign banks은 규제 대상에서 벗어나 있었고, 따라서 자국 시장에서만 영업하던 은행들이 규제에 갇혀 있는 동안 시장을 갉아먹기 시작했다. 일례로 1973년 미국 내 외국은행의 기업대출 점유율과 총자산 점유율은 각각 7.6%, 3.8%에 불과했으나, 1980년에는 각각 19.2%, 11.9%로 크게 상승한다.[6] 영국도 사정은 별반 다르지 않았다.

타 금융권역 및 해외 경쟁자에 속수무책으로 당하던 은행들이 급기야 들고 일어났다. 자신들이 규제로 옴짝달싹 못 하는 동안 벼락부자가 된 자들에 맞서 경쟁할 자유를 달라고 부르짖기 시작했다.[7] 카르텔의 수장인 중앙은행은 조직원들의 원성을 마냥 외면할 수만은 없었다. 큰형님이 나설 때가 온 것이다.

규제 완화 물결이 퍼져 나가다

1971년 가을, 영란은행이 대형은행 카르텔에 암묵적으로 부과하던 금리 규제가 철폐되었다. 그리고 은행으로 간주되는recognized as banks 모든 금융기관들은 예외 없이 영란은행의 감독을 받게 되었다.[8] 벼락부자가 된 주택대출조합과 외국은행이 더이상 유리한 위치를 점하지 못하도록 하기 위한 조치였다. 더불어 이전까지 개별 은행의 대출 총량을 직접 규제하던 조치가 폐지되었다. 이로 인해 전후 처음으로 은행 대출이 규제의 속박에서 벗어나게 되었다.[9] 예금금리 경쟁을 통해 본원통화를 끌어들이고, 이를 바탕으로 신용팽창을 펼칠 공간이 생겨난 것이다

대출 총량 규제뿐 아니라 자산운용 규제도 대폭 완화되었다. 이에 따라 이전까지 주택대출조합이 지배하던 주택모기지 시장은 물론, 상업용 부동산 시장에도 은행이 진출할 길이 열렸다. 반대급부로 주택대출조합도 상업용 부동산 시장에 진입할 수 있도록 규제가 완화되었으며, 조합이 은행으로 전환하는 것도 가능해졌다.[10] 이제 은행 카

르텔은 완전히 붕괴되었다. 계급장을 뗀 다수의 플레이어들이 동일한 시장을 두고 한판 경쟁을 벌이게 된 것이다.

미국은 1980년부터 금리 규제를 점진적으로 완화하기 시작, 1986년 3월에는 금리 규제를 완전히 없앴다.[11] 비슷한 시기에 이루어진 또다른 규제 완화는 지점 설치와 관련한 것이다. 미국의 경우 은행업 초기부터 주 경계를 넘어 지점을 설치하는 것interstate branching(주간 지점 설치)은 물론, 같은 주 내에서 지점을 설치하는 것intrastate branching(주 내 지점 설치) 도 엄격히 규제되었다.[12]

200년 가까이 이어진 이러한 전통은 1980년대 초부터 허물어지기 시작했다. 우선 많은 주에서 주내 지점 설치를 허용함으로써 주내에서 비교적 규모가 큰 은행이 등장하는 계기가 마련되었다. 이어서 주간 쌍방 협약regional pacts을 통해 상호주의 원칙 아래 주간 지점 설치를 허용하는 주들이 늘어나기 시작했다. 이로써 주내에서 덩치를 키운 은행이 주 경계를 넘어 전국 규모의 대형은행으로 탈바꿈할 수 있게 되었다.[13] 그리고 1994년 주내 및 주간 지점 설치를 완전히 자유화하는 법[14]이 통과됨으로써 지역제한 규제는 종말을 고했다.

지점 설치 규제완화에는 기술혁신이 크게 작용했다. ATM네트워크 덕분에 은행은 유인 지점을 두지 않고서도 고객의 입출금 및 송금 수요에 대응할 수 있었다. 뿐만 아니라 신용평가회사credit rating agencies는 대량의 고객 데이터 분석을 바탕으로 고객 신용도에 대한 상세하고도 적시적인 정보를 제공했다. 지점 없이도 원거리에서 개인에 대한 대출이 쉽게 이루어질 수 있게 된 것이다. 기술 진전으로 원격지 고객에게 돈을 빌려주고 예금을 받을 수 있는 능력이 향상되자, 주내에서 영업하던 소형은행들은 주 바깥 은행들과의 경쟁 압력에 노출되었다. 그러나 주 정치인들은 기술혁신에 따른 변화를 막을 도리가 없었다. 따라서 자신의 주에 속한 은행이 외부 경쟁자에 의해 압도되는 것을 보지 않으려면, 지점 설치 제한 규제를 철폐하는 데 동의할 수밖에 없었다.[15]

영국과 미국을 필두로 하는 규제 완화 흐름은 시차를 두고 전 세계로 퍼져 나갔다. 대부분의 선진국은 1970년대와 1980년대에 걸쳐 금리 규제, 대출한도 규제, 자산운용 규제를 제거했다. 곧이어 개발도상국 역시 글로벌 규제 완화 움직임에 올라탔고, 1990년대 중반까지는 은행의 신용팽창을 옥죄던 모든 규제는 사라졌다.

규제 완화: [안전망 + 경쟁제한 규제] 결합의 붕괴

최종대부자 기능, 예금보험 등 안전망의 존재는 필연적으로 은행의 모럴해저드를 유발한다. 안전망 덕분에 파산 위험이 줄어든다면 은행의 행태가 바뀔 것은 불을 보듯 뻔하다. 여러분이 주식에 투자하려는데 누군가 투자손실을 보상해준다면 어떤 일이 벌어지겠는가. 당연히 성공 확률은 낮지만 성공했을 때 수익률이 높은 고위험 주식을 선호할 것이다. 뿐만 아니라 수익률을 최대한 끌어올리기 위해 돈을 빌려 투자금 규모도 대폭 늘릴 것이다. 은행 주주도 마찬가지다. ROE를 최대한 높이기 위해 레버리지를 확대하고 자산의 대부분을 위험한 곳에 몰빵할 것이다. 그러나 안전망의 존재에도 불구하고 1930년대 중반 이후 40년간 이러한 일은 벌어지지 않았다. 금융억압으로 은행의 모럴해저드가 철저하게 봉쇄된 덕분이다.

금융억압 정책은 금리 규제, 대출한도 규제, 자산운용 규제로 대표되는데, 이들 규제는 기본적으로 경쟁제한 규제이다. 그런데 이러한 경쟁제한 규제는 안전망과 불가분의 관계이다. 안전망이 있는 가운데 경쟁할 여지가 주어지면 안전망에 기댄 위험 추구가 나타나는 것은 필연적이기 때문이다. 그럼에도 불구하고 경쟁제한 규제는 대폭 완화되었고 그 결과 한동안 숨죽이고 있던 경쟁이 고개를 들기 시작했다.

금융권의 규제 완화 바람은 경제 전반의 규제 완화 흐름에 영향받은 바 크다. 1970년 무렵, 대공황 이후 장기간 지속된 과도한 정부 개입으로 경제의 비효율성이 커지는, 소위 정부실패government failure에 대한 비난이 커지기 시작했다. 공공부문의 비대화로 민간영역의 활동 여지가 축소되면서 경쟁이 약화되었고, 그 결과 경제의 비효율이 누적되었다는 것이다. 이러한 주장은 오스트리아학파의 루트비히 폰 미제스, 프리드리히 하이에크Friedrich Hayek, 그리고 시카고대학의 밀턴 프리드먼Milton Friedman에 의해 제기된 것으로, 미국의 레이건 대통령과 영국의 대처 총리는 이들 이론을 수용해 대대적인 규제 완화를 단행했다.[16] 사람들이 신자유주의neoliberalism라고 명명한 이 주장의 핵심은, 경쟁은 좋은 것이며 따라서 경쟁을 제한하는 규제는 제거되어야 한다는 것이다.

과도한 정부 개입에 의한 정부 실패는 자유방임에 의한 시장 실패못지않게 나쁜 것이며, 따라서 신자유주의의 주장은 분명 타당한 측면이 있다. 규제 완화를 통해 규제에 기댄 독과점을 해소하고 신규 기업의 진입을 촉진함으로써 경제 활력이 제고될 수 있기 때문이다. 문제는 규제 완화 바람이 은행산업까지 침투한 데 있었다.

여타 산업에는 안전망이 없다. 이에 따라 사업 실패에 대한 책임을 기업의 채권자와 주주가 스스로 감당해야 한다(경영 실패의 내부화). 은행은 그렇지 않다. 안전망이 있는 상태에서 은행의 실패는 예금자와 주주에 귀속되지 않고 납세자에게 전가된다(경영 실패의 외부화). 결국 은행의 신용팽창을 차단하고 있었던 규제의 완화, 그리고 이에 따른 경쟁심화는 은행산업의 효율성을 높이는 것이 아니라 위험만 조장할 것이었다.

특히 당시 은행의 자기자본비율은 역사상 가장 낮은 상태였는데, 이에 따라 은행 주주의 위험 추구 혹은 자산대체 유인이 극대화된 상황이었다[17]. 이런 상황에서 경쟁 촉진이라는 이데올로기에 편승해 덜컥 규제를 없애고 말았다. 40년 가까이 은행 위기를 겪지 않다 보니, 은행 위기와 이에 따른 극단적 경기변동을 기억하는 사람이 줄어든 탓도 있었을 것이다.

규제 완화의 쓰나미에 휩쓸려 안전망과 경쟁제한 규제의 단단한 결합은 맥없이 풀려버렸다. 오랜 기간 지하감옥에 갇혀 있던 신용팽창이라는 괴물이 봉인 해제된 것이다. 이제 곧 신용팽창이 재개되고 은행 위기가 닥칠 것은 불을 보듯 뻔했다. 금융억압의 종식은 곧 은행 위기의 시작[18]이었다.

1970년대 영국 비주류은행 위기

규제 완화가 맨 먼저 이루어진 영국에서 위기가 발생했다. 1971년 은행에 대한 금리 규제, 대출 총량 규제, 자산운용 규제가 폐기되자 은행들은 즉각 신용팽창을 단행했다. 이를 반영하듯 1971년 2월부터 1974년 2월까지 은행 대출은 614% 폭증했다.[19] 그리고 이들 자금의 상당 부분이 부동산 시장으로 흘러갔다. 은행의 신용팽창과 함께 주택가격은 곧 두 자릿수 상승률을 기록했고, 1972년과 1973년에는 매년 30~40%씩 상승함으로써 전국적인 부동산 붐이 일었다.[20]

은행은 직접 부동산대출에 뛰어들기도 했지만, 대출의 상당부분은 부동산대출을 공격적으로 늘리던 소위 비주류은행secondary banks에 빌려준 것이었다. 비주류은행은 변두리은행fringe banks이라고도 불렸다. 이들은 금융억압기 은행이 진입할 수 없었던, 즉 은행의 변두리에서 부동산, 주식 등을 담보로 공격적인 대출을 제공하고 있었다.[21] 은행은 다수의 비주류은행에 대출을 제공함으로써 고위험 시장에 간접적으로 뛰어들었다. 그리고 은행의 신용팽창으로 늘어난 통화량이 비주류은행으로 흘러가 부동산버블을 일으켰다.

그러나 부동산 붐이 꺼지면서 비주류은행에 위기가 닥쳤다. 1973년 11월 영란은행은 위기를 겪던 비주류은행에 유동성을 공급했다. 그럼에도 불구하고 위기는 확산일로였다. 이에 따라 같은 해 12월 21일 영란은행은 4개 대형은행 대표와 비밀회동을 가졌다. 비주류은행을 지원함으로써 대형은행으로 불똥이 튀는 것을 막는 긴급 유동성지원 프로그램emergency liquidity-support scheme을 조율하기 위한 것이었다. 이 프로그램은 구명보트 작전lifeboat operation이라 불렸다.

구명보트 작전으로 제공된 대출은 1975년 정점에 달했는데, 당시 대출 규모는 GDP의 1.2%, 영란은행 총자산의 16.3%에 달했다. 구제금융 과정에서 총 26개의 비주류은행이 지원을 받았으며, 이 중 8곳은 결국 파산 절차에 들어갔다.[22] 그러나 영란은행이 주도한 선제적인 작전에 힘입어, 정작 신용팽창을 일으킨 대형은행은 어떠한 위기도 겪지 않고 넘어갈 수 있었다.

비주류은행 위기는 규제 완화 직후 이루어진 은행 신용팽창의 부산물이었다. 영란은행은 위기의 주범인 대형은행으로 불똥이 튀는 것을 막기 위해 소매예금을 취급하지 않는 비주류은행까지 구제하는 나쁜 선례를 남겼다. 규제의 울타리에서 벗어난 은행의 첫번째 모험적인 자산운용 시도는 멋들어지게 성공했다. 영란은행의 든든한 뒷배를 확인한 은행이 점점 더 모험적으로 변해갈 채비를 갖추게 되었음은 물론이다.

1970~80년대 미국 은행 위기

1974년, 미국에서 20번째로 큰 은행인 프랭클린내셔널Franklin National이 지급불능에 처했다. 이 은행은 대출을 확대하는 과정에서 대규모 손실을 입었고, 이후 대출 손실을 만회하기 위해 외환시장에서 투기를 단행했다. 그러나 투기는 실패로 끝났다.

이 은행의 부채에는 외화예금과 외화부채가 상당 부분 포함되어 있었는데, 연준은 본원통화 공급을 통해 모든 부채 상환을 적극 지원했다. 중앙은행의 최종대부자 기능은 자국 통화로 표시된 예금의 인출 사태 시에만, 그리고 지급불능 위기가 아닌 유동성 위기 시에만 제공되어야 한다. 그러나 연준은 지급불능 상태에 빠진 은행을 지원했다. 게다가 외화예금과 외화표시부채 상환까지 지원한 것이다.[23]

제2차 세계대전 이후 은행 위기는 사실상 전무했고, 따라서 금융억압기 동안 연준의 최종대부자 기능이 발휘될 기회도 없었다. 이러한 점에서 프랭클린내셔널에 대한 연준의 지원은 최종대부자 기능의 의미 있는 첫번째 적용 사례라고 해도 무방하다. 그런데 첫번째 시도부터 최종대부자 기능이 무원칙적으로 확대된 것이다. 이 사건을 계기로 안전망이 갖는 오남용의 위험성이 여실히 드러났다.

1971년 8월 15일 미국 정부는 미 달러화를 더이상 금으로 교환해주지 않겠다고 선언했는데, 최종대부자 기능의 오남용은 이때 이미 예견된 것이었다. 미국의 선언으로, 다른 나라가 무역을 통해 벌어들인 달러를 연준에 제시하면 '금 1온스=35달러'의 비율로 금으로 교환해준다는 약속(브레턴우즈협약, 8장 참고)은 더이상 유효하지 않았다. 소위 닉슨 쇼크Nixon Shock로 불리는 금태환 중단 선언은 전후 30년 가까이 금에 속박된 달러가 해방됨을 뜻했다. 다시 말해, 연준은 금 보유량에 얽매이지 않고 달러, 즉 본원통화를 필요한 만큼 늘릴 수 있게 된 것이다. 모든 통화의 기준이 되는 달러가 금의 속박에서 벗어나자, 달러에 연계되어 있던 다른 나라 통화 역시 금의 속박에서 벗어났다. 이제 전 세계 중앙은행은 은행 위기의 조짐이 보이면 언제든 본원통화를 대량으로 찍어내어 은행에 공급할 재량권을 갖게 된 것이다.

프랭클린내셔널 파산 이후에도 소형은행의 파산은 산발적으로 지속되었다. 그러다 1984년 미국에서 8번째로 큰 대형은행 콘티넨털일리노이Continental Illinois가 파산했다. 에너지 기업에 대한 급속한 대출 확대가 패착이었다. 연준과 연방예금보험공사(FDIC)가 개입하면서 경영진이 해임되고 주주들은 지분 전부를 잃었다. 하지만 채권자의 경우는 달랐다. 예금자는 물론 비부보채권자uninsured debt holders(예금보험 대상이 아닌 채권자)[24]까지 모두 구제되었다. 이 사건 직전, FDIC는 비부보채권자가 무차별적으로 구제되지 않도록 하는 파일럿 프로그램을 막 발표한 터였다. 이로 인해 대중의 공분은 그만큼 더 컸고, 의회 청문회에서 대형은행과 소형은행에 대한 처리가 다르다는 점을 지적하는 과정에서 대마불사Too Big to Fail, TBTF라는 용어가 처음으로 대중화되었다.[25]

1980년대 대형 스캔들로 번진 또다른 사건은 저축은행Savings & Loans, S&L 위기다. 저축은행은 주로 모기지론mortgage loan(주택담보대출)을 취급했는데 1980년대 초 시장금리가 급등하면서 위기에 직면했다. 당시 만기가 긴 모기지론에는 고정금리가 적용되었다. 반면, 만기가 짧은 예금금리는 만기가 돌아올 때마다 시장금리를 반영하여 급격히 상승했다. 이로 인해 과거 저금리 시절에 제공한 모기지론의 금리가 예금금리를 크게 밑돌면서 손실이 눈덩이처럼 불기 시작했다. 당시 미국 저축은행의 약 3분의 2가 지급불능(자산<부채) 상태였으며, 지급

불능 금액은 1천억 달러에 달했다.[26]

그런데 의회와 규제당국은 전혀 엉뚱한 접근을 택했다. 저축은행의 위기가 지급불능 위기가 아닌 유동성 위기이며, 따라서 즉각적인 처리 대신 회복할 시간을 벌어줘야 한다고 주장했다. 소위 규제유예regulatory forbearance가 필요하다는 것이었다. 나아가 저축은행의 업무범위가 모기지론으로 제한된 것이 위기의 원인인 만큼, 업무 범위 규제를 풀어야 한다는 업계의 주장을 적극 수용했다. 그 결과 자산운용 규제가 대폭 완화되고 동시에 규제자본비율도 인하(레버리지는 상승)되었다.[27]

예금보험이란 안전망이 있는 상태에서, 레버리지가 높아지고 자산운용 규제가 완화된다면 추후 도래할 결과는 뻔했다. 이미 지급불능 정도가 심해 잃을 게 없는 저축은행들이 상업용 부동산, 정크본드 등 고위험자산 투자를 빠른 속도로 늘리는 모럴해저드가 도처에 만연했다. 파산의 언저리에 있던 저축은행들이 규제 완화를 대역전gambling for resurrection의 발판으로 삼은 것이다.[28] 심지어는 경영진이 자신과 친분이 있는 개인회사에 대출을 해줌으로써 저축은행의 돈을 사적으로 빼먹는 행위도 공공연하게 벌어졌다.[29]

한바탕 도박에 심판의 시간은 어김없이 도래했고, 그 결과 3,234개 저축은행 중 1,043개가 문을 닫았다. 파산 저축은행을 정리하는 데 1,530억 달러의 비용이 투입되었는데 이 중 1,240억 달러가 납세자에게 귀속되었다.[30] 이러한 직접비용에다 저축은행 위기를 극복하는 데 소요된 간접비용까지 합칠 경우 총비용은 GDP의 7%에 달

했다.[31]

1990년대 초 노르딕 3국 은행 위기

북유럽 3개국 역시 전 세계적인 규제 완화 흐름에 동참했다. 1980년대 중반 금리가 자유화되고 대출한도 규제가 폐지되었다. 규제 완화 직후 은행들이 앞다투어 신용팽창에 뛰어들면서 연간 대출 증가율은 20~30%를 넘어섰다.[32] 그 결과 GDP 대비 은행 대출은 규제 완화 이후 불과 2~3년 만에 적게는 1.5배(스웨덴, 핀란드), 많게는 2배(노르웨이)로 늘어났다. 늘어난 대출은 부동산, 건설, 서비스업 등으로 흘러갔다. 대출을 불쏘시개 삼아 1980년대 말 부동산 가격은 1980년 대비 4배(노르웨이, 핀란드), 9배(스웨덴)로 치솟았다.[33] 같은 기간 주가 역시 2~10배까지 상승했다.

그러나 과열된 경기는 이내 급속히 냉각되었고, 부동산 가격은 정점 대비 30~50%, 주가는 30~60% 하락했다.[34] 은행권 대출이 급속히 부실화되면서 세 나라 모두 전체 대출의 10% 이상이 불량대출non-performing loans로 드러났다. 특히 신용팽창에 따른 자산버블이 가장 심했던 스웨덴의 경우, 불량대출은 1993년 GDP의 11%에 달했으며 경제성장률은 1991년부터 3년 연속 마이너스를 기록했다. 은행의 신용팽창으로 국가 전체가 큰 고통을 겪었음에도 불구하고 3개국 모두 대부분의 은행을 구제했다. 특히 대형은행은 예외 없이 구제되었으며[35] 비부보채권자도 모두 구제되었다. 여기서도 대마불사가 확인된 셈이다.

노르딕 3국의 은행 위기는 유동성 위기가 아닌 광범위한 지급불능 위기widespread solvency problems였으며, 따라서 대다수 은행의 자기자본(순자산)은 음(-)인 상태였다(자산<부채). 중앙은행의 최종대부자 기능, 즉 유동성공급만으로는 은행 위기가 해결될 수 없는 상황이었다. 이에 따라 정부는 일부 은행에 자본을 직접 주입함으로써 이들 은행을 국유화하는 한편, 다른 은행에는 자본만 주입하고 경영은 계속 민간에게 맡기는 방식을 택했다. 그런데 후자의 경우 막대한 손실을 끼친 은행주주에게 보조금을 지급하는 셈이어서 논란의 여지를 남겼다. 뿐만 아니라 중앙은행의 유동성공급 시에도 시장금리보다 낮은 금리가 적용되었다. 이를 통해 은행은 향후에도 모험적 자산운용이 보상받게 될 것임을 분명히 인식하게 되었다.[36]

1990년대 일본의 은행 위기와 좀비경제

북유럽 3개국과 비슷한 시기, 당시 세계 2위의 경제대국 일본도 규제 완화 흐름에 순응했다. 금융억압기 동안 짓눌렸던 신용팽창이 재연될 토대가 마련된 것이다. 그런데 미국과의 관계에서 비롯된 뜻밖의 조치는 이러한 상황에 기름을 부었다.

1980년대 미국은 막대한 무역수지 적자에 시달리고 있었는데, 특히 전체 무역수지 적자의 37.2%가 일본과의 교역에서 비롯되었다.[37] 대일 무역수지 적자의 상당 부분은 미국 제조업 및 첨단산업의 경쟁력 약화에서 비롯된 것이었으나, 미국은 환율 조정을 통해 무역수지를 개선하고자 시도했다. 1985년 9월 22일 뉴욕의 플라자호텔에 모인 미국, 영국, 프랑스, 독일, 일본 5개국 재무장관들이 미 달러화 가치 하락을 위한 공조에 합의한 것이다. 이는 대미 무역에서 막대한 흑자를 기록하던 일본을 겨냥한 것이 분명했다. 당시 경제규모 세계 2위로 급부상한 일본에 대한 미국의 경계심은, 21세기 미국이 중국에 대해 보이는 경계심에 필적할 수준이었다.

1985년 9월 달러당 240엔이었던 환율은 플라자합의 후 불과 두 달 만에 200엔까지 급락했다. 이후에도 엔화 환율은 가파른 하락(엔화절상)을 지속하여 1988년에는 반토막 수준인 120엔대로 주저앉았다. 그러자 일본 엔화의 급격한 가치 상승이 수출기업의 가격경쟁력을 떨어뜨릴 것이라는 우려가 비등했다. 여기에다 일본이 수출시장보다는 내수시장 확대에 중점을 둬야 한다는 미국의 압력도 계속되었다. 결국 엔화 가치 상승으로 인한 불황을 막고, 아울러 내수시장을 확대하기 위해 중앙은행인 일본은행은 기준금리를 빠른 속도로 인하하기 시작했다. 1985년 5%였던 기준금리는 1986년 한 해에만 세 차례 인하되었으며, 1987년 2월 한 차례 더 인하된 결과 2.5%까지 떨어졌다.

신용팽창을 가로막던 규제 완화, 여기에다 급격한 금리인하가 결합되면서 대출 증가세는 급물살을 탔다. 1990년 은행 대출은 1980년 대비 2.4배가 되었으며, 특히 부동산대출, 건설업대출, 가계대출은 각각 4.3배, 4.2배, 3배로 늘어났다.[38] 가계대출의 상당 부분이 주택매입을 위한 대출인 점을 고려하면, 부동산 관련 부문에 대출이 집중되었음을 알 수 있다.

경제성장률보다 훨씬 빠른 속도로 늘어난 은행 대출은 자산시장으로 흘러갔고, 그 결과 1980년대 말 주가와 도시 토지 가격은 1980년 대비 각각 6배, 4.2배가 되었다. 자산 붐으로 엄청난 낙관이 팽배하면서 일본의 기업들은 미국 주요 도시의 벤치마크 빌딩까지 속속 사들였다. 명실상부 '넘버원 일본Japan as Number One'[39]이었다.

그러나 자산시장 과열에 겁을 먹은 중앙은행이 이전과는 정반대로 급격히 금리를 인상하면서 파티는 끝이 났다. 일본은행은 1989년 세 차례, 1990년 두 차례 금리를 인상하면서 기준금리는 2.5%에서 6%까지 상승했다. 가뜩이나 더 비싼 가격에 자산을 매입할 바보를 찾기가 점점 힘들어지던 차에, 급격한 금리 인상이 겹치면서 자산시장은 맥없이 무너졌다. 1990년 10월, 주가는 1년도 안 돼 정점 대비 반토막 났고, 토지가격은 이후 15년간 하락세를 면치 못해 반의반토막이 되었다.

극심한 불황이 닥치면서 자산가격과 재화가격이 동시에 하락하는 광범위한 디플레이션이 나타났다. 은행의 신용팽창으로 부채가 대규모로 집적된 상태에서 디플레이션이 이루어지는, 소위 부채 디플레이션이 현실화된 것이다. 부채 디플레이션은 대공황기 미국에서 목격된 현상이다. 대공황기 부채 디플레이션에 빠진 미국 경제가 회복하는 데는 10년 가까운 기간이 소요되었다. 만약 제2차 세계대전이라는 대규모 수요창출 요인이 없었다면, 미국 경제 회복에는 더 오랜 기간이 걸렸을지도 모른다. 부채와 디플레이션의 결합은 그만큼 무섭다.

자산버블 붕괴 이후 일본은 소위 '잃어버린 30년'을 보냈다. 30년간 경제성장률은 사실상 0%에 머물렀으며, 중앙은행이 막대한 본원통화를 끌어 부어 통화량을 늘렸음에도 디플레이션은 좀처럼 사라지지 않았다. 빚에 허덕이는 경제주체들이 빚을 갚느라 투자와 소비 여력을 상실하고, 이로 인해 경기는 침체되고 물가는 하락한다. 신용팽창으로 늘어난 부채 규모는 그대로인데, 경기침체와 물가하락으로 부채를 갚는 데 필요한 소득이 감소하면서 채무상환 부담은 배가된다. 그 결과 투자와 소비는 또다시 위축되고, 그럴수록 빚의 장벽에서 탈출하기는 점점 더 어려워지는 블랙홀로 빠져드는 것이다.

일본의 부채 디플레이션이 장기간 지속된 데는 구조조정 지연도 한몫했다. 대공황기 미국에는 은행을 구제할 안전망이 없었다. 따라서 비록 극심한 경기침체를 겪긴 했지만 이 과정에서 지급능력을 상실한 은행과 허약한 기업이 대거 퇴출되었다. 그러나 1990년대 일본의 사정은 달랐다. 정부와 중앙은행의 대대적인 개입으로 이미 퇴출되었어야 할 은행과 기업이 오랜 기간 시장에 남아 경제의 활력을 갉아먹었다. 좀비화 된 일본경제는 그 후로 무려 30년간 앞으로 한 발짝도 나아가지 못했다. 일본의 사례는 부채 디플레이션과 구조조정 지연이 결합될 경우 한 세대 이상 경기침체가 지속될 수 있음을 보여준다.

은행 위기와 안전망의 동시 확산

전술한 사례 외에도 금융억압기 이후 발생한 은행 위기 사례는 차고 넘친다. 실제로 1970년대 9건, 1980년대와 1990년대 각각 50건 이상의 은행 위기가 있었다.[40] 그런데 1970~1995년 기간의 은행 위기를 대상으로 이루어진 한 연구에 따르면, 은행 위기에 앞서 거의 예외 없이 금융자유화와 급격한 신용팽창이 있었다.[41] 1980~1995년 기간 발발한 은행 위기에 대한 또다른 연구 역시, 금융자유화가 은행부문의 안정성에 부정적인 영향을 미쳤음을 보여준다.[42] 금융자유화, 즉 규제 완화를 계기로 금융억압기 봉인되었던 신용팽창이 재개되었음을 확인시켜주는 대목이다.

규제완화 직후 오랜 기간 사라졌던 은행 위기가 빈발하자 당황한 의회와 정부는 은행을 구제하기에 급급했다. 최종대부자 기능은 원래의 취지를 잃고 지급불능 상태에 처한 은행에도 유동성을 공급했다. 예금보험 한도는 위기가 터질 때마다 상향 조정되어 보호 대상 예금은 시간이 갈수록 계속 확대되었다. 예금보험 한도 자체가 무의미해진 것이다. 나아가 정부는 지급보증을 통해 비부보채권자들도 모두 구제하는 방식을 견지했다. .

은행에 대한 안전망은 개도국에서도 급속히 확산되었다. 여기에는 IMF와 세계은행World Bank 등 국제기구의 역할이 컸다. 이들 국제기구에서 파견한 전문가들이 금융자유화 및 은행 안전망 구축을 강력히 권고한 것이다.[43] 그러나 안전망과 규제 완화의 결합은 재앙이었으며,

결국 국제기구 전문가의 의견을 수용한 국가들은 대부분 은행 위기를 피해가지 못했다.

금융억압기 이후 은행 위기의 또다른 특징은, 시간이 갈수록 은행 위기 빈도가 높아질 뿐 아니라 은행 위기의 크기도 확대되었다는 점이다. 실제로 규제 완화 직후인 1970년대까지만 하더라도 은행 위기는 주로 소형은행에 국한되었으나, 시간이 흐르면서 대형은행이 개입된 은행 위기가 늘어나기 시작했다.[44] 인지도가 높은 대형은행일수록 평판에 대한 염려가 강하고, 따라서 처음에는 모험적인 자산운용에 상대적으로 덜 적극적이었을 가능성이 크다. 그러나 인지도 낮은 경쟁자들이 모험적인 자산운용을 통해 이익을 쓸어가는 상황이 전개되자, 대형은행도 평판 운운하면서 한가하게 앉아 있을 수는 없었을 것이다. 시간이 갈수록 안전망을 발판 삼아 모험적인 자산운용에 뛰어드는 대형은행이 늘어나고, 그 결과 은행 위기의 크기 또한 점차 확대된 것으로 보인다.

당초 규제 완화를 단행할 시점에는 기존의 안전망이 엄격한 규칙하에 운영됨이 전제되었을 것이다. 즉 은행에 대한 지원은 유동성 위기시에만 제공하고 은행이 파산할 경우 채권자 중 부보예금자만 보호한다는 것이다. 그러나 막상 뚜껑을 열어보니 규제는 완화되고 안전망은 큰 폭으로 확대되어 있었다. 특히 안전망이라는 특권은 지급불능 은행의 규모가 클수록(대마불사), 그리고 지급불능에 처한 은행 수가 많을수록(시스템리스크) 보다 신속하고 보다 광범위하게 주어진다는 점이 확인되었다. 이제 은행에는 갈 길이 명확히 정해졌다. 최대한 덩치를 키우는 동시에 경쟁자와 최대한 유사한 전략을 취하는 것이었다.

10장

시스템리스크의 축적

미국 상위 3개 은행의 시장점유율(총자산 기준)은 1930년대 이후 60년간 10% 내외에서 변화가 없었다. 그러나 1990년대부터 급격하게 증가하기 시작해 2000년 20%를 넘어섰고, 2007년에는 40%를 초과했다.[1] 3개 은행이 전체 시장의 절반 가까이를 가져가는 엄청난 시장 집중이, 그것도 단기간에 이루어진 것이다.

공룡이 된 은행

은행시장 집중에는 규제 완화도 한몫했다. 200년 가까이 유지된 주내 및 주간 지점 설치에 대한 규제가 1994년 완전히 철폐되었다. 은행 대형화의 법적 장애물이 깔끔하게 정리된 것이다. 장애물이 사라지자 은행은 곧바로 덩치 불리기에 나섰다. 1980년대 대마불사를 목도한 터라 한치의 망설임도 없었다. 안전망의 특혜를 활용하려는 은행이 규모 확대 경쟁을 벌이면서, 오랜 기간 완전경쟁 상태에 있던 은행시장이 순식간에 소수의 대형은행이 지배하는 과점시장으로 변모한 것이다.

은행시장 집중은 다른 나라에서도 마찬가지였다. 영국에서도 상위 3개 은행의 시장점유율은 50%를 넘었고, 글로벌 상위 5개 은행의 시장점유율은 1998년 8%에서 2008년 16%로 2배가 되었다. 그런데 상위 은행의 시장 집중이 심화되는 동안 다른 은행의 규모도 함께 커졌다. 이는 거의 모든 은행의 규모가 확대되는 가운데 상위 은행의 규모가 더 빨리 확대되었음을 의미한다.

2010년이 되자 GDP 대비 미국 은행 총자산 규모(=은행 총자산/GDP)는 1990년의 3배가 되었다.[2] 20년간 은행 규모의 성장이 실물경제 성장을 압도했다. 흥미로운 점은, 다른 산업에서는 이러한 경향이 발견되지 않는다는 것이다. 일례로 영국의 경우, 2000~2007년 기간 산업별 1위 기업의 GDP 대비 자산 규모는 거의 변화가 없었다. 그러나 은행산업은 예외였다. 영국 최대 은행의 GDP 대비 총자산 규모는 2000년 40%를 기록해 이미 다른 산업을 압도한 상태였다. 그런데 이 비율은 불과 7년 후인 2007년 140%로 급등했다.[3] 은행권이 자산 규모 확대에 올인했음을 확인할 수 있는 대목이다. 동시에 안전망이 없는 여타 산업과는 달리, 안전망을 활용하려는 은행의 유인이 얼마나 강했는지를 짐작케 한다.

규모의 경제 vs 보조금 따먹기

흔히 대형화의 유인으로 규모의 경제economies of scale를 언급한다. 기업의 규모가 클수록 제품 한 단위당 평균비용이 하락한다는 점에서, 규모와 효율성 간에 양(+)의 상관관계가 존재한다는 것이다. 그러나 은행산업을 대상으로 이루어진 초기 연구에 따르면, 규모의 경제는 총자산이 100억 달러 이내의 은행에서만 확인되었다.[4] 은행 크기가 100억 달러를 초과하면 오히려 규모에 따른 비효율이 나타난다는 것이다.

반면, 2000년 이후의 데이터를 사용한 보다 최근의 연구에 의하면, 은행자산이 1조에서 1조 5천억 달러에 달하는 초대형은행에서도 규모의 경제가 발견되었다.[5] 그러나 이는 규모의 경제가 아니라 대마불사에 따른 보조금의 존재를 나타내는 것일 가능성이 크다.

신용평가회사들은 은행 자체의 지급능력에 기초한 평가등급standalone ratings과 암묵적 보조금을 고려한 평가등급support ratings을 별도로 발표한다. 그런데 대형은행의 경우 후자가 전자에 비해 1.5~4단계notch 높게 책정된다.[6] 이렇게 버젓이 보조금을 반영한 신용등급을 발표할 정도로 시장은 대형은행에 지원되는 안전망을 공식적으로 인정하고 있다. 그런데도 사람들은 별 이의를 제기하지 않는다. 놀라울 따름이다.

시장이 대마불사를 인정하면 대형은행의 조달금리는 낮아지기 마련이다. 위기 시에도 파산할 염려가 없으니 당연지사다. 미국의 경우 자산 규모 1,000억 달러를 초과하는 대형은행의 조달금리를 분석한 결과, 대형은행에 대한 암묵적 보조금은 매년 340억 달러를 넘었다.[7] 비슷한 시기에 이루어진 다른 연구들도 대형은행에 주어지는 보조금의 규모가 상당하다는 일관된 결과를 제시한다.[8] 결국 대형은행일수록 더 많은 이익을 얻는 것처럼 보이는 것은 규모의 경제로 인한 효율성 때문이 아니라 전적으로 보조금 덕분이다.[9]

사정이 이렇다 보니 은행이 규모 확대에 혈안이 되는 것은 극히 자연스러운 현상이다. 대마불사의 기준으로 여겨지는 자산 규모는 1,000억 달러 수준이다. 이에 따라 은행은 인수합병M&A을 통해 1,000억 달러를 초과하는 대형은행이 되고자 최소 150억 달러 이상의 프리미엄을 기꺼이 지불했다. 대형화를 향한 은행의 간절함이 묻어난다. 그리고 합병 과정에서 비싼 프리미엄을 지불했음에도 불구하고 주식시장과 채권시장의 반응도 긍정적(주가 및 채권가격 상승)이었다.[10] 대마불사가 됨으로써 주주와 채권자 모두 은행 위기 시에도 피해를 입지 않을 것이 보다 확실해졌기 때문이다.

흔히 기업의 핵심 자원critical resource 혹은 핵심 경쟁력core competence으로 설비, 특허, 브랜드, 인적자원 등이 거론된다.[11] 은행의 경우 정보비대칭 해소가 본연의 업무라는 점에서 정보생산 능력 혹은 고객관계 등이 핵심 자원일 것으로 기대된다. 틀렸다. 대마불사의 세상에서는 정보생산 능력, 고객관계, 인적자원을 비롯한 어떤 것도 더이상 핵심 자원이 아니다. 규모 자체가 목적인 세상이 도래하면서 오직 규모만이 핵심 자원이 된 것이다.

1990년 이후 은행 규모는 그야말로 폭발적으로 성장했다. 단기간에 이루어지는 규모 확대는 대부분 부채에 의존해서 이루어진다.[12] 이를 반영하듯, 2007년 말 글로벌 초대형은행의 레버리지는 평균 40배에 달했으며, UBS와 도이치방크Deutsch Bank 등 일부 유럽 은행은 60배를 훌쩍 넘어섰다.[13] 60배의 레버리지! 자산가치가 1.7%만 하락해도 자기자본 전부가 사라진다는 의미다. 이러한 레버리지는 다른 어떤 산업에서도 찾아볼 수 없는, 그야말로 구름 위에 떠 있는 아찔한 수준이다. 같은 시기 미국 일반기업의 레버리지가 1.6배[14]였음을 고려하면 은행의 레버리지가 얼마나 초현실적인 것인지 짐작할 수 있다.

한편, 60배의 레버리지는 전체 자산에서 주주가 차지하는 몫이 1.7%에 불과하다는 것으로, 이는 은행 주주의 위험 추구 혹은 자산대체 유인이 최고조에 달했음을 시사한다. 보조금을 겨냥한 은행의 덩치 불리기가 대규모 레버리지 확대를 통해 진행되면서 은행 위기의 에너지는 계속 쌓여갔다.

은행과 자본시장 간 빗장이 열리다

대공황 당시의 은행 위기가 은행의 증권업무 취급 때문이라는 비판이 드셌다. 이에 따라 1933년 은행법(글래스-스티걸법)은 은행업과 증권업을 엄격히 분리시켰다.[15] 이후 금융억압 시기가 끝나고 거의 모든 규제가 완화되었으나 은행과 증권 분리 규제는 요지부동이었다. 그러나 1990년대 들어 상황은 반전된다.

1980년대 중반 미국 주식시장은 대세 상승 국면에 진입했다. 이러한 국면은 1990년대까지 이어졌다. 여기에는 장기간에 걸친 연준의 저금리 정책이 크게 작용했다. 그런데 저금리에 힘입어 주식시장 붐이 지속되자 은행의 불만이 쌓이기 시작했다. 자본시장에서 증권회사들이 막대한 이익을 쓸어 담는 동안, 은행은 규제로 인해 증권업에 일체 발을 담글 수 없는 상황이었기 때문이다. 은행은 증권업 진출을 위해 치열한 로비를 전개했다. 당시 연준 의장이던 폴 볼커Paul Volcker는 은행의 증권업 진출을 마뜩잖게 여겼다. 하지만 볼커의 뒤를 이어, 은행과 증권 결합에 우호적이던 앨런 그린스펀Alan Greenspan이 연준 의장이 되면서 물꼬가 트이기 시작했다.[16] 학자들도 대거 가세해 글래스-스티걸법 폐지에 힘을 실었다.

1933년 당시 은행업과 증권업 분리를 단행한 논거 중의 하나는 이익 충돌conflicts of interest이었다. 은행의 기업고객이 차입금 상환에 어려움을 겪는 경우를 생각해보자. 은행은 이 기업으로 하여금 은행 계열 증권사를 통해 회사채를 발행하도록 주선하고, 회사채 발행으로 조달한 자금을 은행 차입금 상환에 사용하도록 독려할 수 있다. 은행은 자신의 불량대출을 자본시장의 수많은 투자자에게 떠넘기는 셈이다. 이처럼 은행이 증권업을 영위할 경우, 우월한 정보를 가진 은행과 회사채 투자자 간에 이익 충돌이 발생한다는 것이다.

하지만 실상은 그렇지 않았다. 대공황 직전인 1920년대 자료를 분석한 연구 결과들은 한결같이 이익 충돌이 없음을 확인했다. 실제로 은행 계열 증권사를 통해 발행된 채권이 순수 증권사stand-alone investment banks를 통해 발행된 채권보다 우량한 것으로 드러났다. 은행의 증권업 진출이 오히려 자본시장 투자자에게 유익하다는 것이다.[17] 이는 은행이 축적한 기업 정보를 계열 증권사를 통한 채권 발행 과정에 재활용함으로써 정보효율성을 얻을 수 있음을 시사한다. 일리 있는 지적이다.

그러나 글래스-스티걸법 폐지를 옹호한 학자들이 놓친 것이 있다. 바로 은행의 증권업 영위가 가져올 은행 위기의 가능성이다. 일부 연구는 대공황 이전 증권업무를 영위하던 은행들이 덜 파산했다는 점을 들어 은행업과 증권업 결합이 위험을 높이지 않는다고 주장했다.[18] 하지만 당시 증권업을 영위한 곳이 주로 대형은행이었으며, 일반적으로 대형은행일수록 충격을 감내할 여력이 더 크다는 사실을 고려할 때 이러한 주장에는 문제가 있다.[19] 더 큰 문제는 1920년대와 1990년대의 차이점을 간과했다는 사실이다.

안전망 자체가 존재하지 않던 1920년대와 달리, 1990년대에는 최종대부자 기능, 예금보험, 정부의 지급보증 등 은행에 대한 안전망이 켜켜이 구축되어 있었다. 안전망이 존재하는 상태에서 금리 규제, 대출한도 규제, 자산운용 규제 등이 제거될 경우 어떤 일이 벌어지는지는 9장에서 확인한 바와 같다. 이러한 마당에 대출에 비해 위험이 큰 증권업까지 허용될 경우 은행의 모럴해저드가 기승을 부릴 것은 자명했다. 더구나 이미 대마불사를 경험한 은행들이 경쟁적으로 덩치를 키우고, 이 과정에서 레버리지는 하늘 높은 줄 모르고 치솟고 있었다. 은행의 증권업 진출로 나타날 모럴해저드의 크기는 가늠조차 힘든 것이었다.

그러나 대형은행들의 로비에 의회, 규제당국, 학계까지 가세하면서 결국 66년만에 글래스-스티걸법은 폐지되었다. 미국과 달리 영국과 유럽대륙 국가의 경우 이미 은행업과 증권업을 함께 영위하고 있었다. 이 때문에 미국 은행의 경쟁력 강화 차원에서도 겸업 금지를 풀어야 한다는 주장이 강하게 제기되었고, 이러한 주장도 규제 완화에 일조했다.

마지막 장애물까지 걷어낸 미국의 대형은행들은 증권업 비중을 빠른 속도로 늘려나갔다. 영국, 유럽국가의 대형은행들도 정확히 같은 행보를 취했다. 가뜩이나 공룡이 된 은행들이 증권업무에 공격적으로 진출하면서 은행 규모는 더이상 감당하기 어려운 수준으로 확대되었다.

은행 규모 확대와 더불어 대차대조표 구성도 크게 바뀌었다. 2007년 무렵 일부 글로벌 대형은행의 자산과 부채에서 대출과 예금이 차지하는 비중은 20%에도 미치지 못했다.[20] 나머지 80%의 자산과 부채는 대부분 자본시장에서 트레이딩을 통해 이익을 얻기 위한 것이었다. 이는 1990년대 이후의 은행 규모 확대가 주로 증권업무 확대를 통해 추진되었음을 보여준다. 동시에 예금수취 은행에 주어지는 안전망을 지렛대로 삼아 고위험을 추구한 명백한 증거라 하겠다. 대마불사 은행들이 자본시장에 공격적으로 진출하면서 이제 은행을 구하려면 자본시장까지 구해야 할 판이었다.

점증하는 시스템리스크

은행산업에서 소수의 대형은행이 차지하는 비중이 높아질 경우, 이들 몇몇 은행에 가해지는 충격은 전체 은행 시스템을 위태롭게 할 수 있다. 그런데 높아진 시장지배력을 바탕으로 대마불사의 지위를 확보한 은행일수록 리스크를 추구할 보다 강한 유인을 가진다. 은행 규모가 클수록 수익의 변동성이 확대된다는 연구 결과[21]는 이러한 가능성이 실재함을 보여준다. 가뜩이나 은행시장 구조가 소수의 대형은행 중심으로 재편되어 시스템리스크가 높아진 상태에서, 이들 대형은행의 자산운용 또한 모험적으로 바뀐다면 시스템 붕괴는 피할 길이 없다.

나아가 증권업 겸업 허용은 대형화에 따른 시스템리스크를 전혀 새로운 단계로 발전시킨다. 본래 은행은, 규모가 작거나 업력이 짧아 자본시장에서 주식이나 채권을 발행하기 어려운 기업에 자금을 제공하는 데 적합하다. 반면 오랜 기간 평판을 구축해 정보 비대칭이 낮은 기업은, 더이상 은행에 머물지 않고 자본시장으로 나가 투자자로부터 직접 자금을 조달한다.[22] 이러한 측면에서 은행과 자본시장은 금융의 두 축을 이룬다. 즉 '은행(혹은 중개기관) vs 시장'의 구도이다.

그러나 증권업 진출을 가로막던 족쇄가 풀리자 대마불사 지위를 획득한 대형은행이 대거 시장으로 몰려갔다. 그 결과 대형은행의 대차대조표는 더이상 전통적인 은행의 것이 아니었다. 시장이 은행의 대차대조표 안으로 들어온 것이다. 이는 '은행 vs 시장'의 구도가 '은행

=시장'으로 변모했음을 의미한다.

이는 복잡계complex system의 특성 중 하나인 프랙털fractal에 비유된다.[23] 프랙털이란 자기유사성self-similarity을 갖는 기하학적 구조로, 어떤 도형의 일부를 확대했을 때 그 속에 그 도형의 전체 모습이 담겨 있는 경우가 여기에 해당한다. 나무가 가지를 뻗는 양상, 복잡한 해안선의 모양 등 부분이 전체와 높은 유사성을 띠는 것이 프랙털의 특징이다.

(그림 10-1) 프랙털 구조

안전망으로 인해 은행의 대출자산이 고위험자산 일변도로 유사해진 데다, 증권업 진출로 은행과 시장의 구분도 사라졌다. 그 결과 아무 은행이나 골라 뚜껑을 열어보면 그 속에 전체 금융 시스템이 그대로 복제되어 있음을 확인할 수 있다. 과거에는 은행에 문제가 생기면 기업과 투자자가 시장에서 직접 만나는 방식을 통해 부분적이나마 금융기능이 작동할 수 있었다. 반대로 시장에 문제가 생기면 차입자들이 은행에 의존함으로써 시장의 문제가 일부 보완되었다. 그러나 은행이 곧 시장인 작금의 상황에서는 은행과 시장 간의 상호보완은 더이상 기대할 수 없다. 은행이 무너지면 시장이 무너지고, 시장이 무너지면 은행이 무너지는 체제, 즉 위기가 오면 금융 시스템 전체가 붕괴되는 체제가 돼버린 것이다.

금융에서 프랙털 구조가 발견되는 것은 재앙이다. 모든 은행의 대차대조표가 동일하고, 나아가 은행과 시장이 동일한 체제, 이로 인해 다양성이 사라지고 획일성만 남은 체제를 생각해보라. 지구상에 오직 한 종의 생물만 존재한다면 지구의 생태계는 이미 끝난 것이나 다름없다. 아주 작은 환경 변화에도 모든 개체가 절멸해버리기 때문이다. 금융도 마찬가지다. 겸업을 통해 은행의 수익구조가 유사해질 경우 금융 시스템 전체가 위태로워진다는 연구 결과[24]는 자연의 섭리가 은행에도 똑같이 적용됨을 보여준다.

표준화된 규제, 시스템리스크를 증폭시키다

1980년대 중반 미국 의회와 규제당국은 은행의 취약한 지급능력에 주목하기 시작했다. 지나치게 낮은 자기자본비율이 은행 위기 가능성을 높인다는 점을 인식하기 시작한 것이다. 이에 따라 적정자본비율capital adequacy ratio, CAR 규제를 통해 자기자본비율을 일정 수준 이상으로 관리하는 쪽으로 가닥을 잡았다. 영국도 미국과 정확히 같은 입장을 취했다.

당시 주요 선진국 간 은행감독을 조율하는 창구는 스위스 바젤에 소재한 바젤은행감독위원회Basel Committee on Banking Supervision (이하 BCBS)였다. 그러나 BCBS는 어떠한 법적 권위도 없는, 그저 주요국 중앙은행 총재들의 의사소통 창구에 불과했다. 그런데 미국과 영국은 BCBS를 통해 자신들이 마련한 적정자본비율 규제를 다른 나라도 수용하라고 압박하기 시작했다. 다른 나라가 규제에 동참하지 않을 경우 자칫 미국과 영국의 은행이 불이익을 입을 것을 염려했기 때문이다.[25]

그러나 진짜 속내는 당시 급성장한 일본 은행을 견제하려는 데 있었다. 글로벌 10대 은행에 포함된 일본 은행의 수는 1981년 1개에서 1988년에는 9개로 늘었다.[26] 그러자 미국과 영국은 불만을 표출하기 시작했다. 자기자본비율이 극히 낮은 데다, 사실상 정부가 은행의 지급능력을 보증하는 일본 은행 때문에 서구 은행이 경쟁열위에 처한다는 것이다.[27] 당시 일본 은행의 자기자본비율이 2%(레버리지 50배)에 불과하다는 사실을 공격한 것이다.[28] 그러나 당시 미국 은행의 자기자본비율도 5%(레버리지 20배) 수준[29]이어서 지급능력이 취약하긴 마찬가지였다.

미국이 강하게 밀어붙인 결과 1988년 마침내 미국의 요구는 관철되었고, 이에 따라 최초로 국가간 규제 표준화가 이루어졌다. 그런데 BCBS가 채택한 규제자본비율은 당시 취약한 미국 은행의 실제 자기자본비율과 별반 다르지 않았다. 적어도 미국 은행 입장에서는 규제 부과로 인한 부담이 사실상 없었던 셈이다.

뿐만 아니라 BCBS가 위험이 낮다고 판단한 자산(예: 국채, 모기지론 등)에 대해서는 규제자본비율 산정 시 혜택이 부여됐다. 예를 들어 모기지론mortgage loan(주택담보대출)에는 0.5의 위험가중치가 부여되었는데, 따라서 은행이 보유한 모기지론 자산이 100일 경우 규제비율 산정 시에는 50의 자산만 보유하는 것으로 계산되었다. 심지어 국채는 아무리 많이 보유하더라도 위험가중치가 0이어서 규제비율 산정에서 제외되었다. 이로 인해 BCBS가 정한 위험자산의 비중이 낮을 경우, 규제자본비율(=자기자본/위험가중자산)은 단순 자기자본비율(=자기자본/총자산)보다 높게 산정되었다(그림 10-2). 규제자본비율을 높이는 것이 단순 자기자본비율을 높이는 것보다 한결 용이하도록 설계된 것이다. 이에 따라 규제자본비율을 충족시키면서도 단순 자기자본비율을 낮출 수 있는, 즉 레버리지를 높일 수 있는 길이 열리게 된다.

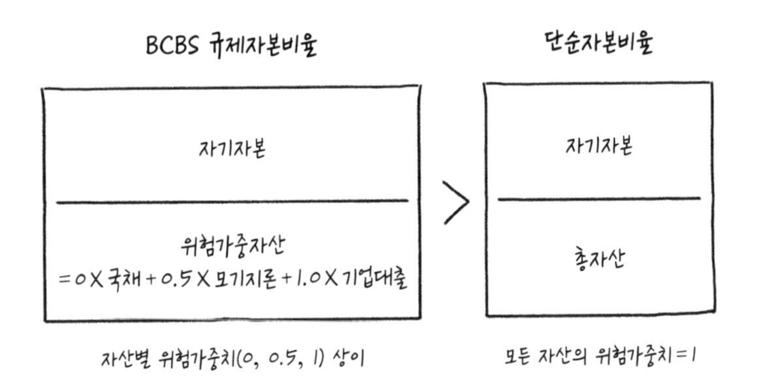

(그림 10-2) BCBS의 규제자본비율 vs 단순 자기자본비율

실제 지급능력을 가장 정확히 반영하는 것은 단순 자기자본비율이다. 은행의 위험 추구 및 자산대체효과와 직접 관련 있는 것 또한 단순 자기자본비율 혹은 이 비율의 역수인 레버리지이다. 이러한 점을 고려할 때, BCBS의 자기자본비율 규제를 도입한다고 해서 딱히 은행의 지급능력이 개선될 것도, 은행의 모럴해저드가 효과적으로 차단될 것도 아니었다. 자기자본비율 규제 도입이 정치적 목적에서 비롯되었다는 지적은 이 때문이다.

일각에서는 BCBS에서 정한 규제자본비율을 쿡비율Cooke Ratio이라고 비아냥댔는데, 여기서 '쿡'은 19세기 중후반 미국의 유명한 금융업자였던 제이 쿡Jay Cooke을 가리킨다.[30] 국제적 규제 표준화에 미국 금융업자의 이해가 투영된 점을 꼬집은 것이다. 당시 BCBS의 자기자본비율 규제는, G2 국가로 급부상한 일본을 견제하기 위해 도입했던 플라자합의의 은행 규제 버전이라고 봐도 무방하다.

1988년 국제적 규제자본비율 합의를 계기로, 이전까지 참여국에 그저 권고나 하던 BCBS가 갑자기 주요국의 은행 규제를 정하는 기관으로 탈바꿈했다.[31] 일단 규제기관으로 자리를 잡고 나자, BCBS는 국가간 규제 표준화의 선봉에서 은행 규제와 감독에 대한 처방을 빠른 속도로 표준화시켜 나갔다. 그러나 이후에도 은행 위기는 줄기는커녕 오히려 심화되었다. 그리고 그때마다 기존 규제의 공백을 메우기 위한 표준화된 처방적 규제는 계속해서 덧대어졌다. 그러나 대출한도 규제(신용팽창 억제), 자산운용 규제(부동산 등 고위험 대출 억제) 등이 제거되어 큰 맥락에서 은행의 위험 추구 통로가 활짝 열린 마당에, 여타 자잘한 규제를 덧대는 결로는 은행의 모럴해저드를 차단하기에 역부족이었다.

촘촘하게 표준화된 규제는 금융 시스템의 안정성 관점에서도 바람직하지 않다. 규제당국으로부터 다방면에 걸친 세세한 비율 규제가 부과되면서 은행 내부의 리스크 관리도 여기에 맞춰진다. 은행은 규제당국이 인가한 소수의 독과점 신용평가회사가 제공하는 신용등급을 기준으로 자산을 운용하고 위험을 관리한다. 그리고 규제당국의 위험분산 요구에 맞춰 자본시장의 다양한 상품을 편입한다. 그 결과 모든 은행이 비슷해지고, 나아가 은행과 시장의 구별도 사라진다. 대형화와 겸업화에 따른 은행 간 동질성, 은행과 시장 간 동질성이 표준화된 처방적 규제로 한층 심화되는 것이다.

한편, 표준화된 처방적 규제는 개별 은행의 건전성에 초점을 두고 있다. 그러나 이러한 접근에는 전체 시스템에 대한 고려가 결여되어 있다는 점에서 실패는 예정된 것이다. 이는 자연생태계를 대상으로 한 실험에서도 이미 확인된 바 있다.

과거 어장fishing ground 보호를 위한 노력은 어종별 관리에 초점을 두었는데, 이는 개별 어종을 보호하면 전체 어장은 자동으로 보호됨을 전제로 한다. 그러나 개별 어종 관리에 막대한 투자가 이루어졌음에도 불구하고, 전체 어장이 붕괴되는 사건이 나타나면서 이러한 접근법이 갖는 근본적 결함이 드러났다. 어장 보호를 위해서는 보다 광범위한 생태계 및 환경적 맥락에 기반한 의사결정이 필요하다는 것이다.[32]

금융 시스템 안정성도 마찬가지다. 개별 은행의 리스크 관리를 통해 전체 금융 시스템을 보호할 수 있다는 생각은 완전히 잘못되었다. 표준화된 규제에 부응하려는 은행의 노력이 강화되고 정교해질수록 전체 금융 시스템 레벨에서는 더 큰 변동성이 나타나고, 금융 시스템의 붕괴 확률도 더 높아진다는 연구 결과[33]는 이를 뒷받침한다.

11장

대붕괴

증권화[asset securitization]는 금융기관이 자금 조달을 위해 오래전부터 활용해온 방식이다. 예를 들어 자금 조달이 필요한 신용카드회사를 생각해보자. 일반기업이라면 흔히 은행에서 차입하거나 자본시장에서 CP(단기부채증권, CP에 대해서는 9장 참고), 채권 등을 발행해 자금을 조달한다. 그러나 신용카드회사에는 또다른 자금 조달 방법이 있다. 신용카드 매출채권을 시장에 매각하는 것이다.

금융혁신: 증권화

신용카드 매출채권은 대체로 만기가 6개월을 넘지 않고 회수율도 매우 높은 자산이다. 다수 고객을 대상으로 하는 매출채권을 집합[pooling]할 경우 다각화를 통한 위험분산 효과도 거둘 수 있다. 그렇다면 신용카드회사에 돈을 빌려주는 사람 입장에서는, 신용카드회사가 발행하는 CP보다 동사가 보유한 신용카드 매출채권이 오히려 더 믿음직한 투자 대상일 수 있다. 신용카드회사 입장에서도 손해날 게 없다. 회사의 신용으로 자금을 조달하는 것에 비해, 우량자산인 신용카드 매출채권을 매각함으로써 자금을 조달하는 것이 비용 측면에서 유리하기 때문이다. 이렇게 탄생한 것이 증권화 혹은 자산유동화이다.

먼저 신용카드회사는 다수 고객에 대한 신용카드 채권을 자신의 대차대조표에서 들어내어 별도의 풀pool을 만든다. 그리고 이 풀을 근거로 CP를 발행한다. 신용카드 채권 풀을 근거로 발행한 CP의 금리는 신용카드회사가 직접 발행한 CP 금리보다 낮다.

한편, 카드회사가 직접 발행한 CP는 회사의 신용에 기초하는 반면, 카드 채권 풀을 근거로 발행한 CP는 특정 자산 풀의 신용에 기초하고 있어 자산담보부증권Asset-Backed Securities(이하 ABS)에 해당한다. 그런데 이 ABS가 만기가 짧은 CP 형식으로 발행되었다는 점에서 ABCPAsset-Backed CP(이하 ABCP)라고 한다. 이러한 증권화 과정을 통해 신용카드회사의 대차대조표 내에 있던 카드 매출채권은 ABCP 투자자에게 넘어간다. 동시에 유동성 없는 매출채권이 시장에서 거래 가능한 증권으로 전환된다. 유동성 없는 자산이 유동성 있는 자산으로 변한다는 점에서, 증권화를 자산유동화라고 부르기도 한다.

전술한 예는 신용카드 매출채권을 대상으로 한 증권화지만, 다른 자산 중에서도 증권화가 활발히 이루어지는 경우가 있다. 대표적인 것이 모기지론이다. 신용카드 채권과 달리 모기지론은 만기가 매우 길고, 이 기간 동안 차입자가 원리금을 갚지 못할 가능성도 있다. 이러한 점에서 은행 외부의 투자자 입장에서 볼 때 모기지론에는 상당한 정보 비대칭이 존재하고, 따라서 증권화가 쉽지 않을 수 있다.

그러나 모기지론은 무엇보다 주택이라는 담보 자산이 존재한다. 일부 차입자가 원리금 상환에 실패하더라도 담보 자산가격이 대출원금을 하회하지 않는 한 대출금 회수에는 문제가 없다. 게다가 다양한 모기지론을 풀링할 경우 위험분산 효과로 인해 손실 가능성은 크게 줄어든다. 이러한 점에 착안하여 은행은 다수의 모기지론을 대차대조표에서 들어내어 풀을 만들고, 이 풀에 근거한 ABS를 발행한다. 이때의 ABS는 특히 모기지론을 기초로 한다는 점에서 모기지담보부증권Mortgage-Backed Securities(이하 MBS)이라고 한다. 이후 모기지론 풀로 유입되는 대출원리금은 모두 MBS 투자자에게 귀속된다.

정리하면, ABS는 다양한 자산 풀을 근거로 발행하는 증권 전체를 아우르는 표현이다. ABS 중 풀에 포함되는 자산이 모기지론인 경우 이 ABS를 MBS라고 부른다(자산 유형에 따른 구분). 그리고 ABS 중에서 만기가 짧은 CP 형식으로 발행되는 증권이 ABCP이다(발행 증권의 만기에 따른 구분).

위장된 혁신: 서브프라임 모기지의 증권화

모기지론이 주종인 미국의 가계대출은 2000년대 들어 급증해 2006년에는 GDP 대비 99%가 되었다. 그런데 같은 시기 은행 대차대조표상의 가계대출은 GDP 대비 40%로 이전과 변함이 없었다.[1] 은행이 대규모 모기지론을 제공한 다음, 이들 대부분을 대차대조표에서 들어내어 증권화했음을 시사하는 대목이다. 2007년 기준 은행의 모기지론 가운데 70%가 증권화되었다는 통계가 이를 뒷받침한다.[2]

본래 증권화 대상 자산은 우량자산이어야 한다. 그래야만 은행 바깥의 투자자가 정보 비대칭에 대한 염려 없이 증권화된 자산을 매입할 수 있기 때문이다. 그런데 우량 차입자의 비중은 한정되어 있다. 단기간에 모기지론의 증권화가 큰 폭으로 늘어나기는 현실적으로 어렵다는 것이다. 그렇다면 2000년대 들어 모기지론 및 이를 담보로 하는 증권화가 유례없이 급증했다는 사실은 무엇을 의미할까.

1990년대 후반부터 미국 주택가격은 급격한 상승세를 탔다. 그 결과 1998년부터 2006년 후반까지 주택가격은 2배 넘게 올랐다.[3] 여기에는 연준의 저금리 정책이 크게 작용했다. 연준은 1990년대 내내 지속적인 저금리 정책을 펼쳤으며, 특히 닷컴버블 이후 자산시장 붕괴를 막기 위해 금리를 전례 없는 수준으로 낮추었다. 실제로 연준은 2000년 말 6%였던 기준금리를 불과 1년 후인 2001년 말 1%대로 낮추었고, 2004년까지 1%대의 기준금리를 밀고 나갔다.

저금리에 힘입어 주택시장 붐이 일자 은행들은 모기지론을 늘렸다. 그러나 시간이 흐르면서 우량 차입자는 상당 부분 소진되었다. 비록 느슨한 수준의 규제에 불과하지만, 자기자본비율 규제도 대출 확대의 발목을 잡았다. 주택시장 붐을 계기로 모기지론을 늘릴 수 있는 절호의 기회를 놓칠 판이었다.

이 대목에서 한계를 뛰어넘는 은행의 대담한 기지가 발휘된다. 안전망을 이용해 애초 원리금 상환이 불가능한 차입자에게도 모기지론을 제공하려는 것이었다. 그리고 자기자본비율 규제를 피하려면 이들 대출은 은행 밖에서 이루어져야 했다.

부분준비은행의 속성상 신용팽창 과정에서 불량 차입자에게 대출이 공급되는 것을 피하기는 어렵다.[4] 그럼에도 불구하고 적어도 우량 차입자를 골라내려는 최소한의 노력은 기울였다. 즉, 이전까지는 애초 불량 차입자에게 대출을 제공할 의도는 없었지만, 신용팽창의 결과 사후적으로 불량 차입자에게도 대출이 흘러갔을 뿐이다. 그런데 이제 안전망이라는 단맛을 경험한 은행들이 처음부터 불량 차입자를 타깃으로 대출을 늘리고자 마음먹은 것이다.

2002~2005년 기간 미국 전역의 모기지론 증가율과 소득 증가율 간의 상관계수는 음(-)이었는데, 이는 소득 증가율이 낮았던 지역에서 더 많은 모기지론이 공급되었음을 의미한다. 상환능력이 낮은 차입자들에게 더 많은 대출이 이루어진 셈이다. 1991~2011년 기간을 통틀어 대출 증가율과 소득 증가율 간의 관계가 음(-)인 기간은 이때가 유일했다.[5] 이를 통해 은행들이 처음부터 불량 차입자임을 인지하고도 대출을 늘리기 시작한 시점이 2000년대 초였음을 알 수 있다. 그리고 불량 차입자에게 제공된 대규모 모기지론은 대출 직후 죄다 증권화되었다. 그런데 우량자산이 아닌 불량자산을 기초로 하는 증권화가 어떻게 가능했을까.

그림자은행: 은행 밖에서 은행 복제하기

개략적인 과정은 이렇다.[6] 은행이 애초 원리금 상환 가능성이 없는 차입자에게 모기지론subprime mortgage loan(이하 서브프라임 모기지)을 대거 제공한다. 이러한 대출은 닌자NINJA; No Income, No Job, No Asset라고 불렸는데, 빚을 갚을 소득도 직업도 자산도 없는 차입자에 대한 대출이란 뜻이다. 당연히 이들 차입자는 대출이자도 제대로 낼 수 없는 자여서, 대출 초기 몇 년간은 아주 낮은 대출금리가 적용되었다. 소위 미끼금리teaser rates이다.[7]

불량 차입자에게 대출이 제공되고 나면 이들 대출은 곧바로 은행 대차대조표에서 들어낸다. 그리고 서브프라임 모기지를 저장warehousing하는 특수목적회사Special Purpose Company(이하 SPC)에 매각한다. SPC는 단지 수많은 서브프라임 모기지의 중간 창고 역할을 하는 것으로 서류상의 회사에 불과하다.

그런 다음 은행 계열 증권사의 ABS 데스크에서는 SPC가 갖고 있는 여러 지역의 서브프라임 모기지를 포장packaging해서 MBS를 만든다. 비록 불량 차입자에 대한 대출이지만 여러 지역에 걸친 대출을 풀링한 것인 만큼 위험분산 효과가 발생한다. 아니 위험분산 효과가 발생한다는 점을 보이기 위해 엔지니어링한다. 주택가격이 계속 상승 중이어서 담보가치가 충분하다는 점이 이러한 과정을 정당화한다.

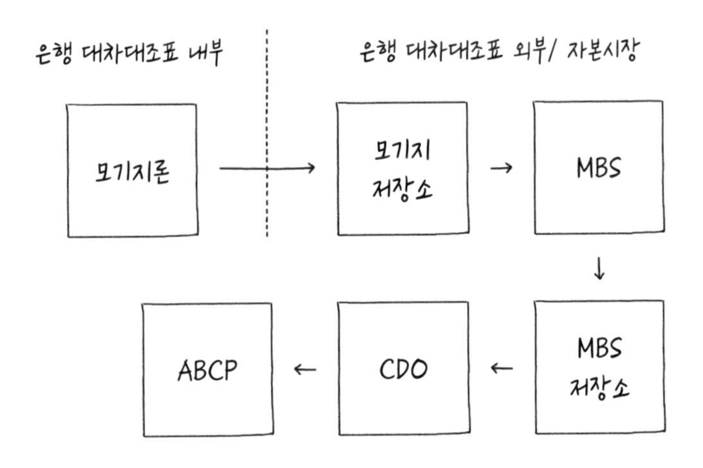

(그림 11-1) 서브프라임 모기지의 증권화 과정

그러나 MBS에 담긴 재료가 서브프라임 모기지임을 아는 한 투자자들은 이 MBS를 매입하려 하지 않는다. 추가적인 엔지니어링이 필요하다.

은행 계열 증권사는 자신이 만든 여러 건의 MBS를 한 번 더 풀링하고 패키징하여 부채담보부증권Collateralized Debt Obligation(이하 CDO)을 만든다. 참 복잡하다. 다양한 MBS를 풀링해 만든 것이 CDO인 만큼, MBS가 CDO로 전환되는 과정에서 추가적인 위험분산 효과가 발생한다. 애초 상환불가능 차입자를 대상으로 하는 대출이라는 점에서 위험분산 효과 운운은 허망한 소리에 불과하지만, 적어도 통계적으로는 그렇다. MBS, CDO의 두 번에 걸친 증권화 과정을 통해 이제 투자자들이 CDO에 담긴 물건이 정확히 무엇인지 추적하기란 불가능하다.

신용평가사들은 위험분산 효과를 인정해 높은 신용등급을 부여했다. 게다가 수익률도 높아 이젠 투자자들의 입질이 있을 만했다. 그러나 어떤 형태로든 서브프라임 모기지를 가공했다는 점에서 투자자의 불안은 완전히 가시지 않는다. 그래서 만기가 긴 CDO는 기피한다. 여차하면 투자금을 회수할 수 있는 만기가 짧은 상품을 원하는 것이다. 결국 투자자의 요구에 맞춰 CDO는 또다른 SPC에 넘겨지고, 이 SPC는 CDO를 담보로 ABCP를 발행한다. MBS, CDO를 거쳐 서브프라임 모기지가 마침내 투자자들이 원하는 단기 ABCP로 바뀐 것이다.

서브프라임 모기지가 투자자가 원하는 ABCP로 바뀌었지만, 이 과정이 대가 없이 이루어진 것은 결코 아니다. 당연한 얘기다. 중간에 아무리 그럴듯한 공정을 거친다 한들, 애초 재료가 쓰레기인데 어떻게 맛 좋고 영양가도 풍부한 음식이 만들어질 수 있겠는가. 다량의 첨가물이 더해지지 않는 이상 이러한 일은 일어나지 않는다.

첨가물을 적극 제공한 것은 다름 아닌 은행이었다. 은행은 자신의 대차대조표에서 서브프라임 모기지가 떠난 직후, 각 공정에서 필요로 하는 자금 조달을 지속적으로 지원했다. 예를 들어 모기지저장소의 경우 모기지를 은행으로부터 매입하려면 자금이 필요한데, 서브프라임 모기지 자산을 근거로 자금을 제공할 투자자는 없다. 이때 은행이 지급보증을 통해 저장소의 자금 조달이 용이하도록 도왔다. MBS 발행, MBS 저장소, CDO 발행 과정에서도 은행의 지급보증이 직간접적으로 제공되었음은 물론이다.

증권화 과정에서 제공된 전체 지급보증 중 은행의 지급보증은 70%에 달했다.[8] 은행 말고도 AIG와 같은 대형보험사도 지급보증을 제공했는데, 이들 보증기관은 은행과 다양한 거래관계를 맺고 있었다. 결국 대형보험사 등 여타 보증기관의 지급보증도 따지고 보면 은행에 제공되는 안전망에 간접적으로 기대고 있는 셈이었다.

(그림 11-1)을 보면, 자본시장에서 ABCP를 매입한 투자자가 서브프라임 모기지 차입자에게 자금을 제공한 것처럼 보인다. 그러나 서브프라임 모기지가 최종 투자자에게 도달하기까지 거의 모든 과정에 은행의 지급보증이 개입되어 있으며, 따라서 손실위험은 ABCP 투자자가 아니라 사실상 은행이 부담하는 구조이다. 이는 결국 은행의 전통적인 대출 업무가 장소를 옮겨 자본시장에서 이루어진 것에 불과하다. 은행업과 증권업 분리 규제 철폐로 자본시장으로 진출한 은행이, 은행 밖에서 은행의 행위를 똑같이 복제한 것이다. 다만, 위험이 낮은 것처럼 보이기 위해 여러 공정을 추가했을 뿐이다. 그림자은행shadow banking이란 말은 그래서 붙었다.[9]

유동성이 극히 낮은 모기지론을 유동성이 높은 ABCP로 바꾸는 것은, 유동성이 낮은 대출자산을 유동성이 높은 예금으로 바꾸는 만기변환 혹은 유동성공급에 다름 아니다. 그러나 이는 중앙은행의 최종대부자 기능, 예금보험 등의 안전망 없이는 지속될 수 없다. 결국 은행이 만기변환, 유동성공급 기능을 자본시장으로 끌고 나온 것은 자신에게 제공되는 안전망을 지렛대로 삼아 극단적인 수익을 추구하기 위함, 그 이상도 이하도 아니었다.[10] 그리고 이 과정에서 은행이 저장소, 증권사, 자산운용사 등에 지급보증을 제공한 행위는 마치 중앙은행이 민간은행에 최종대부자 역할을 하는 것과 유사하다. 대마불사가 된 은행이 자본시장에서 중앙은행 흉내를 내고 있었던 것이다.[11]

은행의 신용 보강으로 수익률과 유동성 모두를 갖춘 상품이 등장하자 시장은 환호했다. ABCP에 대한 수요가 급증하면서 ABCP의 재료가 되는 서브프라임 모기지가 부족한 지경에 이르렀다. 불량 차입자에 대한 대출을 더 일으켜야 했다. 가뜩이나 뜨거운 주택시장은 은행의 대출 확대로 후끈 달아올랐다. 불량 모기지를 우량 ABCP로 둔갑시키는 소시지 기계는 쉴 틈 없이 돌아갔다. 그 결과 2007년 그림자은행의 총부채는 22조 달러에 달했다. 같은 시기 은행의 총부채는 14조 달러였다.[12] 그림자은행의 규모가 은행 규모를 압도했다. 은행 규제가 적용되지 않는 사각지대에서 은행의 신용팽창은 이전보다 훨씬 더 큰 규모로 진행되고 있었던 것이다.

그림자은행을 계기로 유동성 낮은 자산을 유동성 높은 부채로 전환하는 만기변환, 유동성공급 모델이 자본시장에서 광범위하게 퍼져나갔다. 그러자 증권회사, 헤지펀드 등 자본시장의 다른 플레이어들도 은행의 모델을 경쟁적으로 채택했다.

본래 증권회사의 규모는 은행보다 훨씬 작았다. 증권회사의 고유모델은 자본시장에서 기업이 유가증권을 발행해 자금을 조달하는 것을 돕고, 이미 발행된 유가증권의 거래를 촉진하는 것이다. 따라서 은행처럼 대규모 자산과 부채가 필요하지 않았다. 그러나 2000년대 들어 증권회사의 대차대조표는 급격히 확대된다. 일례로 골드만삭스의 총자산은 2000~2007년 불과 7년 만에 4배가 되었다.[13] 단기간의 자산 팽창에 대규모 부채가 동원되었음은 물론이다. 그 결과 2007년 말 주요 투자은행의 레버리지는 30배를 넘었다. 뿐만 아니라 서브프라임CDO 등 유동성 낮은 자산을 대거 보유하면서, 이에 필요한 자금조달은 만기가 극히 짧은 단기 차입(대부분 1일)에 의존했다. 은행의 만기변환, 유동성공급 모델을 흉내내기 시작한 것이다. 일부 헤지펀드들도 유사한 전략[14]을 취했다.

은행의 증권업 겸업 및 그림자은행 확대는 금융 시스템 리스크 측면에서 중대한 의미를 지닌다. 은행이 자본시장으로 진출하면서 은행과 증권사, 헤지펀드, 생명보험사 등이 수많은 거래와 보증으로 거미줄처럼 엮이기 시작했다. 특히 그림자은행의 대규모 확산을 계기로, 은행이 주도하는 전체 금융 네트워크를 타고 서브프라임 모기지라는 독성자산이 광범위하게 퍼져 나갔다. 금융 시스템의 혈관 곳곳으로 악성 바이러스가 대량 침투한 것이다. 여기에다 은행의 만기변환 모델이 일종의 표준norm이 되면서, 증권사, 헤지펀드 등 자본시장의 금융기관들도 은행화되어 갔다. 본래 런과는 무관한 영역이었던 자본시장 중개기관들이 런의 위험에 노출되기 시작한 것이다. 이제 전체 금융 시스템 붕괴는 바로 문 앞까지 와 있었다.

대붕괴와 글로벌 금융위기

미국 주택가격은 2005년 15% 상승하면서 3년 연속 두 자릿수 상승세를 이어갔다. 그러나 2006년 봄 정점에 달한 주택가격은 2007년부터 본격적인 하락 국면에 진입했다. 주택가격은 2007년 9%, 2008년 17% 하락했으며, 2009년 말에는 2006년 정점 대비 28% 하락했다. 주택시장 붐이 특히 심했던 라스베이거스Las Vegas의 주택가격은 정점 대비 55% 하락했다.

주택가격이 가파르게 하락하면서 모기지론 중 90일 이상 연체된 대출의 비중은 2000년 초 1%에서 2009년 말 10%로 상승했다. 그중에서도 미끼금리가 적용된 서브프라임 모기지의 연체율 상승이 특히 두드러져 2007년 20%, 2009년 말에는 40%에 달했다.[15]

주목할 점은 모기지론의 연체율 상승이 자산 규모 1조 달러 이상의 초대형은행에 집중되었다는 것이다. 90일 이상 연체된 모기지론이 은행 총자산에서 차지하는 비중은 2000~2009년 기간 16배 상승했는데, 중소형은행에서는 거의 변화가 없었다.[16] 애초 상환능력이 없는 고객을 대상으로 하는 서브프라임 모기지 시장이, 대마불사라는 우월적 지위를 획득한 초대형은행만의 놀이터였다는 사실이 드러난 것이다.

사정이 급박하게 돌아가자 한때 MBS, CDO, ABCP에 높은 등급을 부여했던 신용평가회사의 태도가 돌변했다. 서브프라임 모기지를 패키징한 MBS의 신용등급을 우선적으로 낮췄고, 이어 MBS를 재료로 만든 CDO 등급을 내렸다. 그럼에도 불구하고 뱅크런은 없었다. 은행에 주어지는 안전망 덕분이었다. 결국 런은 약한 고리인 자본시장에서 시작됐다.

MBS, CDO를 들고 있던 헤지펀드에서 대량 환매redemption가 벌어졌고, 다급해진 헤지펀드는 환매 수요에 대응할 현금을 마련하느라 보유 자산을 닥치는 대로 팔아 치웠다. 그 결과 MBS, CDO는 물론 우량자산까지 가격이 폭락했다. MBS, CDO를 비롯한 수많은 자산을 담보로 초단기 차입(주로 1일)에 의존하던 투자은행의 사정은 더욱 열악했다. 레버리지 30배의 투자은행들이 보유한 자산가격이 하락하자, 하루짜리 대출을 제공하던 기관투자자들이 일제히 자금을 회수하기 시작했다. 투자은행에서 런이 발생한 것이다.

그 결과 유서 깊은 투자은행인 베어스턴스Bear Stearns, 메릴린치Merrill Lynch, 리먼브라더스Lehman Brothers가 파산했다. 이들이 파산한 이유는, 안전망이 제공되지 않는 자본시장에서 높은 레버리지와 만기변환이 결합된 은행의 모델을 흉내 냈기 때문이다. 이 중 베어스턴스와 메릴린치는 정부와 연준 주도하에 각각 은행지주회사인 제이피모건체이스JPMorgan Chase와 뱅크오브아메리카Bank of America에 인수되었다. 덕분에 파산한 투자은행의 채권자도 보호되었다. 안전망 밖에 있던 투자은행을 은행그룹에 인수시킴으로써 투자은행 채권자에게도 안전망을 제공한 것이다. 골드만삭스와 모건스탠리는 은행지주회사로 전환되었는데 이는 연준의 자금 지원 명분을 만들기 위함이었다. 이 와중에도 기존의 은행 계열 투자은행은 별 어려움을 겪지 않았다. 당연히 안전망 덕분이었다.

서브프라임 모기지 공장에서 생산된 ABCP를 사들인 MMF에서도 런이 발생했다. 그러자 정부는 MMF 투자자에게도 지급보증을 선언함으로써 런을 종식시켰다. 전례가 없는 일이었다. 뿐만 아니라 은행과 더불어 대규모 지급보증을 제공한 세계 최대 보험사 AIG도 구제되었다. 이 또한 전례가 없었다. AIG가 파산할 경우 수많은 계약으로 맞물린 은행과 투자은행까지 파산할 것을 우려했기 때문이다. 그리고 정부는 CPFF, TALF, TSLF, TAF, PDCF, MMIFF 등, 정신을 차리기 어려울 정도로 수많은 지원프로그램을 급조해, 서브프라임 모기지 공장에 연루된 모든 금융기관을 빠짐없이 구제했다.[17] 전례 없는 대응의 연속이었다. 우려했던 대로 안전망이 은행을 넘어 전체 금융권까지 무차별적으로 확대된 것이다.

서브프라임 모기지 공장의 시작점인 은행은 어떻게 되었을까. 자본시장도 구제했는데 은행은 말할 필요가 없었다. 은행 파산 건수는 2007년 3건에서 2008년 25건, 2009년 140건, 2010년 157건으로 증가했다. 그러나 파산 은행은 대부분 중소형은행이었으며, 이들 은행의 자산과 부채가 대형은행에 인수되면서 채권자도 모두 구제되었다.

중소형은행과 달리 대형은행, 특히 초대형은행에는 위기 발발과 거의 동시에 압도적 지원이 제공되었다. 당시 초대형은행의 위기는 유동성 위기가 아닌 지급불능 위기였다. 높은 레버리지를 바탕으로 막장 수준의 위험을 추구했으니 당연한 결과였다. 미국 정부는 이를 감안하여 은행의 부채를 지급보증하는 한편, 자본을 직접 주입함으로

써 구멍난 자기자본을 메꾸었다.[18]

연준은 은행으로부터 자산을 직접 매입하거나 이들 자산을 담보로 대출함으로써 본원통화를 대량 공급했다. 그 결과 2007년 말 8천억 달러 남짓한 수준이던 본원통화량은 2010년 2조 달러로 폭증했고, 2014년에는 그 2배인 4조 달러까지 치솟았다. 2007년 이후 불과 7년간 늘어난 본원통화량이 이전 50년간 늘어난 본원통화량의 4배에 달했다.[19] 글자 그대로 본원통화의 바다였다. FDIC도 기존의 예금보호한도를 예금자당 10만 달러에서 25만 달러로 2배 이상 높였다.

그 결과 유동성공급, 지급보증, 자본주입 등을 포함한 안전망의 크기는 GDP의 73%에 달했다. 미국 역사상 최대 규모의 구출 작전이었다. 영국도 사정은 비슷해 급조된 수많은 프로그램을 통해 제공된 안전망의 크기는 GDP의 74%였다. 유럽의 주요 국가 역시 정도는 덜했지만 은행을 비롯한 금융 시스템 구제에 막대한 안전망을 제공했다.

전대미문의 금융위기는 실물경제의 성장잠재력을 갉아먹었다. 금융위기로 심각한 불황이 도래할 경우, 경제의 체력이 훼손되면서 경제성장률이 기존의 궤도에서 이탈하기 때문이다. 한 추정에 따르면 2008년 금융위기로 인한 성장잠재력 훼손은 선진국의 경우 GDP의 24.8%, 나머지 국가의 경우 GDP의 4.7%에 달했다. 선진국의 성장잠재력 훼손이 훨씬 심하다는 점이 주목할 만하다. 개도국 중에서는 아이슬란드, 아일랜드, 라트비아의 성장잠재력 훼손이 컸는데, 이들 나라는 위기 직전 금융 부문이 급속하게 성장했다는 공통점을 지니고 있었다.[20]

안전망, 금융위기의 근원

2008년 금융위기가 대공황 이후 최대의 위기가 된 데는 몇 가지 요인이 함께 작용했다. 글로벌 금융위기는 대마불사가 된 은행, 은행과 자본시장 간의 연계 강화, 이러한 연계 구조를 따라 확산된 독성자산 등이 한데 어우러진 결과다. 그러나 위기의 근원적인 출발점은 안전망과 이에 따른 모럴해저드다. 안전망이 제공되지 않았다면 대마불사는 없었을 것이며, 이후에 전개된 사건들도 결코 일어나지 않았을 것이기 때문이다. 부분준비은행 제도의 불안을 잠재우기 위한 안전망이, 이제는 은행 위기, 아니 전체 금융 시스템 위기를 초래하는 가장 큰 원인이 된 셈이다.

2008년 위기를 계기로 안전망이 전 금융권으로 확대된 만큼, 이제는 모든 금융권역에서 안전망을 남용하려는 유인이 광범위하게 확산될 것이다. 그리고 이로 인한 금융 시스템의 비효율은 감당하기 힘든 수준에 이를 것이다. 비효율이 극에 달해도 안전망 덕분에 금융기관이 퇴출되지 않는 시장, 돈을 빌려주면서 최소한의 주의와 노력도 기울이지 않은 채권자가 모두 구제받는 시장, 이런 시장이 과연 정상적으로 작동할 수 있겠는가. "파산 없는 자본주의는 지옥 없는 가톨릭과 같다"는 격언을 굳이 떠올리지 않더라도, 안전망의 무한 확대가 가져올 경제적, 사회적 폐해를 가늠하기는 어렵지 않다.

5부

과잉금융의 시대

12장

신용팽창을 넘어 과잉금융으로

우리가 저축을 한다는 것은 잉여생산물을 시장에 내다팔아 받은 돈을 금융기관에 빌려주는 것을 의미한다. 그리고 금융기관은 이 돈을 다른 사람에게 대출하는데, 차입자는 빌린 돈으로 자신이 필요로 하는 또다른 잉여생산물을 구입함으로써 소비에 충당하거나 생산 활동에 투입한다. 이처럼 금융기관을 통해 돈을 빌려주고 돈을 차입하는 이면에는 잉여생산물의 저축 및 차입이 자리한다. 다종다양한 잉여생산물을 빌려주고 차입하기 위해 편의상 돈이라는 단일한 매개 수단을 사용할 뿐, 금융기관의 대차 행위는 잉여생산물의 대차 행위와 다를 바 없다는 것이다. 이러한 논의를 따를 때, 순수 중개기관의 대출은 한 사회의 잉여생산물 총량, 즉 총생산GDP을 넘어설 수 없다. 당연한 말이다. 이미 충분한 대출이 이루어져 더이상 남은 잉여생산물이 존재하지 않는데 무엇을 더 빌려준다는 말인가.

신용팽창과 과잉금융

은행은 종종 총생산보다 더 많은 대출을 제공한다. 먼저 돈(본원통화)을 차입한 후 대출하는 것이 아니라, 대출을 통해 스스로 돈(파생통화, 예금)을 만들어내는 부분준비은행 특유의 속성 때문이다. 부분준비은행에 의해 총생산보다 더 많은 대출이 공급되는 현상이 바로 신용팽창이다. 신용팽창은 극심한 경기변동과 자산시장의 버블 및 붕괴를 야기함으로써, 실물경제를 신용팽창 이전보다 열악한 수준으로 내몬다. 뿐만 아니라 한바탕 신용팽창 사이클이 지나고 나면 가진 자와 못 가진 자의 격차가 확대되면서 사회, 정치적 불안이 심화된다. 신용팽창은 경제와 사회 모든 측면에서 상당한 후유증을 남기는 것이다. 하지만 신용팽창에도 한계는 있다. 뒤늦게나마 뱅크런이 발생함으로써 신용팽창 과정을 급작스럽게 종식시키기 때문이다.

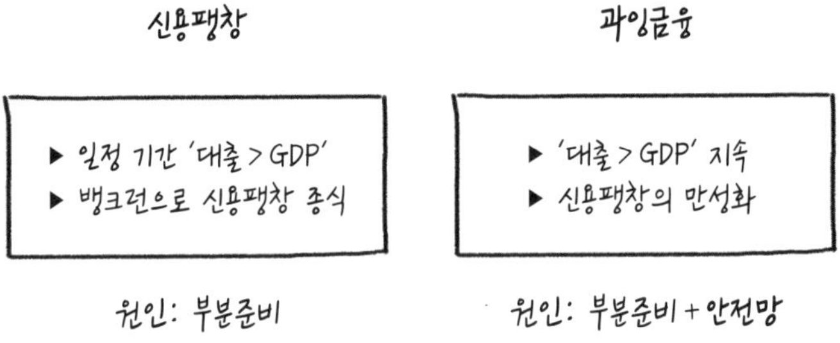

신용팽창

▶ 일정 기간 '대출 > GDP'
▶ 뱅크런으로 신용팽창 종식

원인: 부분준비

과잉금융

▶ '대출 > GDP' 지속
▶ 신용팽창의 만성화

원인: 부분준비 + 안전망

(그림 12-1) 신용팽창과 과잉금융

그러나 안전망이 도입되면서 모든 것이 바뀌었다. 안전망으로 인해 뱅크런이 사라진다면 총생산을 넘어서는 대출, 즉 신용팽창은 시정되지 않는다. 이 책에서는 안전망에 기대 신용팽창이 장기간, 그리고 구조적으로 지속되는 현상을 과잉금융이라고 부르기로 한다(그림 12-1).

과잉금융의 증거

금융기관의 민간여신domestic credit to private sector을 GDP로 나눈 값(=민간여신/GDP)[1]의 전 세계 평균은 1960년 54%였으며 1980년에도 74% 수준에 머물러 있었다. 그러나 이후 급격히 상승해 1990년 100%를 넘어섰다. 그리고 글로벌 금융위기 직전인 2007년에는 128%, 2020년에는 147%를 기록했다. 1990년 이후 30년 넘게 민간여신이 GDP를 초과하는 현상, 즉 과잉금융이 지속되고 있는 것이다.

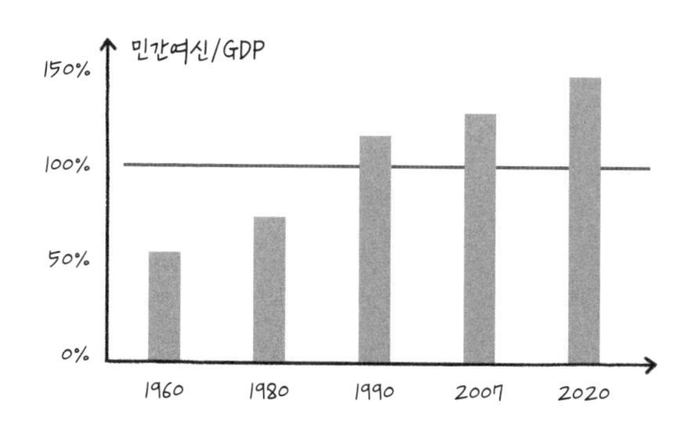

(그림 12-2) GDP 대비 민간여신 추이 (전 세계 평균)[2]

과잉금융을 주도하는 곳은 경제 선진국들이다. 미국의 GDP 대비 민간여신 비율은 1960년 71%, 1980년 94%로 전 세계 평균보다 약간 높은 수준이었으나, 1990년 이후 급격히 상승하여 2007년 206%, 2020년 216%에 달했다. 경제규모가 가장 크고 금융이 가장 선진화되었다고 평가되는 미국이 전 세계 평균값을 큰 폭으로 끌어올리고 있는 것이다.

주목할 만한 또다른 사례는 중국이다. 중국의 GDP 대비 민간여신은 2007년 106%로 전 세계 평균을 밑돌았으나, 이후 급격히 상승하여 2020년 183%로 전 세계 평균을 크게 추월했다. 글로벌 금융위기 이후 중국의 과잉금융이 심화되고 있음을 확인할 수 있는 대목이다. 이쯤에서 과잉금융이 갖는 의미를 곱씹어보기로 하자.

과잉금융, 허상의 청구권

한 사회에서 대출의 상한선은 잉여생산물의 총합, 즉 GDP이다. 그리고 대출금 상환이 이루어질 때마다 대출 규모는 감소한다. 이러한 점에서 한 사회의 대출 총액은 GDP 규모 이내에서 등락을 거듭할 것으로 기대된다.

정상적인 경우라면 대출이 GDP를 초과하는 일은 있을 수 없다. 그러나 은행의 대출은 GDP를 쉽게 넘어선다. 실물저축에 얽매이지 않고 스스로 대출을 만들어낼 수 있기 때문이다. 그리고 은행 간 대출 확대 경쟁의 와중에 불량 차입자에게도 대출이 흘러간다. 그러나 머지않아 차입자가 대출금 상환에 실패하면서 뱅크런이 발생하고, 신용팽창 과정은 신용수축 과정으로 돌변한다. 그 결과 대출 총액은 다시 GDP 범위 이내로 복귀한다.

그런데 1990년 이후 대출 총액은 GDP 범위 이내로 복귀하지 않고 오히려 계속해서 늘어나고 있다. 이러한 현상이 가능하려면 다음의 세 가지 조건이 충족되어야 한다. 첫째, 다수의 차입자가 잉여생산물 산출에 실패해 대출금 상환이 이루어지지 않는다. 둘째, 은행의 건전성 악화에도 불구하고 뱅크런이 일어나지 않는다. 셋째, 이러한 상태에서 상환능력이 없는 차입자에게 대출이 추가로 제공된다.

놀랍게도, 오늘날 전술한 세 가지 조건은 빠짐없이 충족되고 있다. 불사의 몸이 된 은행이 안전망을 뒷배 삼아 차입자의 상환능력을 신경쓰지 않고 계속해서 대출을 늘릴 수 있기 때문이다. 아니 늘려야 한다. 그래야만 더 많은 시뇨리지를 얻을 수 있다. 안전망에 기댄 은행이 상환능력 없는 차입자에 대한 대출청구권을 지속적으로 누적시키는 행위, 이것이 바로 과잉금융의 본질이다.

오늘날 우리가 보유하는 금융자산의 상당 부분은 은행예금, 혹은 은행이 발행한 채권, 은행이 직간접적으로 보증한 증권 등으로 구성되어 있다. 그러나 이들 금융자산은 애초 상환능력이 없는 차입자에 대한 청구권에 기초한다. 이러한 점에서 이들 금융자산은 허깨비에 불과하다. 잉여생산물 혹은 소득창출을 통해 차입자에서 저축자로 바뀔 가능성이 없는 기업이나 가계에 대출을 계속 늘린 들, 이러한 청구권이 무슨 의미가 있겠는가.

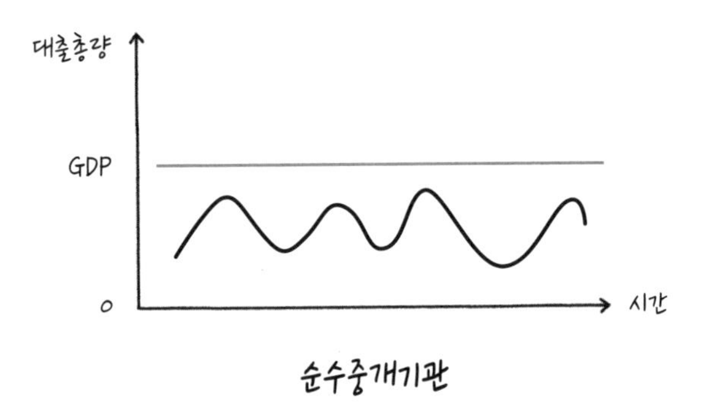

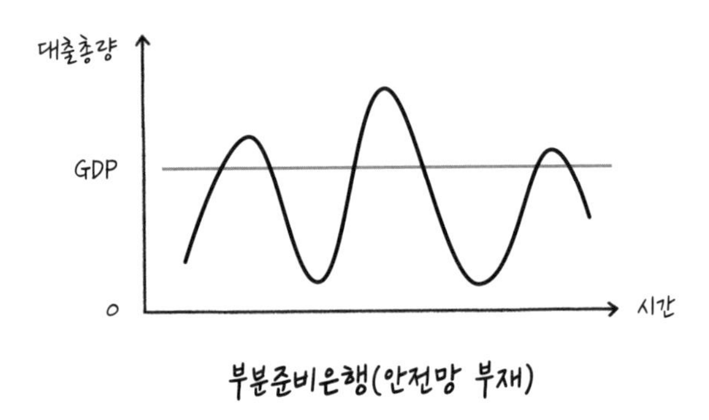

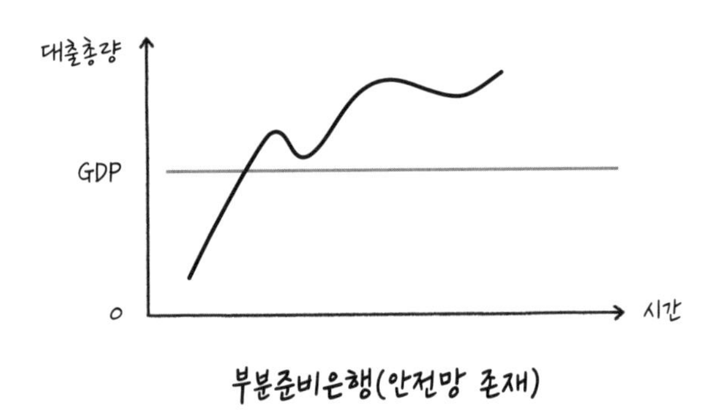

(그림 12-3) 중개기관 유형별 대출 총량의 변화

글로벌 불균형, 과잉금융의 글로벌 버전

2008년 글로벌 금융위기 원인의 하나로 글로벌 불균형global imbalance이 지목된다.[3] 글로벌 불균형이란 경상수지 적자국과 경상수지 흑자국이 고착화되는 현상을 의미한다. 미국은 만성적 경상수지 적자국이다. 다른 나라에 내다파는 잉여생산물보다 다른 나라에서 수입하는 잉여생산물이 항상 더 많다는 말이다. 미국이 만성적 경상수지 적자국이라면 미국에 잉여생산물을 계속 공급하는 경상수지 흑자국이 있어야 한다. 중국, 독일, 일본 등이 그들이다.

경상수지의 지속적 불균형은 잉여생산물의 생산과 소비, 즉 실물 부문의 불균형에 해당한다. 이러한 실물 부문의 불균형은 금융 부문에서도 미러 이미지를 만들어낸다.

한 국가가 만성적 경상수지 적자를 겪고 있다면 사실상 차입(즉 수입)한 잉여생산물을 상환할 능력이 없음을 뜻한다. 상환능력이 없는 국가가 계속 잉여생산물을 소비할 수 있는 것은, 만성 흑자국이 자국의 잉여생산물을 소비할 수 있도록 대출을 제공하기 때문이다. 즉, 중국, 독일, 일본 등 주요 수출국은 미 달러화 혹은 달러 표시 청구권(미국 입장에서는 부채)을 받고 자신의 잉여생산물을 계속해서 넘겨주고 있는 것이다. 그런데 미국은 만성 적자국이라는 점에서 잉여생산물 창출을 통해 부채(흑자국 보유 달러화, 달러 표시 청구권)를 갚을 길이 없다. 이러한 점에서 경상수지 흑자국이 보유한 대규모 달러화 및 달러 표시 청구권은 허상의 청구권, 가짜 청구권에 지나지 않는다.

증권화를 통한 금융혁신도 미국의 경상수지 적자 누적과 관련이 있다. 2008년 글로벌 금융위기 발발 직전 시점에서 전 세계 GDP 대비 총경상수지 적자 규모는 10년 전 대비 4배로 급증했다.[4] 그리고 이 중 약 3분의 2가 미국의 경상수지 적자 확대에 기인한다.[5] 이는 중국, 독일 등 경상수지 흑자국이 잉여생산물을 미국에 제공하는 대가로 받아야 하는 미 달러화 혹은 달러 표시 자산이 더 많이 필요함을 의미한다. 그동안 경상수지 흑자국은 잉여생산물을 제공하고 받은 달러화를 주로 미 국채에 투자해왔다. 그러나 당시 흑자국이 원하는 안전자산(사실은 전혀 안전하지 않지만)인 미 국채의 양은 미국의 급증하는 잉여생산물 수입량에 비해 턱없이 부족했다. 이로 인해 어떤 식으로든 흑자국이 원하는 안전한 금융자산 공급이 늘어나야 했다. 증권화와 금융공학을 통해 불량자산을 마치 안전한 자산인 양 포장하는 금융혁신이 성행한 것은 이러한 맥락에서 설명된다.[6]

그러나 글로벌 불균형 심화에 따른 조정은 불가피했다. 달러화 가치가 폭락하든지, 아니면 미국 금융시장이 붕괴하든지 선택지만 존재할 뿐이었다.[7] 조정은 후자로 나타났다. 미 달러화가 기축통화인 관계로 흑자국들은 계속해서 미 달러화를 준비자산으로 집적하기를 원했고[8], 이에 따라 만성적인 경상수지 적자에도 불구하고 미 달러화는 그 지위를 상실하지 않았다. 결국 미 달러화 폭락 대신 서브프라임 증권을 보유한 헤지펀드, MMF, 투자은행 등 자본시장 중개기관에서 런이 발생했다. 이에 따라 미국 금융시장, 그리고 이와 연계된 전 세계 금융시장은 커다란 파열음을 일으키며 전대미문의 글로벌 금융위기를 맞

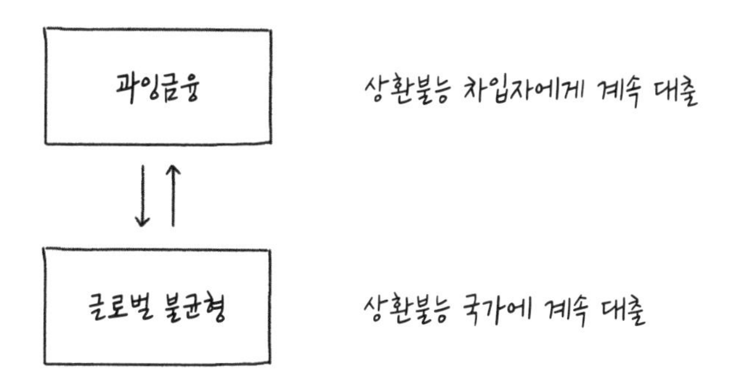

(그림 12-4) 과잉금융과 글로벌 불균형

이한 것이다.

과잉금융은 개별 국가 차원, 글로벌 불균형은 글로벌 차원에서의 신용팽창 지속을 의미한다. 그런데 이 둘은 상호 긴밀히 연계되어 있다. 미국의 은행은 안전망을 뒷배 삼아 상환능력 없는 차입자들에게 지속적으로 대출을 공급한다.[9] 서브프라임 모기지가 대표적인 사례다. 이러한 대출 덕분에 미국 차입자들은 소득창출능력(즉, 상환능력)이 없음에도 불구하고 해외의 잉여생산물을 계속해서 소비한다. 경상수지 흑자국은 미국 은행의 지속적 신용팽창, 즉 과잉금융에 힘입어 자신의 잉여생산물을 계속 수출할 수 있었던 것이다.

만약 미국 내에서 과잉금융이 제공되지 않았다면 미국의 기업과 가계는 더이상 수입 잉여생산물의 투자와 소비를 지속할 수 없었을 것이다. 이에 따라 미국의 경상수지 적자는 감소하고, 잉여생산물 수요 감소에 직면한 흑자국의 생산 활동 축소로 경상수지 흑자도 감소했을 것이다. 당연히 글로벌 불균형도 점차 시정되었을 것이다. 그러나 여타 국가와 달리 미국이 기축통화국이라는 사실이 이러한 가능성을 제거해 버렸다. 미국의 만성적 경상수지 적자에도 불구하고 흑자국들은 달러화나 달러자산을 받고 잉여생산물을 기꺼이 제공했다. 바로 이 때문에 미국에서는 다른 나라가 상상하기 힘든 수준의 신용팽창이 지속될 수 있었던 것이다.

이러한 논의는 자국 통화의 기축통화 여부와 해당 국가의 과잉금융 정도가 비례관계에 있을 것임을 추론케 한다. 실제로 GDP 대비 민간여신 비율은 미국에서 가장 높다. 일본, 중국, 영국은 미국보다는 덜하지만 과잉금융의 정도는 세계 평균을 훨씬 웃도는 것으로 나타난다. 아마도, 이들 국가의 통화가 준기축통화의 지위를 확보하고 있는 점과 관련이 있을 것이다.

과잉금융을 추동하는 또다른 요인, 자산시장

과잉금융은 상환능력이 없는 차입자에게 꾸준히 대출을 제공함으로써 잉여생산물을 계속해서 투자하거나(기업) 소비할(가계) 수 있도록 하는 데 원인이 있다. 그러나 잉여생산물 투자 및 소비를 위한 대출 확대만으로는 현재의 과잉금융 추세를 온전히 설명하기 어렵다. 기업이나 가계 모두 잉여생산물을 소비하는 데는 물리적 한계가 있기 때문이다.

예를 들어 한 차입자가 은행에서 돈을 빌려 스마트폰을 구입한다고 한들 몇 개나 구입하겠는가. 또한 생계형 차입자가 차입을 통해 음식을 소비한들 얼마나 소비할 수 있겠는가. 이처럼 적자 기업 혹은 적자 가계가 차입을 통해 잉여생산물을 소비하는 데는 물리적 한계가 있고, 그 결과 과잉금융에도 한계가 있을 수밖에 없다. 그런데 1990년대 이후 많은 나라에서 과잉금융이 지속되고, 과잉금융 정도 또한 시간이 갈수록 심화되고 있다. 이는 지금의 과잉금융을 야기한 또다른 요인이 있음을 시사한다. 바로 자산시장이다.

오늘날 은행을 필두로 대부분의 금융기관은 주택이나 주식 등 기존 자산 매입을 위한 대출을 공격적으로 제공한다. 그리고 이러한 대출 제공에 힘입어 기존 자산의 가격이 상승한다. 은행 입장에서 담보자산의 가격이 상승했으므로 차입자의 상환능력이 개선되었다고 판단, 추가로 대출을 제공한다. 그 결과 자산가격은 더욱 상승한다. 이처럼 기존 자산을 매개로 이루어지는 대출은 자산가격 상승과의 상호작용을 통해 신용팽창의 한계를 제거한다.

(그림 12-5)에는 미국의 과잉금융과 자산가격의 관계가 나타나 있다. 이에 따르면 과잉금융 정도와 주택가격 사이에는 뚜렷한 양의 상관관계가 존재한다. 글로벌 금융위기를 계기로 과잉금융 정도가 약화되면서 주택가격도 하락했으나, 이후 과잉금융 정도가 재차 심화되자 주택가격은 다시 큰 폭으로 상승하고 있다. 주가지수 역시 비슷한 패턴을 보인다. 과잉금융 정도와 자산가격 사이의 이러한 패턴은 거의 전 세계에 걸쳐 공통적으로 발견된다.

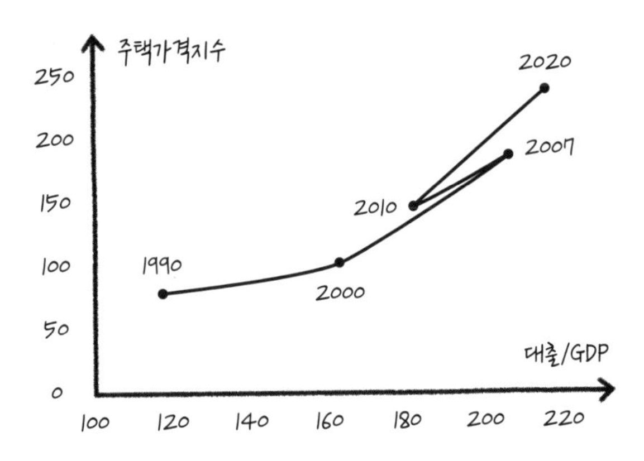

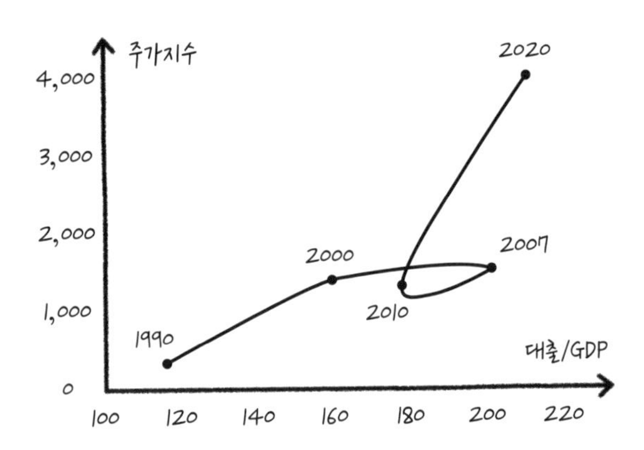

(그림 12-5) 과잉금융과 자산가격의 관계 (미국)[10]
주택가격지수: S&P/Case-Shiller US National Home Price Index, 주가지수: S&P500

결론적으로 오늘날 신용팽창 및 과잉금융의 심화에는 상환불능 차입자에 대한 대출 및 자산 매입(비생산적)을 위한 대출, 이 두 가지 요인이 함께 작용한다. 그리고 그 영향의 크기는 후자, 즉 자산 매입을 위한 대출이 월등히 크다.

금융에 바치는 상찬

가난한 자의 기회 부족, 불평등한 소득 분배, 산업의 과도한 집중 등 흔히 자본주의의 폐해라고 지목되는 것들의 원인은 상당 부분 금융 부족에 기인한다.[11] 맞는 말이다. 새로운 기술과 아이디어를 바탕으로 열심을 다하고자 해도 금융이 제공되지 않는다면 아무 소용이 없다. 금융에 대한 접근성이 계층 이동, 중산층 확대, 경제력 집중 완화 등에 긍정적 영향을 줄 수 있는 것이다. 이런 측면에서 금융 발전의 중요성을 부정하기는 어렵다. 실제로 과거 금융 발전이 경제성장, 즉 실물경제의 부가가치 창출에 긍정적인 기여를 했다는 다수의 연구 결과는 금융의 중요성을 입증하고 있다.[12]

문제는 금융에 대한 우호적 견해가 학자와 정책당국 머리 깊숙이 뿌리내리면서, 금융에 대한 맹목적 믿음이 생겨났다는 점이다. 그 결과 금융은 무조건 많을수록 좋다는 견해가 똬리를 틀었다. 일례로, 금융 발전과 관련한 대부분의 문헌은 [민간여신/GDP] 지표를 금융심화도degree of financial deepening라고 부른다. 지표의 명칭 자체에 이미 금융은 다다익선이라는 생각이 강하게 깔려 있음을 알 수 있다. 그러나 앞

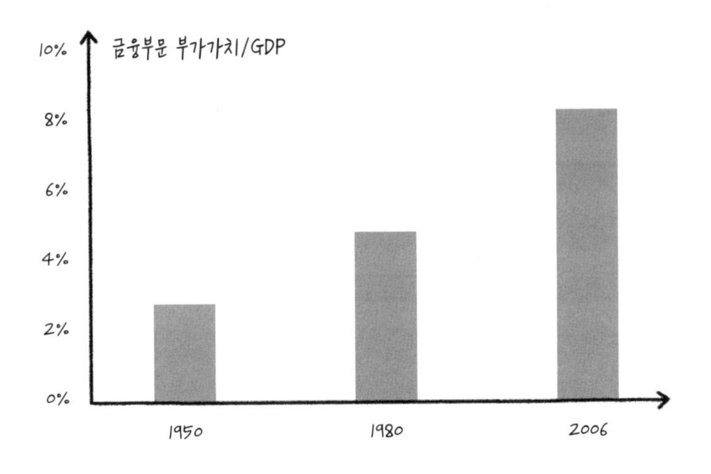

(그림 12-6) 미국 금융산업이 총생산에서 차지하는 비중

서 살펴본 것처럼 과잉금융은 허상의 청구권 누적, 실물경제와 동떨어진 자산시장 버블 및 붕괴를 야기함으로써 경제에 오히려 해를 끼친다. 과유불급은 금융에도 똑같이 적용된다.

그럼에도 불구하고 2008년 글로벌 금융위기 발발 직전까지 금융에 대한 맹목적 믿음은 지속적으로 강화되었다. 이에 따라 일부 학자와 정책입안자들은, 금융이 단순히 성장 기회의 사장을 막는 데 머물지 않고, 실물경제와는 별개로 스스로 부가가치를 창출한다는 과감한 결론을 내리기에 이르렀다. 그러나 당시 이러한 생각이 터무니없는 것이라는 주장은 찾아보기 어려웠다. 그도 그럴 것이, 금융 부문이 총생산 혹은 총부가가치(GDP)에서 차지하는 비중이 지속적으로 높아지고 있었기 때문이다.

1950년 미국 금융 부문의 부가가치는 GDP의 2.8%였다. 그러나 이 비중은 1980년 4.9%, 2006년에는 8.3%까지 치솟았다.[13] 영국의 사정은 미국보다 더 심해 2006년 9.4%에 달했다.[14] 다른 나라의 사정도 크게 다르지 않았다. 이는 실물경제에 비해 금융 부문의 부가가치가 훨씬 빠른 속도로 늘어나는 것이 전 세계적 현상이었음을 시사한다.

생산성을 살펴봐도 결과는 마찬가지였다.[15] 1995~2007년 동안 다수의 선진국에서는 금융 부문의 생산성이 경제 전체의 생산성을 압도했다. 이런 점에서 글로벌 금융위기 발발 직전까지 금융 부문은 생산성 기적productivity miracle을 경험했다고 해도 과언이 아니다.[16] 그 결과 금융은 실물경제의 성장을 보조하는 데 그치지 않고 그 자체가 성장 엔진이라는 견해가 팽배했다. 금융 부문의 성장을 통해 국가경제 전체의 부가가치, 즉 총생산을 빠른 속도로 늘릴 수 있다는 기대가 형성되기에 이른 것이다. 그리고 이러한 기대는 금융이 마음껏 활동할 수 있도록 규제를 완화해야 한다는 주장으로 이어졌다.[17] "월스트리트에 좋은 것이 바로 미국에 좋은 것"이라는 생각은 그렇게 워싱턴 엘리트의 보편적 세계관으로 편입되었다.[18]

금융 유토피아의 실체

금융 부문의 부가가치 비중 확대, 생산성 기적은 개별 은행 차원에서는 높은 수익률로 확인된다. 실제로 주요 글로벌 은행의 ROE(=순이익/자기자본)는 1989년 8%에서 2007년에는 22%로 급등했다.[19] 1990년 이후 은행 ROE가 약 3배로 늘어난 것이다. 그런데 같은 기간 ROE의 변동성 또한 3배로 늘어났다.[20] 은행의 수익률이 대폭 상승했지만 수익률의 안정성은 크게 하락했다는 뜻이다. 이는 은행의 이익 증가가 극히 불안정한 토대 위에서 이루어졌음을 시사한다.

'ROE=ROA(순이익/총자산)×레버리지(총자산/자기자본)'라는 점을 상기하자(9장 참고). 이 식에 따르면 레버리지를 높이기만 해도 ROE는 기계적으로 상승한다. 그런데 1990년 이후 은행 규모가 폭발적으로 성장하면서 2007년 말 글로벌 초대형은행의 레버리지는 평균 50배를 넘어섰다. 일부 은행의 경우에는 60~90배에 이르기도 했다.[21] 이처럼 극단적으로 높은 레버리지에서는 여차하면 지급불능 상태에 이른다. 아니 이 정도라면 사실상 지급불능 상태와 다르지 않다.

결국 1990년대 이후 은행의 높은 ROE는 파산을 담보로 벌인 무모한 게임의 결과였던 셈이다. 은행이 이처럼 과감한 게임을 벌일 수 있었던 것은 당연히 안전망 때문이다. 무한 안전망으로 파산 가능성이 제거된 상태라면, 레버리지를 극한 수준까지 몰고 가는 것이 은행 경영진과 주주에게는 가장 합리적 선택이다.

위험자산의 편입도 은행의 ROE 신화를 만들어내는 데 기여했다. 글로벌 금융위기 직전 글로벌 초대형은행의 자산과 부채에서 대출과 예금이 차지하는 비중은 20%에도 미치지 못했다.[22] 나머지 자산과 부채는 상당 부분 트레이딩을 위한 것이었다. 안전망을 십분 활용하여 고위험자산 트레이딩에 나섬으로써 시세차익을 얻는 데 몰두한 것이다.

결국 은행의 ROE 신화는 높은 레버리지(부채 측면), 고위험 트레이딩 자산 증가(자산 측면)라는 극단적 위험 추구의 결과에 다름 아니다. 은행의 높은 이익률, 이에 따른 금융 부문 부가가치의 급증, 나아가 금융 부문의 생산성 기적은 그 이면에 감추어진 위험을 간과한, 착시risk illusion에 불과했다.[23] 그리고 잠복한 위험이 계속 누적되어 임계점에 도달하는 순간 전체 금융 시스템은 한 순간에 나락으로 떨어졌다. 금융이 실물경제에 기여하는 것이 아니라 실은 실물경제를 갉아먹고 있었음이 드러나는 순간이었다. 금융 스스로 독립적인 성장동력이 될 수 있다는 주장은 애초 존재하지도 않는 금융 유토피아를 좇는 꿈결 같은 이야기에 지나지 않는다. 실물경제와 동떨어진 금융 부문의 비대칭적 성장은 그저 과잉금융일 뿐이다.

13장

과잉금융의 폐해

경제가 성장한다는 말은 인류가 소비할 수 있는 생산물의 양이 이전에 비해 늘어남을 의미한다. 따라서 금융 발전이 경제성장에 기여한다면, 금융 총량이 늘어남에 따라 이에 비례해 인류에게 요긴한 산출물의 총량도 늘어야 한다. 실제로 다수의 연구 결과는 금융 부문의 성장이 경제성장에 기여함을 보여준다.[1]

문제는 이러한 관계의 지속성이다. 일부 연구에 따르면 금융의 크기가 일정 수준을 초과하면 금융 부문이 성장할수록 경제성장에는 오히려 부정적인 영향을 초래한다. 그리고 많은 선진국은 이미 오래전에 이러한 단계에 접어들었다.[2]

실물경제에 기여하지 못하는 금융

과잉금융은 상환능력이 없는 차입자 혹은 프로젝트에 대출이 제공됨을 뜻한다. 여기서 상환능력이 없다는 말은 충분한 부가가치를 창출하지 못한다는 말과 정확히 일치한다. 예를 들어 100의 생산물을 소비해 120의 생산물을 산출한다면 이 차입자가 만들어낸 부가가치(순생산량)는 20이다. 이자율이 20%를 넘지 않는 한 차입자는 원금과 이자 모두를 상환할 수 있다. 반면, 100의 생산물을 소비해 얻은 산출물이 80밖에 안 된다면 차입자는 원리금을 상환할 수 없다. 뿐만 아니라 우리가 소비할 수 있는 소중한 생산물을 20만큼 허투루 쓴 셈이 된다. 그런데 과잉금융 국면에서는 이들 상환불능 차입자에게도 지속적으로 대출이 제공된다. 이에 따라 쓸데없이 허비되는 생산물의 양도 비례해서 커진다. 이처럼 과잉금융 상태에서는 금융의 양이 늘수록 부가가치가 창출되는 것이 아니라 훼손된다. 그 결과 금융은 실물경제 성장에 기여하는 것이 아니라 오히려 독이 되는 것이다.

과잉금융 국면에서는 기존 자산 매입을 위한 투기적 대출이 대거 제공되는데, 이 또한 실물경제의 성장을 방해한다. 오늘날 은행이 제공하는 대부분의 대출은 신규 설비투자를 위한 것이 아니라 이미 존재하는 자산, 특히 부동산 매입을 위한 것이다.[3] 기존 자산을 매입하는 용도로 대출이 제공될 경우 자산가격은 즉각 상승한다. 그리고 자산가격 상승은 추가적인 대출로 이어지고 이는 다시 가격 상승으로 귀결된다.

자산가격 상승이라는 혜택은 차입을 통해 해당 자산을 매입한 사람에게만 국한되지 않는다. 동일 혹은 유사한 자산을 보유한 사람 모두가 부자가 된 느낌을 가진다. 그러나 기존 자산가격이 상승하는 것과, 사회 전체적으로 소비할 수 있는 생산물의 양이 늘어나는 것은 아무런 상관이 없다.

물론 기존 자산가격 상승이 신규 자산에 대한 생산을 자극함으로써 실제 경제성장으로 이어질 수도 있다. 예를 들어 주택가격 상승으로 신규주택 공급이 늘어나 사회 전체적으로 유용한 산출물의 총량이 늘어날 수 있다. 그러나 역사적으로 주택가격 상승분의 80%는 신축된 건물의 가치가 아니라 택지 가격의 상승에 기인한다.[4] 이러한 논의는 설령 자산가격 상승이 생산물 증가에 기여한다고 해도 그 정도는 미미함[5]을 시사한다.

전체적으로 볼 때, 과잉금융에 의한 자산가격 상승은 오히려 소비가능한 생산물 총량의 감소로 귀결될 가능성이 더 크다. 신용팽창에 의한 자산시장 붐은 희소한 자원을 해당 자산시장으로 급속히 빨아들인다. 이러한 붐은 대부분 실수요가 아닌 투기적 수요에 기인하는데, 투기적 수요는 필연적으로 과잉공급을 초래한다.

일례로 주택시장의 투기적 수요에 대응하려면 단기간 내에 신규주택 공급을 늘려야 하는데, 애초 좋은 택지는 공급이 한정되어 있다. 그 결과 외곽지역 등 좋지 않은 입지에 대규모 신규주택 착공이 이루어진다. 그러나 이들 주택이 완공될 무렵이면, 뜨거웠던 투기적 수요는 식어버리고 수많은 주택이 과잉공급되었다는 사실이 비로소 드러난다. 1980년대 후반의 일본, 2008년 글로벌 금융위기 직전의 미국, 2020년대의 중국 등은 모두 신용팽창에 의한 주택시장 과잉공급을 경험한 대표적 사례다.

2023년 6월 시점에서, 중국 전체 인구 14억 명을 모두 동원해도 신축 빈집을 채울 수 없다는 보도[6]는 중국 주택시장 과잉공급의 심각성을 보여준다. 신규주택의 과잉공급은 소비되지 않는 주택, 즉 아무 쓸모도 없는 주택을 짓느라 소중한 생산물을 허비했음을 의미한다. 과잉금융에 의한 자산시장 붐으로 인해 한 사회의 소비 가능한 생산물의 총량이 큰 폭으로 감소한 것이다.

과잉금융, 기후변화와 환경오염의 원인

금융이 부족하면 부가가치를 창출할 수 있는 사람에게 자금이 제공되지 못한다. 그 결과 인류가 소비할 수 있는 생산물의 총량이 늘어날 여지가 차단된다. 이는 재능 있는 한 개인의 성장, 나아가 공동체의 성장을 가로막는 것으로 결코 바람직하지 않다. 이처럼 금융부족은 나쁘다. 그러나 과잉금융 역시 금융부족만큼이나 나쁘다.

과잉금융은 또다른 과잉을 낳는데, 과잉소비와 과잉생산이 그것이다. 과잉금융 국면에서는 상환능력이 없는 가계에 대출이 제공됨으로써 내핍이 아닌 과잉소비가 유발된다. 그리고 과잉소비에 힘입어 잉여생산물의 생산자는 생산 활동을 축소하지 않음으로써 과잉생산이 이루어진다.

기업에 대한 쉬운 금융 역시 해악을 끼친다. 쉬운 금융이 제공됨으로써 너무나 쉽게 프로젝트가 착수되고, 일단 시작된 프로젝트는 수익을 내지 못함에도 불구하고 좀처럼 청산되지 않는다. 금융이 계속 제공되기 때문이다. 그 결과 상환불능에 처한 상태에서도 퇴출되지 않고 영업을 지속하는 좀비기업이 양산된다.

최근 연구에 따르면, 주요국 상장기업 중 좀비기업 비중은 1980년대 말 4%에서 2017년 15%로 4배 가까이 증가했다.[7] 이러한 좀비기업 증가세는 특히 2008년 글로벌 금융위기 이후 심화된 것으로 나타났다. 뿐만 아니라 시장에서 퇴출되지 않고 좀비 상태로 남아 있는 기간도 지속적으로 늘어나고 있다.[8] 좀비기업이 퇴출되지 않고 시장에 남아 있는 기간이 길어질수록, 쓸데없는 생산물은 더 많이 산출되고 그 과정에서 낭비되는 자원 또한 더 늘어난다.

바람직한 기업조직이란, 자원의 효율적 활용을 통해 사람들이 필요로 하는 생산물을 만들어내는 곳이다. 제한된 자원을 최대한 효율적으로 활용하려고 노력하는 과정에서 생산성 혁신이 일어나고, 그 결과 소중한 자원의 낭비를 최소화할 수 있다. 그러나 쉬운 금융은 프로젝트의 착수와 지속을 지나치게 용이하게 만들어 기업의 생산성 제고 유인을 떨어뜨린다.[9] 쉬운 금융으로 가계의 내핍 유인이 저하되는 것과 같은 이치이다. 과잉금융에 의한 생산성 저하가 자원 낭비로 귀결됨은 물론이다.

최근 자원 고갈, 생태계 파괴, 기후변화 등의 문제 해결에 그 어느 때보다 많은 관심이 집중되고 있다. 이들 문제의 해결 여부에 의해 인류의 존망이 결정되는 단계에 이르렀기 때문이다. 그러나 인류가 직면한 다양한 문제를 각개전투식으로 해결하려는 시도는 실패가 예정된 것이다. 예를 들어, 기후변화를 막기 위해 탄소 배출 총량을 직접 통제하려는 시도는 문제의 핵심에 접근하지 못한 것으로, 국가간 첨예한 갈등만 유발한 채 소기의 목적을 달성하지 못할 개연성이 크다.

과도한 탄소 배출에 의한 기후변화 문제의 근원에는, 다름 아닌 과도한 생산 활동과 과잉소비, 그리고 이를 야기하는 과잉금융이 자리하고 있다. 이러한 점에서 인류가 과잉금융의 폐해를 올바로 인식하고 이를 해결하는 데 총력을 기울이지 않는다면, 기후변화를 비롯한 당면한 문제의 해결은 영영 불가능할지도 모른다.

중개기관의 번성과 중개기능의 소멸

금융이 발전한다는 것은 어떤 의미인가. 금융중개기관의 존재 의의는 정보비용상의 우위를 활용해 차입자 혹은 프로젝트에 대한 정보를 활발히 생산하는 데 있다.[10] 중개기관의 정보생산에 힘입어 부가가치 창출 가능성이 높은 차입자 혹은 프로젝트의 선별screening이 이루어진다. 그리고 이들 선별된 영역에 저축자의 잉여생산물을 배분함으로써 사회 전체의 자원배분 효율성이 높아진다. 나아가 선별된 곳에 자원을 배분한 후에는 지속적인 감시monitoring를 통해 자원이 허투루 쓰이는지 여부를 꼼꼼히 살핀다.

그렇다면 중개기관의 존재 덕분에 최소한의 자원으로 인류에게 유용한 생산물이 부족함 없이 산출된다고 해도 과언이 아니다. 금융 중개기관은 촘촘한 철책 앞에서 자원 낭비라는 적의 침투 여부를 물 샐틈없이 살피는 파수꾼인 셈이다. 과거 금융이 발전한 나라일수록 부가가치 창출력이 낮은 산업에서 높은 산업으로 자원을 재배분하는 경향이 강하게 나타났다는 연구 결과[11]는 금융중개기관의 존재 의의를 입증한다.

하지만 과잉금융 국면으로 접어들면 전혀 다른 얘기가 전개된다. 우선 과잉금융하에서 은행을 비롯한 중개기관은 상환능력이 없는 차입자에게도 대출을 제공한다. 정보생산을 통한 선별 및 감시가 제대로 이루어지지 않는 것이다. 오늘날 대출의 대부분을 차지하는 부동산 등 자산매입을 위한 대출 과정에서도 중개기관의 정보생산은 찾아보기 어렵다. 실제로 중개기관은 담보가 되는 자산의 시장가격에만 의존해 대출 여부 및 규모를 결정할 뿐, 차입자의 상환능력은 거의 신경쓰지 않는다.

과잉금융 상태에 접어들고 나면 금융 총량과 정보생산량 간 비례관계는 더이상 성립하지 않는다. 무한 안전망에 힘입어 금융 총량이 증가함에 따라 중개기관은 번성하지만, 정작 정보생산이라는 중개기능은 약화되기 때문이다. 금융 총량과 정보생산량 간의 관계가 단절되는 것이다.

이상의 논의에 입각할 때, 오늘날 금융의 많은 부분은 적어도 기능적인 측면에서 허상에 불과하다. 금융의 외양은 갖추었으나 실질은 금융과 거리가 멀기 때문이다. 단순히 금융 총량이 늘어나는 현상을

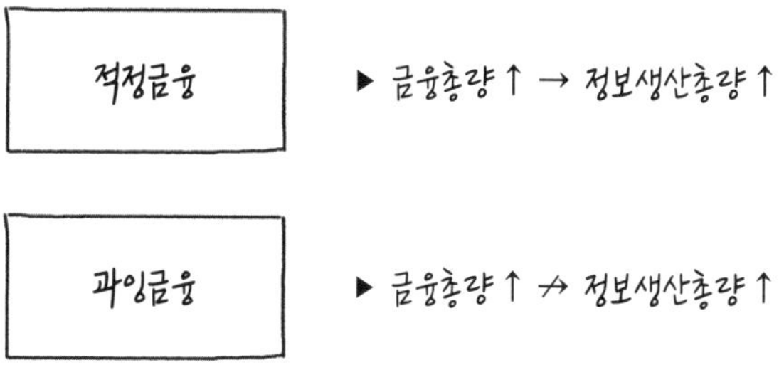

적정금융 ▶ 금융총량↑ → 정보생산총량↑

과잉금융 ▶ 금융총량↑ ↛ 정보생산총량↑

(그림 13-1) 적정금융 vs 과잉금융

두고 금융 발전 혹은 금융 심화라고 부를 수 없는 이유가 여기에 있다.

구멍이 숭숭 뚫린 철책의 길이를 아무리 늘린들 적의 침투를 막는 데는 무용지물이다. 소중한 자원만 낭비될 뿐이다. 금융 총량 증가가 금융 부문만의 자원 낭비로 끝난다면 그나마 다행이다. 과잉금융에 진입한 단계에서 금융 총량이 늘어난다는 것은, 경제 내에 선별, 감시가 수반되지 않은 프로젝트의 총량이 급증함을 의미한다. 중개기관의 존재로 위험이 걸러지는 것이 아니라 오히려 증폭되는 것이다. 그 결과 구멍난 철책 사이로 더 많은 불량 프로젝트가 유입되어 사회 곳곳에서 부가가치를 갉아먹는다.

과잉금융은 안전성 검사를 거치지 않은 약품이 우리 몸에 다량으로 투입되는 상황에 비유된다. 의사의 잘못된 처방, 과잉 처방은 병원과 제약업을 번성하게 할지 몰라도 필연적으로 환자의 몸을 망친다. 과거 어느 때보다 많은 자원을 틀어쥐고 있는 금융이 자원배분의 파수문 역할을 멈추는 순간, 실물경제가 바닥으로 떨어지는 것은 시간 문제일 뿐이다.

만성적 저성장, 회복탄력성 저하

과잉금융 국면에서는 잠재적 불량기업으로도 대출이 흘러간다. 시간이 지나 이들 차입자가 원리금 상환에 실패해 불량기업임이 명백해진 후에도 은행은 대출 상환을 종용하지 않는다. 나아가 추가 대출을 제공한다. 이러한 행태는 규제 회피와 일부 관련이 있다.

은행이 대출 손실을 있는 그대로 반영하면 은행 이익이 감소한다. 그리고 이러한 이익 감소는 은행 자기자본 감소로 이어진다. 이 경우 은행의 지급능력 훼손을 우려한 규제당국은 자기자본을 더 쌓도록 요구하고 영업 활동에도 세세하게 개입한다. 이러한 사태를 사전에 차단하고자, 은행은 이자도 내지 못하는 불량기업에 추가 대출을 제공하고 그 돈으로 이자를 갚도록 한다. 불량기업을 마치 정상기업인 것처럼 포장하는 것이다evergreening.[12] 그 결과 이익을 내지 못하면서도 생산 활동을 계속하는 좀비기업이 늘어난다.

문제는 좀비기업이 늘어날 경우 정상기업조차 제대로 성장하기 어렵다는 점이다.[13] 좀비기업의 목표는 이윤 창출이 아니다. 애초 부가가치 창출 능력이 없는 자들이기 때문이다. 은행의 지원을 등에 업은 이들의 유일한 목표는 그저 연명일 뿐이다. 연명의 수단은 덤핑이다. 좀비기업의 제품이 헐값으로 시장에 풀리면 같은 산업 내 정상기업도 제품가격을 낮출 수밖에 없어 이윤을 내기가 어려워진다. 생산활동에 필요한 원재료 등을 확보하는 과정에서 좀비기업과 경쟁해야 하는 점도 정상기업의 이윤 창출을 어렵게 만든다.

정상기업임에도 이윤을 내지 못한다면, 이들 기업이 신규 고용과 투자를 통해 사업을 확대하기를 기대하는 것은 불가능하다. 과잉금융에 기댄 좀비기업의 존재로 향후 부가가치를 창출할 프로젝트들이 사업화되지 못하는 것이다. 유망한 프로젝트의 사장으로 성장잠재력 훼손을 가져온다는 점에서, 과잉금융은 금융부족과 다를 바 없다.

한편, 좀비기업이 퇴출되지 않고 시장에 남아 있는 기간이 길어질수록 정상기업은 장기간 발목이 잡힌다. 이미 진입한 정상기업이 어려움을 겪는 판에 신규기업 진입은 언감생심이다. 이러한 상황이 오랜 기간 지속되면 경제성장의 불씨도 점차 약해진다. 과잉금융으로 실물경제는 만성적 저성장 국면에 빠진 채 좀처럼 헤어나지 못하는 것이다.

기업의 과도한 부채가 경제성장을 방해하는 요인은 또 있다. 과잉금융 국면에서는 불량기업은 물론 정상기업의 부채 수준도 전반적으로 상승한다. 그런데 부채가 많을 경우 기업의 주주들은 양질의 프로젝트임에도 사업화를 꺼리는 경향이 있다.[14]

일례로, 부채가 과도할 경우 우량 프로젝트를 추진해 성공하더라도 이에 따른 이익의 전부가 이자 지급에 쓰이는 상황이 발생할 수 있다. 이러한 상황은 채권자에게는 분명 좋은 것이지만 주주에게는 아무런 이득도 주지 않는다. 이자를 지불하고 나면 주주가 가져갈 몫은 하나도 없기 때문이다. 그 결과 프로젝트 추진에 따른 이익이 이자를 내고도 남을 정도가 되지 않는 한, 어떤 양질의 프로젝트도 착수조차 되지 않는 상황이 발생한다.[15] 이러한 과소투자under-investment는 사회전체의 부가가치를 감소시켜 경제성장에 역행함은 물론이다. 이래저래 과도한 빚과 저성장은 긴밀히 연계되어 있다.

가계 삶의 질 저하

오늘날 가계부채의 많은 부분은 주택 등 부동산 매입을 위한 것이다. 자산 매입을 위한 대출이 가계의 소비에 미치는 영향은 양면적이다.

우선, 대출 증가로 자산 매입 붐이 일면 자산가격이 상승하면서 가계는 부자가 된 느낌perception을 갖는다. 이에 따라 가계는 소비를 늘린다. 소위 자산효과wealth effect다. 자산효과는 빚을 많이 쓴 사람에게서 더 강하게 나타난다. 빚을 많이 낸 사람일수록 주택가격이 상승할 때 거두는 수익률은 높아지기 때문이다.

예를 들어 90%를 차입해 주택을 매입한 가계의 경우, 집값이 10%만 상승해도 부채를 차감한 자산(순자산)이 2배로 늘어난다(수익률 100%). 그 결과 분에 넘치게 빚을 내어 집을 산 사람들이 부자가 된 양 사치재 등도 거리낌 없이 구입한다. 이러한 소비가 가능한 것은 주택가격 상승분만큼 은행이 추가로 돈을 빌려주기 때문이다. 호시절이 이어지는 동안 차입자들은 소득에 걸맞지 않은 소비를 지속하는데,

이러한 과잉소비는 우리 삶의 질 향상이라는 측면에서 없어도 무방한 재화의 생산을 늘림으로써 자원 낭비를 유발한다.

한편, 과잉금융에 의존해 자산가격이 무한정 상승하기란 불가능하다. 지속된 대출에 힘입어 당연히 있어야 할 가격 조정 시점이 미루어질 뿐, 조정은 불가피하다. 그리고 이때의 조정은 그동안 누적된 조정이 한꺼번에 이루어진다는 점에서 엄청난 파괴력을 가진다. 2008년 글로벌 금융위기가 대표적인 예다.

주택가격 하락은 주택가격 상승과는 정반대로 소비를 위축시킨다. 역자산효과reverse wealth effect다. 그런데 소비 감소는 빚이 많은 가계에서 더 크게 나타난다. 실제로 글로벌 금융위기 직전 부채를 많이 동원해 주택을 매입한 가계일수록 위기 직후 소비를 훨씬 큰 폭으로 줄였다.[16] 개별 가계가 아닌 국가 단위로 살펴봐도 결과는 달라지지 않는다. 1997~2007년 사이 가계부채가 크게 증가한 나라일수록 2008~2009년 사이 가계지출은 더욱 큰 폭으로 감소한 것이다.[17] 앞서 예로 든 90%의 차입으로 주택을 매입한 가계의 경우, 집값이 10%만 하락해도 자산 모두를 잃고 빚만 남는다. 소비 여력이 있을 리 없다.

일반적으로 자산이나 소득이 적은 가계일수록 소비가 들쭉날쭉 변동하는 것을 싫어한다. 소비의 변동성이 커질 경우 자칫 필수적인 소비에도 지장이 생길 수 있기 때문이다. 이러한 문제는 소비 여력이 큰 부유층에서는 좀처럼 발생하지 않는다. 소비 변동성 확대에 따른 고통의 정도가 부자와 가난한 자 사이에 달리 나타나는 것이다. 그런데 과잉금융은 가난한 가계의 부채를 큰 폭으로 늘림으로써 이들 가계의 소비 변동성을 증폭(자산효과와 역자산효과 확대)시키고, 그 결과 다수 국민 삶의 질을 떨어뜨린다.

비대한 유통시장

과잉금융으로 자산 매입을 위한 대출이 늘어나면 이들 자산이 매매되는 시장, 즉 유통시장이 빠른 속도로 확대된다. 유통시장이 발달해 다양한 자산의 매매가 용이해질수록, 즉 자산의 유동성이 높아질수록 해당 자산의 가격발견price discovery이 촉진된다. 그리고 이렇게 발견된 가격은 실물경제의 자원배분 효율성을 제고한다.

예를 들어, 주식시장에서 형성되는 가격에는 수많은 투자자가 갖고 있는 기업 경영에 대한 다양한 견해가 반영된다. 그리고 이러한 견해는 경영진이 자원을 적절히 배분하는 데 도움을 제공한다.[18] 이러한 점에서, 자원배분의 효율성을 높이려면 유통되는 자산의 가격이 제대로 발견되어야 하고, 이를 위해 해당 자산의 유동성이 높아야 한다. 맞는 말이다. 문제는 자산의 유동성이 얼마나 높아져야 하는가이다.

자산의 유동성이 낮아 거래가 드문드문 이루어질 경우 가격발견에 어려움이 발생하고, 그 결과 효율적 자원배분에 지장이 초래될 수 있다. 그러나 적어도 매일 거래가 이루어지는 시장이라면 자원배분과 관련한 어려움은 사실상 없다고 봐도 무방하다. 주식시장에서 형성되는 가격 정보에 의존해 자원배분이 이루어진다고 한들, 실물경제 활동에 필요한 자원배분 의사결정이 분초 단위로 이루어져야 하는 것은 아니기 때문이다.

그러나 시장 유동성에 대한 우호적 견해는 가격발견이 최대한 잦을수록 좋다는 맹목적 신념을 낳았다. 그 결과 유동성을 높이고 이에 따라 가격발견을 촉진할 수만 있다면, 어떤 대가를 지불해도 무방하다는 견해가 학계와 시장을 지배하고 있다. 이러한 견해는 시장참가자의 행태에도 광범위한 영향을 미치고 있다.

실제로 자산시장에서는 남보다 조금이라도 먼저 가격을 예측하고, 조금이라도 먼저 거래를 체결하는 데 엄청난 자원을 쏟아붓는다. 예를 들어 헤지펀드 매니저들은 일주일 후에 발표될 기업실적 정보를 사전에 확보하고자 큰돈을 지불한다. 그러나 이러한 행태는 이미 존재하는 정보를 단순히 조금 먼저 습득하기^foreknowledge^ 위한 것으로 새로운 정보생산과는 아무런 관련이 없다.[19] 따라서 이 정보를 획득하는 데 지불하는 돈은 사회적 낭비로 간주되어야 한다. 이 정보가 일주일 먼저 주가에 반영된다고 해서 실물자원의 효율적 배분에 도움을 주는 것은 아니기 때문이다.[20] 이는 저학년 학생이 고학년 과목을 선행학습하는 것과 마찬가지다. 시간이 지나면 결국 알게 될 내용을, 남들보다 조금 먼저 습득하기 위해 막대한 사회적 비용을 치르는 것이기 때문이다.

2009년 여름, 2,000명의 사람들이 시카고와 뉴저지를 잇는 1,331km에 달하는 광케이블을 매설하고 있었다. 이미 여러 통신회사가 제공하는 다수의 주식 거래 통신망이 있었음에도 불구하고, 총

3억 달러를 투입해 별도의 전용 통신망을 설치하려는 것이었다. 이 작업의 목적은 기존 통신업자의 통신망을 사용하는 경쟁자들보다 조금이라도 더 빨리 주식 거래를 성사시키는 것이었다. 목적은 달성되었다. 광케이블 매설이 끝난 후 거래 체결에 소요되는 시간은 기존의 14.65ms(밀리세컨드, 1ms=1/1,000초)에서 13ms로 단축되었다.[21]

문제는 거래시간을 단지 1.65ms 단축하기 위해 무려 3억 달러라는 큰돈을 썼다는 점이다. 2/1,000초도 안 되는 시간만큼 가격이 더 빨리 발견된다고 해서 실물경제의 자원배분에 무슨 유익이 있단 말인가. 그럼에도 불구하고 당시 이 광케이블 이용권을 매입하기 위해 굴지의 금융회사들이 돈보따리를 싸들고 줄을 섰다. 사회적으로 아무런 가치가 없는 일에 앞선 기술과 숙련된 인력, 소중한 자원이 낭비되고, 나아가 환경이 파괴되고 있는 것이다.

지난 수십년에 걸쳐 금융 부문이 큰 폭으로 확대되면서 자산의 유통시장도 급속도로 확대되었다. 그 결과 우리는 거의 빛의 속도로 주식의 거래가 체결되는 전혀 새로운 세상에 살고 있다. 그렇다고 경제가 이전보다 더 탄탄해지고 우리 삶의 질이 그만큼 개선된 것은 아니다. 세상만사가 그렇듯, 유통시장 발달도 과하면 독일 뿐이다.

과잉금융과 부채의존경제

금융 부문이 과도하게 커질 경우 실물경제의 성장은 오히려 제약된다. 과잉금융 국면에서는 부가가치 창출에 기여하는 생산 활동은 위축되는 반면, 부가가치를 갉아먹는 생산 활동은 늘어나기 때문이다. 이와 함께 부채에 짓눌린 가계는 소비 여력을 상실해 생활 수준 유지에 필수적인 소비까지 줄인다. 부가가치 창출을 위한 생산 활동 위축, 소비 위축이 동반되는 상황에서 경제성장이 이루어질 리 만무하다.

과잉금융은 인류의 존속까지도 위태롭게 한다. 부가가치 창출에 기여하지 못하는 생산 활동은 소중한 자원을 낭비하는, 한마디로 쓸데없는 생산 활동이다. 인류의 삶에 기여하지 못하는 생산 활동으로 환경파괴가 심화되고, 이에 따른 기후변화는 점차 우리가 감당할 수 있는 수준을 넘어서고 있다. 이러한 현실과 관련하여, 전부는 아닐지라도 상당 부분 금융의 책임이 아니라고 항변할 수 있을까.

과잉금융의 폐해는 여기에 그치지 않는다. 과잉금융으로 부채 수준이 과도해질 경우 경제의 운영 방식modus operandi이 변한다. 늘어난 부채가 경제의 작동 메커니즘을 바꾸어버린다는 것이다. 부채의존경제debt-dependent economy의 출현이다. 부채의존경제는 왜곡과 비효율로 점철된 병든 체제다. 그런데 세계 경제는 이미 부채의존경제 한가운데 진입해 있다.

6부

부채의존경제의 출현

14장

In Asset We Trust

과잉금융 국면에서는 '자산가격-부채'의 탄탄한 결합이 형성된다. 자산가격이 상승하면 차입자는 부채를 늘림으로써 소비를 이어갈 수 있고, 공급자는 잉여생산물을 계속 판매함으로써 더 많은 금융자산을 축적할 수 있다. 자산가격이 상승하는 한 경제는 무한성장 궤도에 오른 듯이 보인다. 그러나 자산가격 상승이 멈추면 이러한 과정은 파국을 맞는다. 자산가격 상승이 멈추는 순간 부채 양산이 멈추고, 그 결과 오직 부채 증가에 의존해 굴러가는 부채의존경제도 산산이 무너져내리기 때문이다.

부채의존경제의 동아줄은 자산가격이다. 과잉금융이 잉태한 부채의존경제를 지탱하기 위해 모든 경제주체는 자산가격 부양이라는 목표를 향해 단일대오를 형성한다. 자산가격이 신의 자리에 오른 것이다. 결코 과장이 아니다. 오늘날 남녀노소 할 것 없이 거의 모든 사람이 주가에 대해 얘기한다. 거의 모든 사람이 집값에 대해 얘기한다. 실체도 불분명한 가상자산을 거래하는 시장에 사람들이 몰려든다. 수많은 고급 인력이 자산가격을 분석하느라 부산을 떤다. 주식시장 개장 직전 연준의장이 TV 뉴스에 출연해 시장의 불안을 달래기 위해 애쓴다. 미국 증시는 장기적으로 상승했으니 저가 매수하라며 대통령까지 나선다.[1]

이상하지 않은가. 소득 증가에 기반한 생활 수준 상승이 아닌, 자산가격 상승이 우리 삶에 무슨 유익이 있는가. 그럼에도 각종 매체는 자산가격과 관련한 정보로 도배된다. 어느새 자산가격은 사람들의 마음과 행동을 지배하는 지경에 이른 것이다.

효율적 시장이라는 도그마

자산 매입을 위한 대출이 제공될 때 담보 자산에 대한 평가는 시가, 즉 시장가격에 기초해 이루어진다. 이러한 시가평가marking-to-market는 은행의 대출 확대를 용이하게 한다. 담보 자산의 시장가격이 상승하는 한 부채 양산을 지속할 수 있기 때문이다.

한편, 은행을 비롯한 금융기관은 대출 의사결정 과정에서 담보 자산의 가격만 염두에 둘 뿐 다른 어떤 요소도 고려하지 않는다. 이러한 점은 금융기관 자신이 차입자가 되는 경우에도 마찬가지다. 오늘날 금융기관이 보유하는 자산 중 가장 높은 비중을 차지하는 것은 유가증권 등 시장성 자산marketable assets이다. 그리고 금융기관은 이들 시장성 자산을 담보로 자금을 차입한다. 그런데 금융기관에 돈을 빌려주는 채권자들은, 금융기관 보유 자산의 시장가격을 기초로 대출 금액과 금리를 기계적으로 결정한다. 오직 시장가격에만 의존해 모든 의사결정이 이루어지는 것이다. 이는 시장가격에 대한 전적인 신뢰가 있어야만 가능한 일이다.

효율적 시장가설Efficient Market Hypothesis에 따르면 자산의 시장가격에는 가용한 모든 정보가 반영되어 있다. 예를 들어, 주식시장에서는 수많은 투자자가 주식 거래를 통해 이익을 얻고자 날마다 치열한 경쟁을 펼친다. 그 결과 주가에는 이들 투자자가 제각각 생산한 정보가 빠짐없이 반영된다. 따라서 주식시장에서 저평가된 주식을 찾아내 매입하거나 고평가된 주식을 찾아내 매도함으로써 이익을 얻는 일은 원천적으로 불가능하다. 현재의 시장가격은 가용한 모든 정보를 반영한 가장 효율적인 가격이기 때문이다.[2] 그렇다면 시장가격을 전적으로 믿고 의사결정을 해도 아무런 문제가 없다. 시장가격은 어둠 속에서 길을 찾게 해주는 등불이자, 거친 바다 가운데 뱃길을 안내하는 등대와도 같다.

1970년을 전후해 등장한 효율적 시장가설은 이후 점차 세력을 불렸고, 20세기 말에 이르러서는 단순한 가설이 아닌 공리axiom의 지위를 획득했다. 그 결과 오늘날 자산시장의 가격은 수많은 경제주체의 의사결정 과정 곳곳에 깊숙이 침투해 있다. 그러나 효율적 시장가설이 간과한 것이 있다. 바로 부채의 존재다.

역사적으로 자산가격은 수시로 내재가치intrinsic value, 즉 펀더멘털에서 이탈했다. 자산버블과 관련한 수많은 사례는 자산가격이 실제 가치보다 부풀려질 수 있음을 보여준다. 은행 위기와 자산버블을 오랜 기간 연구한 킨들버거Kindleberger는 자신이 수집한 방대한 자료에서 중요한 사실 하나를 발견했다. 자산버블에 앞서 거의 언제나 신용팽창이 있었다는 것이다.[3]

이후 신용팽창이 자산버블을 야기한다는 역사적 증거들을 이론적으로 설명하려는 시도가 있었다. 그 결과 차입한 돈으로 자산을 매입할 경우 자산가격은 펀더멘털보다 높아질 수 있음이 제시되었다. 그리고 자산가격이 펀더멘털과 괴리되는 정도, 즉 자산버블의 크기는 부채의 양에 의해 결정적으로 좌우되었다.[4]

부채와 자산버블의 관계는 실험을 통해서도 확인되었다. 실험 참가자들에게 현금과 가상의 주식을 나눠주고 거래하도록 함으로써 주가가 어떻게 형성되는지를 살폈다. 이론적으로 주식의 내재가치는 해당 주식에서 발생하는 배당금의 크기와 이 배당금이 지급될 확률에 의해 결정된다. 그런데 22차례의 실험 결과, 무려 14차례에 걸쳐 주가는 이론가격에서 벗어나 거품 단계에 진입했다.[5] 이는 자산시장에 항시 버블의 요소가 내재되어 있음을 암시한다. 그런데 게임의 규칙을 바꿔 돈을 빌려 주식을 살 수 있도록 하자 주식시장의 거품은 훨씬 더 큰 폭으로 확대되었다.[6]

차입을 통해 자산을 매입하면 왜 자산버블이 심화되는 것일까. 차입이 가능해지면 현재의 자산가격이 저평가되었다고 생각하는 낙관주의자들이 차입을 통해 자산을 매입한다. 차입의 존재로 자산가격은 낙관주의자들이 지불하고자 하는 금액으로 결정되어 곧바로 상승한다. 부채는 편향된 시각을 가진 낙관주의자의 영향을 비대칭적으로 확대함으로써 자산가격이 내재가격을 초과하도록 만드는 것이다. 그리고 비합리적인 낙관주의자들이 돈을 빌려 자산을 매입하는 상황이 지속되면 합리적인 투기자들까지 시장에 진입한다. 자산시장에 대출이 계속 유입되는 한, 나중에 낙관주의자들에게 더 비싼 가격에 자산을 매도할 수 있기 때문이다. 부채는 거품의 생성은 물론 팽창에도 중요한 역할을 수행하는 것이다.[7]

효율적 시장가설은 과도한 부채가 양산되는 과잉금융 시대에는 타당성을 상실한다. 신용팽창, 나아가 과도한 부채가 누적된 과잉금융 국면에서는 자산가격이 실제 가치보다 훨씬 높게 형성될 수 있기 때문이다. 그렇다면 오늘날 금융기관은 자신이 제공한 부채로 부풀려진 자산가격, 즉 비효율적인 가격을 기준으로 삼아 다시 부채 양산 여부를 결정하는, 극히 모순적인 행태를 지속하고 있는 셈이다. 결국 효율적 시장가설은, 높아진 자산가격에 의존해 부채를 추가로 늘리고 이를 통해 과잉금융 체제를 이어가려는, 부채의존경제에 봉사하는 도그마에 지나지 않는다.

금리와 시간선호

시간선호[time preference]란, 다른 조건이 동일할 때 가급적 빠른 시간 내에 목표를 달성하거나 욕구를 충족시키는 쪽을 선호함을 뜻한다.

즉 주관적 가치가 동일한 두 가지 대안이 있을 때 언제나 시간이 덜 걸리는 편을 선택한다는 것이다. 이를 소비에 적용하면 현재 소비는 언제나 미래 소비보다 선호된다.[8]

현재 소비를 미래 소비보다 선호하는 것은 보편적인 현상이지만, 현재 소비를 선호하는 정도, 즉 시간선호의 정도는 상황에 따라 달라진다. 예를 들어, 잉여생산물이 많다면 당장 먹고사는 문제는 쉽게 해결되기 때문에 현재 소비에 대한 선호는 약해진다. 그 결과 잉여생산물, 즉 저축을 생산 활동에 투자하거나 타인에게 빌려줌으로써 현재 소비를 희생해 미래의 소비를 늘릴 여유를 갖게 된다. 반대로 잉여생산물이 부족하다면 당장 먹고사는 문제가 급선무라 저축을 통해 미래 소비를 늘리는 일은 생각하기 어렵다. 저축이 부족해지면 단기적 관점이 지배함으로써 시간선호가 강해지는 것이다.

전술한 시간선호의 정도는 금리로 반영된다. 저축이 많아 시간선호가 강하지 않으면 대출 공급이 늘어나 금리는 하락한다. 반면, 저축이 부족해 시간선호가 강해지면 대출 공급이 감소해 금리도 상승한다. 저축의 다과에 더해 개별 경제주체의 의지도 시간선호에 영향을 미친다. 현재 소비를 줄이려는 의지, 미래 소비를 늘릴 수 있다는 확신이 강하면, 동일한 저축 수준에서도 시간선호는 약해지고 금리도 그만큼 하락한다. 반대로 장래에 대한 비관이 지배하는 사람에게는 현재 소비를 줄이려는 의지는 약할 수밖에 없고, 따라서 이 사람이 직면하는 시간선호, 즉 금리는 상대적으로 높게 형성된다. 결론적으로 시간선호, 즉 금리는 한 사회 내에 존재하는 저축의 양, 그리고 각 경제주체의 의지와 전망 등이 함께 작용하여 결정되는 것이다.

중앙은행, 마지막 사회주의자

부분준비은행은 실물저축이 없는 상태에서도 대출을 늘린다. 그 결과 은행의 대출 총량은 실물저축을 수시로 초과한다. 이는 은행의 존재로 인해 시장금리가 실물을 반영한 금리보다 낮아질 것임을 시사한다. 그리고 중앙은행은 은행에 의한 금리 왜곡을 심화시킨다.

중앙은행이 본원통화량을 결정하면 은행은 여기에 맞춰 대출 규모와 파생통화량을 결정한다. 현대 금융중개이론의 설명이다. 이에 따르면 중앙은행과 은행 사이에 수직적 위계가 존재한다. 그러나 이는 현실과 동떨어진 설명이다.

진짜 현실은 이렇다. 은행이 대출을 통해 파생통화를 대폭 늘리면 은행의 지급준비율이 낮아진다. 은행이 보유한 본원통화량(지급준비금)에 비해 대출을 너무 많이 늘린 탓이다. 이제 은행은 늘어난 대출을 다시 줄여야 하지만 그런 일은 일어나지 않는다. 대신 중앙은행이 본원통화를 추가로 공급함으로써 은행의 지급준비율을 원래 수준으로 회복시킨다.[9] 본원통화량이 파생통화량에 영향을 주는 것이 아니라 실은 정반대라는 것이다. 은행이 일을 저지르면 중앙은행이 나서 뒷수습을 담당한다는 말이다. 그렇다면 중앙은행과 은행 사이에 수직적 위계 따위는 존재하지 않는다.[10] 애초 중앙은행의 탄생 혹은 진화가 부분준비은행의 필요에 의한 것이었다는 점[11]을 고려하면 그다지

놀라운 일이 아니다.

한발 더 나아가 1990년대 초반 미국 연준은 지급준비율 규제를 무용지물로 만들었다. 중앙은행이 팔을 걷고 나서 은행의 신용팽창을 방해하는 걸림돌을 제거한 것이다. 이후 다수의 국가가 명목적으로나마 규제로 남아 있던 지급준비율 규제를 잇따라 철폐했다.[12]

1990년대 들어 지급준비율 규제 폐지와 더불어 중앙은행이 취한 또다른 중요한 정책 변화가 있었다. 바로 중앙은행이 직접 목표금리target interest rates를 결정하는 소위 금리 중심의 통화정책interest rate-based monetary policy이다. 이전까지의 통화정책은 주로 통화량, 즉 본원통화와 파생통화 총량 조절에 의존했다. 20세기 중반 이후 통화량이 팽창 일변도였다는 점에서 과거 중앙은행의 통화량 조절 정책이 얼마나 의미 있는 것이었는지에 대해서는 의문이다. 이러한 의문과는 별개로, 과거 중앙은행의 통화정책 수단은 통화량 조절에 있었고, 시장금리는 통화량 변화를 통해 간접적으로 영향을 받는 식이었다. 그런데 1990년대 들어 주요 선진국은 일제히 통화량 조절 대신 금리를 직접 결정하겠다고 선언한 것이다.

자유시장경제에서 모든 재화의 가격은 시장의 수요와 공급에 의해 결정된다. 그런데 단일 재화의 가격도 아닌, 경제의 모든 부분에 광범위한 영향을 미치는 돈의 가격인 금리를 중앙은행이 직접 결정하겠다고 나섰다. 사회 내 존재하는 저축의 총량과 수많은 경제주체의 의지와 전망으로 결정되어야 할 금리를 중앙은행이 결정하는 시대가 도래한 것이다. 이후 연준 의장은 신탁을 받아 전달하는 오러클이 되었다. 전 세계 모든 매체가 일제히 연준 의장의 목소리에 신경을 곤두세우고, 그의 말 한마디에 시장이 요동친다.

연준 의장을 비롯, 전 세계 중앙은행에서 금리를 결정하는 사람은 의심의 여지없이 높은 식견을 가진 자들이다. 그러나 이들이 높은 식견을 가진 것과 금리를 결정하는 것은 전혀 별개의 문제다. 금리를 결정한다는 것은 사람들의 시간선호를 일방적으로 바꾸려는 시도에 다름 아니다. 이들에게 이렇게 엄청난 권력을 부여하는 것이 옳은가. 나아가 옳고 그름을 떠나, 소수의 현자가 올바른 금리를 결정하는 데 필요한 정보를 가지는 게 가능하기는 한가.

다종다양한 실물저축의 총량과 경제주체들이 가진 의지와 전망에 대한 정보를 빠짐없이 습득하기란 불가능에 가깝다. 특히나 경제주체의 의지와 전망에 대한 정보는 소위 질적 정보로서, 취득 자체가 어려울 뿐 아니라 역동적으로 끊임없이 변화하는 속성을 지닌다. 결국 자신에게 주어진 엄청난 재량권에도 불구하고 중앙은행은 목표를 달성하는 데 필요한 정보를 결코 획득할 수 없다. 그런데 정보도 없는 자가 어떻게 올바른 의사결정을 내릴 수 있단 말인가. 이런 점에서 중앙계획기관central planning agency으로서의 중앙은행은 모순 그 자체다.[13]

경제의 모든 영역이 자유시장경제 체제를 따르는 지금, 유독 금융부문에서만 중앙은행에 의한 가격결정이라는 사회주의 방식이 채택되고 있다. 동구 공산권의 몰락으로 인류 역사상 가장 대범했던 사회주의 실험은 명백한 실패로 끝났다. 그런데 동구 공산권이 몰락한 바로 그 무렵, 자유 진영의 중앙은행들이 과거 소련의 고스플란Gosplan과 같은 중앙계획기관이 되겠다고 나선 것은 역사의 아이러니가 아닐 수 없다. 도대체 중앙은행의 변화에는 어떤 힘이 작용한 것일까.

금리와 자산가격

주식, 부동산 등 자산의 가격에 가장 큰 영향을 미치는 요소는 금리이다. 예를 들어 매년 1,000만 원의 임대료 수입이 발생하는 부동산이 있다고 하자. 임대차계약상 잔존기간은 50년이며 시장금리는 10%이다. 그러면 이 부동산의 가격은 약 1억 원에서 형성된다.[14]

이러한 상황에서 금리가 5%로 하락했다고 하자. 이는 어떤 자산에 1억 원을 투자할 경우 매년 5%, 즉 500만 원의 수입이 발생함을 의미한다. 그런데 위의 부동산은 앞으로도 오랫동안 매년 1,000만 원의 수입을 가져다 준다. 시장금리의 2배에 달하는 수입을 제공하는 것이다. 따라서 이 부동산의 가격은 2배로 상승해 2억 원이 되고, 이 부동산에서 발생하는 수익률은 5%(=1,000만/2억)로 시장금리와 같아진다. 결국 시장금리가 하락할 경우 기존의 자산가격은 해당 자산의 수익률이 시장금리와 같아질 때까지 상승하는 것이다.

그런데 만약 위 부동산의 임대차계약상 잔존기간이 50년이 아닌 2년이라고 하자. 그러면 부동산 보유자는 향후 2년간만 1,000만 원의 수입을 얻을 뿐, 이후에는 시장금리에 상응하는 500만 원만 받아야 한다. 이에 따라 부동산 가격의 상승은 소폭에 그친다.

결론적으로 시장금리가 하락하면 기존의 자산가격은 상승하며,

자산가격 상승폭은 잔존만기가 길수록 더 커진다. 물론 금리가 상승할 경우에는 정확히 반대 현상이 나타난다(그림 14-1).

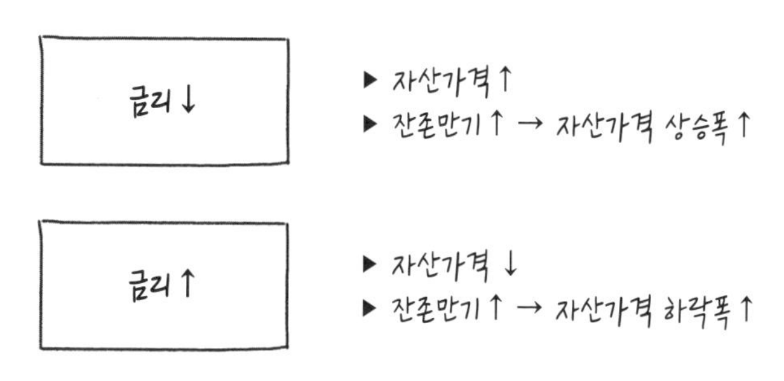

(그림 14-1) 금리와 자산가격의 관계

저금리로 자산가격 떠받치기

부분준비은행 제도는 실물경제가 필요로 하는 양보다 더 많은 대출을 공급한다. 이로 인해 경제 여건에 비해 금리가 낮아진다. 이는 은행이 중개기관의 표준이 될 경우 자산가격도 상향 편의upward bias를 가질 것임을 시사한다. 그리고 이러한 자산가격 상승은 다시 부채 확대의 여지를 제공한다는 점에서 은행 특유의 신용팽창에 동력을 제공했다. 특히 안전망이 꾸준히 확대되면서 은행의 신용팽창 과정은 거의 조정을 받지 않은 채 계속되었고, 그 결과 부채가 과도하게 누적되는 과잉금융 시대가 도래한 것이다.

문제는 과잉금융으로 잉태된 부채의존경제는 부채 양산이 멈추는 순간 나락으로 떨어진다는 점이다. 주요 선진국이 과잉금융 단계에 접어든 1990년 무렵, 각국 중앙은행이 다투어 금리 중심의 통화정책 채택을 선언한 것은 이러한 맥락에서 이해할 수 있다. 과잉금융 시대에는 부채 양산의 근거가 되는 자산가격을 반드시 지켜야 하는데, 이를 위해 금리를 직접 건드리는 방식을 택한 것이다.

그렇다고 중앙은행의 현자들이 부채의존경제 수호를 위해 의식적으로 금리 중심의 통화정책을 택했다는 것은 아니다. 봉건주의 체제는 그 체제에 속한 사람들의 의식과 행동을 지배한다. 자본주의와 사회주의도 마찬가지다. 일단 특정한 체제가 형성되면, 각종 제도와 사람들의 행동양식이 그 체제의 유지에 유리하도록 조율되어간다. 이러한 과정은 적어도 그 체제의 모순이 누적되어 임계점에 달할 때까지 지속된다. 부채의존경제도 예외가 아니다. 우리가 인식하지 못하는 상태에서 모든 경제주체는 이 체제에 순치된 채 자산가격에 초점을 맞춰 생각하고 행동한다. 중앙은행이 금리 결정에 직접 개입하는 방식으로 선회한 것 역시, 부지불식간에 부채의존경제 생존에 필수적인 자산가격을 지켜내려는 행위일 수 있다.

이러한 주장이 근거가 있으려면 금리 중심의 통화정책 채택 이후 금리는 지속적으로 하락했어야 한다. 실제로, 1990년부터 최근에 이르기까지 연준의 목표금리는 시기에 따라 부침이 있긴 하지만, 장기적으로는 일관된 하락 추세를 보인다.[15] 그리고 연준의 목표금리에 맞

쳐 장기금리 역시 뚜렷한 하향 추세를 그린다.[16]

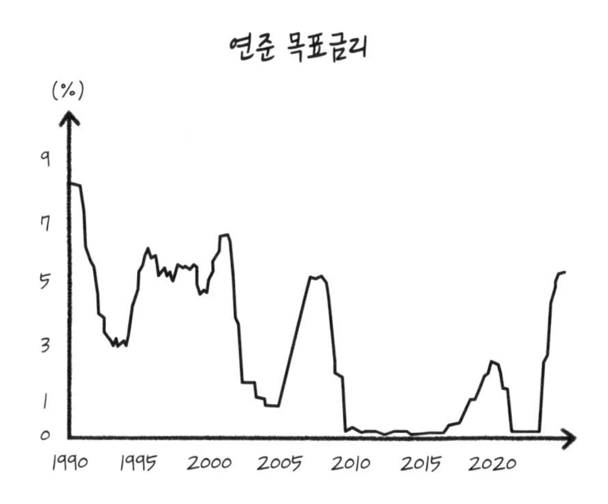

(그림 14-2) 연준 목표금리 및 미국 장기금리[17]

주: 연준 목표금리는 연방기금금리(federal fund rate)를, 미국 장리금리는 국채 10년물 수익률을 의미

1980년대 폴 볼커가 연준 의장이던 시절만 해도, 인플레이션이라고 하면 으레 재화 인플레이션과 자산 인플레이션 모두를 포함하는 것으로 해석되었다. 그런데 1990년 이후 연준을 비롯한 전 세계 중앙은행은 인플레이션을 재화 인플레이션으로 범위를 좁혀 사용하기 시작했다. 자연스레 자산 인플레이션은 관리대상에서 제외되었다.[18] 통화가치 안정을 최우선으로 삼는 중앙은행이 자산가격 상승에는 손을 놓아버린 것이다. 자산가격 상승이 곧 통화가치 하락을 의미하는 데도 말이다. 자산가격 상승을 억제하려는 시도가 자칫 부채의존경제를 붕괴시킬 수 있다는 우려가 은연중에 현자들의 사고방식을 지배했기 때문일 것이다.

자산가격 부양 시도는 버냉키 시절의 연준에 의해 보다 노골적으로 변한다. 2008년 연준은 글로벌 금융위기로 자산가격이 폭락하는 것을 막기 위해 금리를 0%대로 낮춰버렸다. 그럼에도 불구하고 자산가격 부양 효과가 뚜렷하지 않자 소위 양적완화quantitative easing라는 전대미문의 정책을 동원했다.

금리 중심 통화정책에서 중앙은행이 결정하는 금리는 단기금리이다. 그리고 중앙은행이 단기금리를 인하하면 대체로 장기금리도 하락하지만 항상 그런 것은 아니다. 그런데 자산가격에 보다 직접적인 영향을 미치는 것은 장기금리이다. 결국 단기금리를 0% 수준으로 내렸음에도 장기금리가 높은 수준에 머물러 자산가격이 상승할 기미를 보이지 않자, 막대한 양의 본원통화를 발행해 장기국채 등 만기가 긴 자산을 연준이 직접 사들였다. 그 결과 장기금리는 하락하고 자산가격은 즉각 상승했다.

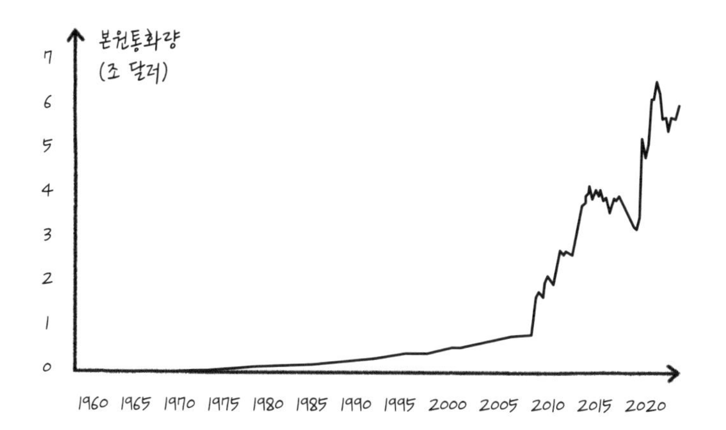

(그림 14-3) 미국 본원통화량 추이[19]

심지어 중앙은행이 매입하지 않는 것이 관행인 위험자산까지 사들임으로써 위험자산의 가격도 끌어올렸다. 이를 두고 사람들은 질적 완화qualitative easing라고 불렀다. 양질이 아닌 저질 자산까지 연준의 매입 대상이 되었다는 뜻일 게다. 중앙은행이 위험자산을 사들인 후 손실이 발생하면 이는 재정 손실로 연결된다. 이러한 점에서 위험자산 매입은 납세자를 담보로 중앙은행이 벌인 모험에 다름 아니다.

버냉키 연준의 『행동하는 용기Courage to Act』[20]로 기존의 원칙과 관행이 허물어지자, 그다음부터는 그냥 연준이 원하는 대로 하는 것이 곧

원칙이 되어버렸다. 2008년 이후 10년 가까이 지속된 0%대 금리로 자산버블이 심화되자, 연준은 2019년 2%대 중반이 될 때까지 금리를 서서히 인상했다. 그러나 2020년 초 팬데믹 발발과 함께 연준은 다시 금리를 0%로 수직 인하하는 동시에 본원통화량을 2배로 늘렸다. 팬데믹으로 피해를 입은 기업과 가계를 대상으로 선별적인 재정 지원을 제공하면 될 것을, 경제 전반에 포괄적이고 광범위한 영향을 미치는 제로금리 정책을 또다시 꺼내든 것이다. 전임자의 행동하는 용기가 후임자에게도 영향을 미쳤음에 틀림없다. 그 결과 팬데믹으로 실물경제가 크게 위축되었음에도 불구하고 자산가격은 훨훨 날아올랐고, 전 세계 기업과 가계의 부채는 유사 이래 최고 수준으로 확장된 작금의 상황을 맞이하게 된 것이다.

15장

많은 것이 전도된 세상

자산가격의 변화는 두 가지로 분해된다. 단기적이고 일시적인 출렁임에 따른 부분과 장기추세 부분이 그것이다. 그런데 투자자 입장에서 중요한 것은 장기추세 부분이며, 단기적이고 일시적인 출렁임은 노이즈noise에 해당하므로 크게 신경 쓸 필요가 없다. 그러나 부채의존경제라면 사정이 달라진다. 부채의존경제에서 자산가격은 대규모 부채로 지탱되는데, 이러한 상태에서 자산가격이 약간만 하락해도 담보자산 규모가 부채 규모를 하회하는 경우가 발생한다. 그리고 그 즉시 공포의 사이클이 기계적으로 작동한다. '자산가격 하락 → 대출 회수 → 상환 자금 마련을 위한 자산 매각 → 자산가격 추가 하락 → 대출 추가 회수…'의 끝없는 연쇄반응으로 부채의존경제는 붕괴한다. 바로 이 때문에 부채의존경제에서는 자산가격의 단기 움직임에도 경제주체들이 예민하게 반응하는 것이다.

주가 부양, 부채의존경제의 지상명령

주가를 예로 들어보자. 언젠가부터 주주들은 주가의 장기적인 펀더멘털이 아닌 단기 주가의 움직임에 더 큰 관심을 기울인다. 주주들이 근시안적으로 변하다 보니, 주주의 이익을 대변하는 경영진이 단기 실적 제고에 목숨을 거는 것은 당연하다. 대표적인 사례가 1981~2001년까지 무려 20년간 GE 회장으로 재임했던 잭 웰치의 경우이다.

웰치의 경영방식은 극히 단순한 것으로 알려져 있다. GE는 수많은 기업을 인수했는데, 인수된 기업이 GE의 우산 아래 존속하려면 단 한 가지 조건만 충족하면 되었다. 인수 후 일정 기간 내에 ROE(=순이익/자기자본)가 동종업계 최상위권이 되어야 한다는 것이다. ROE를 단일의 최우선 목표로 둔 것은 ROE가 주가와 직결되기 때문이다. ROE 요건을 달성하지 못하면 가차 없이 매각되었다. 이로 인해 단기적으로 ROE를 높일 수만 있다면 장기적으로는 기업성과에 치명적일 수 있는 근로자 대량 해고 등도 서슴지 않았다. 웰치를 비롯한 소위 '미스터 구조조정'이 득세한 시점이 1990년을 전후한 과잉금융 시대의 개막과 일치한다는 사실은 우연이 아닐 것이다.

주가 지상주의 경영이 대세로 자리 잡으면서 기업지배구조corporate governance의 의미도 왜곡되었다. 단기적인 주가 극대화를 꾀하는 것이 바람직한 기업지배구조로 인식되기 시작한 것이다. 주가라는 단일 지표만을 위해 여타 요소는 모두 희생되었다. 즉 장기적 관점에서는 기업 생존과 성장에 유의미한 요소들이 단기 주가 극대화를 위해 철저히 외면된 것이다. 지난 글로벌 금융위기 직전, 주주친화적shareholder-friendly 이사회를 가진 은행일수록 고위험 증권에 더욱 공격적으로 투자했다는 연구 결과[1]는 주주의 관심이 온통 단기 주가 극대화에 집중되었음을 시사한다.

단기 주가 극대화가 주주와 기업의 지상목표가 되었음을 보여주는 가장 적나라한 사례는 만연한 자사주 매입이다. 본래 배당금 지급이나 자사주 매입은, 기업이 한 해 동안 벌어들인 이익에서 투자활동에 필요한 지출을 모두 집행한 후에도 남은 현금(잉여현금)free cash flow이 있을 때 이루어지는 것이 일반적이다. 잉여현금을 배당금 지급 혹은 자사주 매입에 사용하는 것은, 경영진이 주주의 이익이 아닌 자신의 이익(전용기 매입 등)을 위해 현금을 쓸데없이 낭비할 여지를 없애기 위함이다.[2] 그런데 부채의존경제에서는 자사주 매입이 전혀 엉뚱한 목적으로 사용된다.

세계적 항공기 제작사인 보잉Boeing은 1998~2018년까지 20년 넘게 흑자를 기록한 우량기업이었다. 그런데 팬데믹으로 인해 2020년 큰 폭의 적자를 기록하면서 파산 위기에 처했다. 놀라운 일이다. 20년 가까이 장기간 흑자를 기록한 기업이 어떻게 일시적 적자로 단번에 파산 위기에 처할 수 있는가. 비밀은 자사주 매입에 있었다. 보잉은 매년 발생하는 이익 범위 내에서 자사주를 매입하는 데 그치지 않고, 막대한 돈을 외부에서 차입해 자사주를 대거 사들였다. 매입한 자사주는 소각하는데, 이에 따라 발행 주식수와 자기자본이 감소한다. 영업 활동에 큰 변화가 없어 당분간 이익 규모에도 변화가 없다면, 자사주 매입으로 자기자본이 감소하면서 ROE는 즉각 상승한다. 그리고 ROE 상승은 곧 주가 상승으로 이어진다.

부채를 동원한 자사주 매입으로 보잉의 부채는 1998년 244억 달러에서 2018년 1,170억 달러로 폭증했다. 반면 자기자본은 같은 기간 123억 달러에서 4억 달러로 급감했다.[3] 매입한 자기주식을 지속적으로 소각하여 자기자본이 쪼그라든 결과다. 그 결과 자기자본비율은 0.3%(=4/1,174)가 되었다. 0.3%라니! 대마불사의 지위를 획득한 초대형은행의 자기자본비율보다도 낮은 수치다. 자사주 매입을 통해 주가를 끌어올릴 수만 있다면 기업의 장기적 생존 따위는 아랑곳하지 않겠다는, 일종의 결연함마저 느껴진다. 이쯤 되면 즉각적인 주가 상승이라는 마약에 취해 장기적으로 자기 몸을 망가뜨리는 약물 중독자와 다를 바 없다.

위기에 대비해 지급능력을 안정적으로 유지하는 가운데 장기적인 수익 창출을 꾀하는 곳. 우리가 흔히 떠올리는 기업의 이미지다. 주가는 결과로 따라오는 것이다. 그러나 과잉금융이 낳은 부채의존경제는 기업의 목표를 바꿔버렸다. 본연의 수익 창출이 아닌 주가라는 숫자 그 자체가 목표가 된 것이다. 기업의 생존을 대가로 단기 주가 부양에 매진하는 믿을 수 없는 행태는 보잉에만 국한되지 않는다.[4] 분에 넘치는 자사주 매입으로 자기자본이 큰 폭으로 감소하는 것은 주요 기업의 공통된 패턴이 되었다. 심지어 자기자본이 마이너스가 된 세계 굴지의 기업도 부지기수다. 자사주 매입에 불나방처럼 뛰어들면서 기업의 체력을 거덜내고 있는 것이다.

2022년 미국 S&P500 기업의 자사주 매입 규모는 사상 처음으로 1조 달러를 넘어섰다.[5] 기업이 성장을 위해 주식을 발행해 자금을 조달하는 것이 아니라, 주가 부양을 위해 자기주식을 끝없이 매집, 소각하고 있는 것이다.

승자독식에 따른 양극화 심화

부채의존경제에서 활동하는 기업에는 주가 부양이 지고의 선이다. 영업을 통해 창출되는 이익이 일정한 상태에서 주가를 높이려면 주주에게 귀속되는 몫을 늘려야 한다. 그런데 이는 곧 다른 이해관계자의 몫을 줄여야 함을 의미한다.

기업이 창출하는 이익은 주주, 채권자, 근로자, 정부에 귀속된다. 이 중 채권자에게 귀속되는 몫인 이자와 정부에 귀속되는 세금은 외부에서 결정되는 것으로 주주가 변화시킬 수 있는 성질의 것이 아니다. 결국 주주의 몫을 가장 손쉽게 늘리는 방법은 전체 근로자에게 돌아가는 몫을 줄이는 것이다. 이에 따라 대대적인 자동화와 함께 근로자수 축소 및 임금 억제 시도가 강하게 나타난다. 급속한 세계화도 같은 맥락에서 이해된다. 주주 몫을 늘리려는 기업들이 비용 절감을 위해 가장 저렴한 인력과 부품을 찾아 전 세계를 헤집고 다닌 결과, 과거 어느 때보다 촘촘한 글로벌 공급망supply chain이 형성된 것이다.[6]

이처럼 주주 몫을 늘리고자 자동화 및 세계화가 강하게 추진되면서 전체 근로자의 몫은 축소된다. 반면, 소수의 지적 능력 보유자에 대한 보상은 오히려 강화된다. 변화하는 기술에 맞춰 자동화를 신속히 단행하고, 세계화를 통해 최대한의 비용 절감을 이끌어냄으로써 ROE를 높이는 슈퍼맨의 필요성이 커지기 때문이다.

1970년 미국 기업의 CEO 보상은 일반근로자typical workers의 24배였으며, 1980년에도 38배에 머물렀다. 그러나 1990년 90배로 점프한 후 이내 100배를 넘어섰고, 1999년에는 366배까지 치솟았다. 이후 이 수치는 단기적 등락은 있지만 꾸준히 300배를 초과하는 수준에서 형성되고 있다.[7] 특히 과잉금융이 본격적으로 시작된 시점인 1990년대부터 CEO 보상이 천문학적 수준으로 급등한 점이 주목할 만하다.

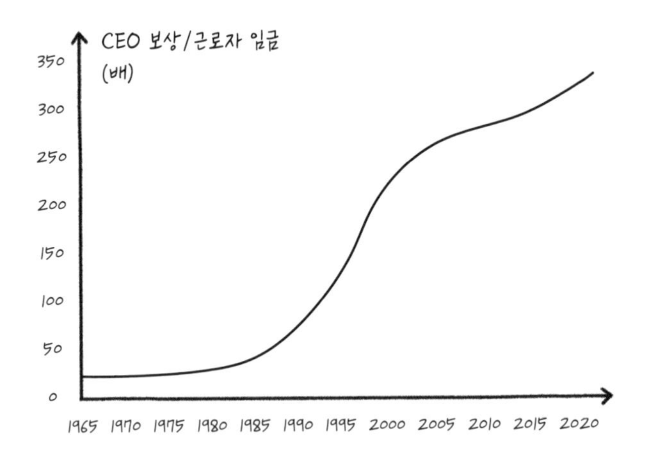

(그림 15-1) 미국 기업의 CEO 보상/근로자 임금 배수

주: CEO 보상/근로자 임금 배수의 장기추세로, 원자료를 Hodrick-Prescott Filter에 의해 조정한 값[8]

최고경영진 보상의 극단적 상승은 주로 주가 상승에 기인한다. 1990년을 전후해 최고경영진의 보상을 주가에 연동해 설계하는 것이 보편화되었는데, 이 과정에서 스톡옵션, 스톡그랜트 등이 도입되었다.[9] 주가 연계 보상은, 경영진이 딴마음을 품지 않고 주주 이익에 부합한 의사결정을 내리도록 하기 위함이다. 그런데 주가에 의한 보상 규모가 천문학적 수준에 이르자 경영진은 이전까지의 소극적 태도를 완전히 던져버렸다. 오직 단기 주가 극대화에만 몰두하는 경영진으로 새롭게 태어난 것이다.

CEO를 비롯한 극소수 경영진과 일반 근로자 간 보상 격차 확대는 가계소득의 양극화 심화로 이어진다. 실제로 지난 수십 년간 선진경제에서는 소득 불평등이 큰 폭으로 확대되었다.[10] 미국의 경우 1979~2019년 동안 하위 10% 가계의 소득은 46% 늘어난 반면, 최상위 1% 가계의 소득은 236% 상승했다. 최상위 1% 가계소득이 하위 10% 가계소득보다 5배나 빠른 속도로 늘어난 것이다. 그런데 이러한 격차 확대는 대부분 1990년 이후 이루어졌다.[11]

가계별 자산 규모를 살펴봐도 사정은 다르지 않다. 1989~2019년 기간 하위 50% 가계의 순자산(자산-부채)은 65% 증가한 반면, 상위 10%의 경우에는 240% 증가했다. 이에 따라 전체 가계 순자산에서 하위 50%가 차지하는 비중은 4%에서 2%로 감소한 반면, 상위 10%의 비중은 64%에서 72%로 확대되었다.[12] 특히 글로벌 금융위기 및 팬데믹 이후 단행된 초저금리 정책 및 양적완화는 자산 양극화를 한층 심화시켰다.[13] 이는 금융시장 부양책에 따른 자산가격 상승의 혜택이 전체 자산의 70% 이상을 보유한 상위 10% 가계에 집중된 데 따른 당연한 결과다.

부채의존경제에서는 주가 부양이 최우선 목표가 됨에 따라 소득 양극화가 심화된다. 또한 정부와 중앙은행은 부채 양산이 멈추는 걸 막기 위해 자산가격을 지탱하는 정책을 펴도록 코딩되어 있어 자산 양극화를 심화시킨다. 문제는 이로 인해 가진 자와 없는 자의 간극은 더욱 확대되고, 박탈감에 빠진 대다수 국민은 자본주의 체제에 강한 저항감을 갖게 된다는 사실이다.

절망한 다수는 가진 자들이 자신보다 많이 잃기만 한다면, 경제를 퇴보시키고 효율성을 낮추는 법률도 기꺼이 지지하려 든다. 이웃집 암소를 죽여버리고 싶은 것이다.[14] 그 결과 개인의 자유와 경제적 삶을 한층 더 악화시키는 사회주의나 전체주의조차 기꺼이 끌어안으려 든다.[15] 이 틈을 포퓰리스트 정치인이 집요하게 파고들어 세를 불린다. 그러나 이는 번지수를 잘못 짚은 것이다. 소득과 자산의 극단적 양극화를 초래한 것은 자본주의가 아니라 부채의존경제를 낳은 과잉금융이기 때문이다.

정치의 극단화, 진영화는 전문가 그룹이 로비 집단에 대거 편입된 데도 원인이 있다. 1970년에는 미국 전직 의원 중 3%만이 로비스트로 이직했으나 2009년에는 30% 이상이 로비스트로 변신했다.[16] 이러한 사정은 로비스트를 명시적으로 허용하지 않는 다른 나라에서도 마찬가지다. 명시적 혹은 암묵적 로비시장이 확대된 데는 양극화의 영향이 크다. 소득이나 자산이 널리 퍼져 있으면 사람들 간의 이해 결집이 쉽지 않아 로비시장이 커지기 어렵다. 그러나 양극화로 인해 소수의 집단에 소득이나 자산이 쏠려 있을 경우, 이들은 쉽게 이해를 결집할 뿐 아니라 이해 관철에 필요한 막대한 자금도 보유하고 있어 로비시장이 확대된다.

로비시장 확대는 로비스트에게 제공되는 보상 확대로 이어진다. 이로 인해 이전까지 자신의 소신과 가치관을 지키던 학자, 고위관료 등이 속속 로비시장으로 집결한다. 소위 전문가들이 특정 집단의 이익을 대변하는 일이 일상화되면서 전문가에 대한 신뢰는 바닥을 친다. 전문가의 말이 무게를 상실한 세상에서 논리와 팩트는 중요하지 않다. 극단적인 진영주의만이 횡행할 뿐이다. 오늘날 전 세계 거의 모든 나라 국민이 양분되어 진영화된 이면에는, 부채의존경제로 인한 양극화가 자리하고 있다고 말하면 지나친 것일까.

불행한 엘리트와 가난한 중산층

부채의존경제에서는 슈퍼스타 경영진에게 막대한 보상이 제공된다. 하지만 슈퍼맨의 자리는 극히 제한적이다. 약간의 능력 차이로 슈퍼맨과 낙오자가 결정된다. 이 때문에 어릴 때부터 경쟁자보다 조금이라도 앞선 인재가 되기 위한 치열한 교육전쟁이 펼쳐진다. 그리고 마침내 간택된 소수의 엘리트는 높은 지적 능력을 바탕으로 대다수 평범한 근로자를 대체한다. 선봉에서 주가 상승을 이끄는 승리자가 된 것이다. 반면 탈락한 대다수는 가난한 중산층으로 전락한다.

슈퍼맨은 승리자 반열에 올랐지만 그는 불행한 승리자다. 기술발전을 통해 인류는 수많은 허드렛일에서 자유롭게 되었다. 물적자본 덕분에 인적자본은 자유와 쉼을 얻은 것이다. 그러나 능력주의 사회에서 선두의 자리를 꿰찬 인적자본에게 쉼이란 존재하지 않는다. 지적 능력과 성실함의 결합으로 상징되는 능력주의meritocracy 체제에서는 잠시만 방심해도 가난한 중산층의 자리로 미끄러지기 때문이다. 슈퍼맨은 자신의 인적자본을 쉼 없이 착취함으로써 어떻게든 자리를 지켜내야 한다.[17] 불행한 엘리트와 가난한 중산층은 부채의존경제가 만들어낸 인간상이다.

부채의존경제의 또다른 폐해는 다양성의 상실이다. 1980년만 해도 비슷한 능력을 가진 사람이 투자은행에 근무하든 일반기업에 근무하든 거의 동일한 보상을 받았다. 그러나 2005년에는 전자가 후자보다 4배 더 많은 보상을 받았다. 투자은행이 아닌 금융 부문 전체로 확대하면 양자의 격차는 줄지만 여전히 전자가 후자를 압도한다.[18]

금융 부문 근로자의 보상이 이처럼 높은 것은 부채의존경제에서 신용팽창을 통해 부채 양산에 기여하는 데 따른 대가일 것이다. 문제는 금융 부문의 높은 보상으로 인해 우수인력의 상당수가 금융 부문으로 집중된다는 점이다. 1970년 하버드 졸업생 중 금융 부문에 진출한 사람은 6%에 불과했으나, 2008년에는 28%가 되었다.[19]

경제의 성장은 기술혁신과 새로운 아이디어에 기반한 실물 부문의 생산 능력 확대에 달려 있다. 따라서 실물 부문이 아닌 금융 부문에 우수인력이 집중된다는 것은 경제성장에 기여하는 수많은 직종에서 인재가 유출됨을 의미한다.[20] 총고용에서 금융 부문이 차지하는 비중이 빠르게 늘수록 경제는 더디게 성장한다는 연구 결과는 이러한 맥락에서 이해할 수 있다.[21]

금융은 기술과 아이디어의 사업화를 촉진함으로써 경제성장을 간접적으로 지원한다. 생산 능력 확대에 간접적으로만 기여한다는 점에서는 법률 부문도 금융 부문과 비슷하다. 이를 반영하듯, 대학생 중 법률 전공자보다 공학 전공자 비중이 높은 나라에서 경제는 더 빨리 성장하는 것으로 나타났다.[22]

특정 부문에 대한 우수인력 쏠림은 개인의 차원에서도 바람직하지 않다. 금융, 법률 등 소수 업종의 보상이 압도적으로 높을 경우, 사람들은 자신의 재능과 무관하게 이들 고소득 업종을 선택할 개연성이 크다. 그러나 소득이 일정 수준을 넘어서고 나면 소득 증가는 행복에 아무런 영향을 주지 못한다.[23]

고소득이라는 이유 하나로 자신의 재능에 맞지 않는 일을 하느라 평생을 보내는 것은 불행한 삶이다. 자신의 재능을 알지 못한 채, 그리고 자신의 이상을 그려보려는 시도조차 하지 못한 채 살아가는 것은 또다른 의미에서 자신의 인적자본을 착취하는 것에 다름 아니기 때문이다. 그러나 압도적 보상 격차 앞에서 이런 얘기는 무력감만 더할 뿐이다. "삶의 의미는 우리의 재능을 발견하는 것이며, 삶의 목적은 발견한 재능을 사회에 돌려주는 것"이라는 피카소Picasso의 격언도 힘을 잃기는 마찬가지다.

현실계와 상상계의 역전

생산 활동을 통해 소득이 창출되고 이러한 소득이 누적되어 자산이 형성된다. 따라서 자산 증가는 완만한 속도로 이루어진다. 특히 창출한 소득 중 일부는 소비되고, 이후 남는 소득만이 저축을 통해 자산으로 전환된다는 점에서 자산이 늘어나는 속도는 더딜 수밖에 없다. 그러나 부채의존경제에서는 그렇지 않다. 부채 양산을 통해 자산가격을 끌어올림으로써 단기간에 자산이 늘어난다.

이론적으로 자산가격은 해당 자산에서 발생하는 소득, 혹은 자산의 사용을 통해 누리는 효용의 합을 넘어설 수 없다. 그러나 부채를 동원한 자산 매입이 활발해지면서 자산가격은 펀더멘털을 넘어선다. 그럼에도 불구하고 한계는 있다. 실체가 존재하는 유형자산의 경우 펀더멘털과 실제가격 간의 괴리가 무한정 확대되기는 어렵기 때문이다. 예를 들어 주택, 오피스빌딩 등 유형자산에서 발생하는 소득을 부풀려 전망하는 데는 한계가 있을 수밖에 없다. 그 결과 유형자산 가격 상승에 기대 부채를 확장하는 데도 한계가 존재한다.

그러나 무형자산의 경우는 사정이 다르다. 실체가 존재하지 않는 만큼 무형자산의 가치에는 주관적 평가가 끼어들 여지가 유형자산에 비해 훨씬 크다. 그 결과 그럴듯한 스토리텔링이 동반되면 가격은 유형자산과는 비교되지 않을 정도의 수준까지 상승한다. 실체가 없는 일부 기술기업의 주식, 가상자산 등의 가격이 믿을 수 없을 정도로 치솟는 일이 다반사로 벌어진다. 새로운 기술과 더불어 새로운 세계의 도래가 임박했고, 따라서 과거의 잣대로 가치를 평가해서는 안 된다는 전문가들의 주장이 힘을 얻는다. "이번엔 다르다"는 것이다.[24]

심지어는 디지털 예술작품에 소위 원본이라는 증빙을 첨가함으로써 실로 창의적인 무형자산을 만들어내기도 한다. NFT Non Fungible Token(대체 불가능 토큰)가 그것이다. 디지털의 속성상 복제를 통해 해당 자산을 누구나 소유하고 감상할 수 있는 마당에 원본이란 증빙이 무슨 의미를 갖는가. 자산의 가치가 해당 자산 보유에서 얻는 배타적 소득 혹은 만족감에 의해 결정된다는 원리가 철저하게 외면되고 있는 것이다. 그럼에도 기술과 관련한 전문가들, 무형자산 거래를 중개하는 업자들에 의한 강력한 스토리텔링과 내러티브가 가세하면서 가격은 폭등한다.

무형자산의 증가는 부채의존경제의 외연 확장에 도움을 준다. 가격 상승에 제한이 없는 무형자산이 늘어날수록 부채 양산의 여지는 그만큼 확대되기 때문이다. 이러한 점에서 무형자산의 비중이 높아지고 무형자산의 중요성이 강조되는 작금의 상황은, 어쩌면 부채의존경제가 자신의 생존을 위해 스스로 만들어낸 것인지도 모른다. 그러나 수익 창출이 동반되지 않는 자산은 그 어떤 미사여구를 동원해도 허상이요, 판타지에 지나지 않는다. 허상과 판타지가 무너지는 것은 시간문제일 뿐이다. 그럼에도 유능한 인적자원이 현실계가 아닌 상상계의 자산을 만들어내는 데 뛰어들고, 수많은 사람이 상상계를 좇아 돈을 빌려 투자, 아니 투기에 나서는 것이 부채의존경제의 슬픈 풍경이다.

본업과 부업의 역전

대다수 근로자는 각자가 속한 직업에서 생산 활동에 전념함으로써 소득을 창출한다. 그리고 창출한 소득을 꾸준히 저축함으로써 자산을 형성해간다. 그런데 부채의존경제에서는 부채를 동원한 자산 매입으로 자산가격이 빠른 속도로 상승한다. 느닷없이 자산가격이 상승하는 현실 앞에 건전한 생산 활동으로 얻는 소득은 한없이 초라해 보인다. 더이상 자신의 자리를 지킨 채 본연의 생산 활동에 집중하는 것은 불가능하다. 자산가격 상승에 편승해 쉽고 빠르게 돈을 버는 것이 가능하고, 심지어 바람직하다는 생각이 사회 전반에 확산된다. 소위 FIRE Financial Independence, Retire Early (금융자산 축적으로 조기 은퇴)가 젊은이들의 목표가 된다. 이름은 거창해 보이지만, 실상은 자산가격 상승이라는 대박을 통해 하루빨리 찌질한 생산 활동에서 벗어나겠다는 것에 지나지 않는다.

주변에서 자산가격 상승으로 신분이 바뀐 사례가 늘수록 이러한 현상은 가속화된다. 묵묵히 책임감을 갖고 자신의 업무에 충실하던 젊은이들이 흔들리기 시작한다. 자산 매입 대열에서 한 번이라도 뒤처질 경우 끝내 따라잡을 수 없을 것이라는 두려움 FOMO, Fear of Missing Out 이 엄습하기 때문이다. 그 결과 대다수의 젊은이가 본업을 팽개치고 부채를 동원한 자산 증식에 골몰한다. 금융자본 축적에 온통 마음을 뺏긴 채 자신의 인적자본 축적에는 손을 놔버리는 것이다. 본업과 부업의 역전이다. 이를 두고 직업윤리와 기업가정신이 사라진다고 개탄

한들 아무런 소용이 없다. 이런 현실은 개개인의 문제가 아니라 보다 구조적 문제, 즉 부채 양산을 통해 자산 인플레이션을 야기하는 부채 의존경제에서 비롯되었기 때문이다. 토마 피케티Thomas Piketty가 발견한, 자산소득이 근로소득을 지속적으로 초과하는 현상[25] 또한 부채의존경제의 속성에서 비롯되었을 가능성이 크다.

부채 양산의 주체인 금융산업에서도 본업과 부업이 역전된 지 오래다. 금융이 정보생산에 충실하던 시절, 은행은 전통적인 대출을 통해 이자를, 투자은행은 고객 딜의 성사를 통해 수수료를 획득하는 것이 주된 수입원이었다. 그러나 1990년대 트레이딩을 위한 증권을 비롯, 자체 보유 증권이 자산의 주종을 이루면서 상황은 역전된다. 보유 증권의 시세차익이 주된 수입원이 된 결과, 중개기관으로서 고객과의 관계에 기초해 얻는 본연의 수입은 하찮아진 것이다.

이러한 변화는 경영진의 구성에도 변화를 가져왔다. 트레이딩룸에서 잔뼈가 굵은 트레이더들이 CEO를 비롯한 고위경영진에 오르기 시작했다.[26] 과거에는 상상도 할 수 없는 일이다. 트레이더의 주류 세력 편입은 금융기관의 문화도 바꿔놓았다. 시세차익을 위해 피도 눈물도 없이 일하는 트레이더들이 주도권을 잡으면서 고객관계를 중시하는 전통적인 뱅커들은 뒷전으로 밀려났다. 대리인으로서 주인을 위해 일하고, 그 대가로 주인과 함께 이익을 누리고 성장하던 데서 벗어나, 금융기관 스스로가 주인의 자리에 서게 된 것이다. 이제 금융기관에게 고객은 주인이 아니라 넘어서야 할 경쟁자가 되었다. 금융기관과 고객 기업 간의 이익 충돌, 고객인 투자자에 대한 불완전판매 등의 사례가 급증하고 있는 현실은 본업과 부업의 역전이 낳은 결과에 다름 아니다.

실물과 금융의 역전

오늘날 금융 부문의 크기는 실물 부문의 크기를 압도한다. 금융기관이 부채를 통해 자산 규모를 끊임없이 확장한 결과다. 그런데 금융기관이 보유하는 자산의 가격은 부채로 부풀려진 것이라는 점에서 펀더멘털에서 벗어난, 극히 취약한 가격이다. 따라서 자칫 부채 양산이 멈추거나 외부 충격이 발생할 경우 순식간에 자산가격이 하락해 금융기관은 지급불능 상태에 빠진다. 이는 금융기관에 돈을 빌려주는 채권자 입장에서 불안하기 짝이 없는 일이다. 이러한 불안에서 벗어나려면 다른 채권자보다 먼저 돈을 회수할 수 있는 장치가 필요하다. 그것은 금융기관에 빌려주는 대출금의 만기를 가급적 짧게 가져가는 것이다. 이를 통해 금융기관에 문제가 생길 조짐이 보이면 다른 채권자에 앞서 만기 도래한 대출금을 바로 회수할 수 있기 때문이다. 이러한 생각은 모든 채권자에게 공통으로 적용된다. 그 결과 채권자들 사이에 대출금의 만기 축소 경쟁이 치열하게 펼쳐진다.[27]

이러한 채권자의 행태는 개별적으로는 지극히 합리적이다. 그러나 채권자의 만기 축소 경쟁으로 금융기관 보유 자산과 부채 간의 만기 불일치가 심화된다. 과거 은행에만 국한되었던 만기 불일치가 전 금융권으로 확대된다. 그런데 만기 불일치는 금융기관의 유동성 위험을 증폭시킴으로써 금융 불안정을 키운다. 개별적으로는 합리적인 채권자의 행동이 집합적으로는 전체 금융 시스템 붕괴 위험을 확대시키는 것이다.

금융 부문이 실물 부문의 크기를 압도하는 상황에서, 금융 시스템 붕괴가 현실화될 경우 실물경제가 받는 충격의 크기는 상상을 초월한다. 이 점을 염려한 정부와 중앙은행은 금융 부문에 약간의 생채기만 생겨도, 아니 생채기가 생길 조짐만 보여도 즉각 개입하여 구제하는 악순환이 계속되고 있다.

본래 금융은 실물경제에 종속되는 위치에 있다. 기업 경제 활동, 즉 실물경제에 문제가 생기면 시간을 두고서 금융중개기관의 대차대조표가 영향을 받는다. 그리고 실물경제의 문제가 심각하지 않을 때는 금융중개기관이 충격을 자체적으로 흡수함으로써 실물경제의 문제를 완화한다. 금융중개기관은 위험의 변환을 통해 위험을 흡수하는 곳이기 때문이다.[28] 이러한 점에서 정상적인 중개기관이라면 지속적인 정보생산을 통해 돈을 빌려간 기업과 가계, 즉 실물 부문을 유심히 살피고 염려해야 한다. 그러나 과잉금융으로 만들어진 부채의존경제에서는 정반대 현상이 벌어진다. 오늘날에는 금융 부문이 실물경제를 염려하는 것이 아니라, 실물경제가 금융 부문에 문제가 생기지 않을까 노심초사한다. 실물과 금융의 역전이다. 금융이 사회의 질시의 대상이자, 동시에 걱정거리가 된 것이다.

과잉금융이 낳은 부채의존경제의 폐해는 경제적인 측면에만 국한되지 않는다. 단기 업적 주의와 자산가격 숭배의 결과로 양극화 심화,

가치관 전도, 사회 분열 등 수많은 사회병리 현상이 양산되고 있다. 그 결과 우리 사회의 지속가능성에 대한 우려의 목소리는 날로 커지고 있다.

최근 전 세계적으로 ESG Environmental, Social and Corporate Governance(환경, 사회, 기업 지배구조)에 대한 관심이 고조되고 있는데, 이는 우리 경제와 사회의 지속가능한 발전에 필요한 대안 모색을 더이상 미룰 수 없다는 절박감에서 비롯되었다. 바람직한 기업지배구조를 정착시키고, 이를 통해 분열된 사회를 통합하고 훼손된 환경을 복구함으로써 지속가능한 경제성장을 도모해야 한다는 것이다.

맞는 말이다. 문제는 전문가, 국제기구, 정책당국자 사이에 금융을 통해 ESG를 달성할 수 있다는 생각이 널리 퍼져 있다는 사실이다. 금융 부문이 선별적 대출과 투자를 실행함으로써 사회 통합과 환경보전을 이끌어낼 수 있다는 것이다. 소위 사회적 금융social finance, 녹색금융green finance, 사회책임투자socially responsible investments 등이 대표적인 사례다. 그러나 이는 극히 지엽적 해결책일 뿐 아니라, 나아가 본말이 전도된 것이다. 문제를 야기한 당사자에게 문제 해결을 맡기는 것이기 때문이다.

부채의존경제의 출현으로 단기 주가 부양이 기업경영의 유일한 목표가 되었다. 이러한 상황에서 주주와 경영진이 사회 통합과 탄소배출 축소 등에 실질적인 관심을 쏟기를 기대하기란 언감생심이다. 드러난 증상에만 집중하여 이를 개별적으로 해결하려는 시도는 성공하기 어렵다. 양극화, 사회 분열, 환경오염 등의 증상을 야기한 보다 본질적인 구조에 눈을 돌려야 한다. 금융이 먼저 바뀌지 않는 한, 다시 말해 금융 부문의 근본적 개혁을 통해 과잉금융과 부채의존경제를 종식시키지 않는 한 ESG 달성은 공염불일 뿐이다.

7부

금융의 제자리 찾기

16장

업스트림

두 명의 친구가 강가로 소풍을 갔다. 갑자기 살려달라는 외침과 함께 한 아이가 떠내려온다. 이를 본 한 친구가 급히 강에 뛰어들어 아이를 건진다. 곧이어 또다른 아이가 떠내려온다. 이젠 다른 친구가 뛰어들어 아이를 건진다. 두 친구 모두 탈진해 있는데 아이들이 또 떠내려온다. 환장할 노릇이다. 다행히 소풍 나와 있던 다른 사람들이 합세해 아이를 건지기 시작한다. 그러나 아이들이 끊임없이 떠내려오는 상황이 계속되면서 이내 힘에 부친다.

마침 신고를 받고 출동한 인근 지역 구조대원들이 아이를 건져낸다. 그러나 수없이 떠내려오는 아이들 때문에 이들로도 감당이 안 된다. 이젠 먼 지역의 구조대원들까지 총출동해 아이를 건져낸다. 그럼에도 밤이 새도록 구조작업은 끝날 기미가 없다. 그때 한 구조대원이 아이를 건지다 말고 물 밖으로 뛰쳐나간다. 구조대원 한 명이 아쉬운

마당에 어디 가냐고 사람들이 묻는다. "아이를 물에 던져 넣는 놈을 잡으려요".[1]

업스트림

지난 수십 년간 반복된 금융위기로 안전망은 꾸준히 확장되어 왔다. 이와 함께 금융기관의 위험 추구를 차단하기 위한 규제도 지속적으로 늘어났다. 우선 안전망을 보자. 중앙은행은 유동성 위기가 아닌 지급불능 상태에 처한 은행에도 최종대부자 기능을 통해 유동성을 공급해왔다. 예금보험한도는 위기가 터질 때마다 상향 조정되면서 보호대상 예금도 꾸준히 확대되었다. 그리고 2008년 글로벌 금융위기를 계기로 은행이 아닌 다른 권역의 금융기관들도 구제 대상에 포함되었다. 모든 금융권역이 구제 대상이 된 것이다. 그리고 이제는 약간의 위기 조짐만 보여도 중앙은행과 정부는 빛의 속도로 개입해 모든 채권자를 구제한다. 바야흐로 우리는 무한 금융 안전망의 시대에 살고 있다.

규제는 또 어떤가. 1970년대 금융억압 종식과 함께 대출 총량 규제, 부동산 관련 대출 규제, 은행업과 증권업 분리 규제 등 은행의 신용팽창을 직접 제약하던 굵직한 규제들은 시장 자율 회복이란 명목하에 순차적으로 제거되었다. 신용팽창이라는 해일을 막을 최일선의 제방이 허물어진 것이다. 반면, 금융억압 종식으로 위기가 발발하자 그때마다 은행의 위험 추구에 제동을 걸기 위한 미시 규제들은 지속적으로 덧대어졌다. 다가올 해일에 대비한답시고 무너진 제방 위로 파편화된 자갈을 흩뿌리는 형국이었다. 그리고 시간이 갈수록 흩뿌리는 자갈의 양은 폭발적으로 늘어났다.

1988년 바젤은행감독위원회BCBS가 주요국 은행에 공통으로 적용하는 것을 목표로 만든 규약(바젤1)의 분량은 30쪽에 불과했다. 이후 2004년에 합의된 바젤2의 경우 규제의 디테일과 복잡성이 증가하면서 347쪽으로 늘어났다. 규제 항목이 대폭 늘어났음에도, 바젤2의 잉크가 채 마르기도 전인 2008년 글로벌 금융위기가 발발했다. 위기 원인에 대한 진단이 필요했다. 진단 결과는 예전의 위기 때와 다르지 않았다. 규제량이 충분하지 못해 규제의 빈틈이 생겼고, 은행이 이러한 빈틈을 활용한 결과 금융위기가 도래했다는 것이다. 이에 따라 바젤3에서는 바젤2의 부족한 부분이 대폭 보강되었으며, 규제 분량은 616쪽으로 이전 대비 거의 2배가 되었다. 2008년 글로벌 금융위기의 진앙지였던 미국에서 제정된 도드-프랭크법Dodd-Frank Act의 분량은 2,300쪽이다. 이 법의 실제 이행을 위해서는 수많은 하위 규정이 필요한데 하위 규정까지 합칠 경우 전체 분량은 3만쪽을 넘어선다. 유럽도 사정은 별반 다르지 않다.[2]

세세하고 촘촘한 규제 항목이 기하급수적으로 늘면서 오늘날 은행을 비롯한 금융기관은 규제의 마천루에 둘러싸였다. 그러나 그 결과는 어떤가. 글로벌 금융위기 이후 규제량의 폭발적 증가에도 불구하고 과잉금융은 오히려 심화되었고 전 세계 부채 규모는 매년 역사적 고점을 경신하고 있다.[3] 시스템리스크 에너지가 차곡차곡 쌓이고 있음은 물론이다. 당장 내일 위기가 터진다 해도 조금도 이상할 게 없는 상황이다.

이제는 [안전망 확대 + 규제 추가] 조합이 실패했음을 인정해야 한다. 위기가 발발하고 난 후 안전망과 규제를 덧대는 응급처치를 반복할 게 아니라 위기를 일으키는 근본 원인을 찾아 나서야 한다. 다운스트림에서 더 많은 구조대원을 투입하느라 자원과 에너지를 낭비하는 대신, 애들을 물에 던지는 '그놈'을 잡으러 업스트림으로 가야 한다는 것이다.

규제는 왜 실패하는가

금융위기가 발생하는 이유는 기존 규제가 충분하지 못했기 때문이며 따라서 규제 공백을 제거하기 위해 새로운 규제를 대폭 추가한다. 이는 지난 수십 년간 전 세계 규제당국이 한결같이 견지해 온 접근법이다. 그러나 이러한 접근법에는 한 가지 전제가 필요하다. 규제를 보강한 시점 이후 세상은 바뀌지 않고 그 상태 그대로 머물러 있어야 한다. 이렇게 된다면 전문가들이 최선의 노력을 기울여 규제를 보충하는 만큼 이들 규제는 나중에도 여전히 효력을 발휘할 것이다.

설령 세상이 변하더라도 향후 변화될 세상의 모습을 예상할 수 있다면 걱정할 게 없다. 장래 예상되는 사건을 빠짐없이 고려해 규제를 보충하면 되기 때문이다. 이러한 생각에는 장래 발생 가능한 모든 사건 및 이들 사건의 발생확률을 알고 있으며, 그 결과 향후 변화될 세상의 모습을 예상할 수 있다는 주류경제학의 견해[4]가 투영되어 있다.

그러나 실제 세상은 전혀 딴판이다. 현재 시점에서 장래에 벌어질 모든 사건을 도대체 누가 알 수 있단 말인가. 10년 전만 해도 생성형 인공지능의 등장을 예상한 사람은 아무도 없었을 것이다. 이는 시장이 정적인 균형 상태에 있다는 주류경제학의 견해와는 달리, 시장은 수많은 참가자 간의 상호작용을 통해 끊임없이 변해가는 동태적인 과정 그 자체이기 때문이다. 그리고 참가자 간의 상호작용, 소위 시장 과정market process을 통해 새로운 정보가 생성되는데, 이러한 정보를 사전에 아는 것은 원천적으로 불가능하다. 새로운 정보는 시장 과정을 거쳐 사후적으로 드러나는 결과물이기 때문이다.[5]

2008년 글로벌 금융위기 당시, 미국 유수의 금융기관이 대규모 손실을 입었다. 금융공학자들의 계산에 따르면 이러한 손실은 130억 년에 겨우 한 번 일어날 법한 것이었다.[6] 130억 년은 우주의 나이(138억 년)에 필적한다. 해당 손실은 금융기관 내부의 물리학, 수학 박사학위를 가진 전문가들이 온갖 지식을 총동원해도 결코 예상할 수 없었던 사건에서 비롯되었다는 것이다. 하물며 시장 밖에 있는 규제당국은 말할 필요도 없다.

결국 위기가 터질 때마다 규제량을 늘려 규제 공백을 해소한들, 다가올 세상은 이전과는 다른 세상이며 따라서 이전에 만들어진 규제가 작동할 리 만무하다. 오늘 시점에서 최적의 자본비율 규제가 무엇이든, 내일은 다른 날이 될 것이기에 규제는 무력할 수밖에 없다는 것이다.[7] 이러한 점에서 글로벌 금융위기 이후 이루어진 규제 강화는 다가

올 금융위기의 씨앗을 뿌리는 행위에 다름 아니다.[8]

규제당국의 정보 부족 말고도 규제를 무력화시키는 요인은 또 있다. 미국 보스턴 소방청의 소방대원들은 몸이 아플 때 병가를 내곤 했는데 병가 일수에는 제한이 없었다. 그런데 소방대원들의 병가 기록을 살펴본 결과 유독 월요일과 금요일에 병가가 집중되었다. 소방청장은 소방대원들이 주말을 끼워 3~4일을 몰아서 쉬기 위해 병가를 남용한다고 생각했다. 이러한 생각은 병가규정 강화로 연결되었다. 2001년 12월 1일부터 병가 일수를 연간 15일로 제한하고 이를 초과하면 급여에서 차감한다는 내용이었다. 이는 마치 의사가 환자의 질병을 정확하게 진단하고 그에 맞는 처방전을 제시하는, 소위 처방적 규제prescriptive regulations에 해당한다. 소방청장의 처방전은 약효가 있었을까.

규정 강화 직후인 크리스마스와 새해 첫날의 병가 신청 건수는 직전년도 대비 무려 열 배나 늘었다. 무슨 일이 일어난 것일까. 소방청장의 생각대로 병가제도를 남용하는 소방대원도 없진 않았을 것이다. 그러나 대부분의 소방대원은 그렇지 않았고, 따라서 병가 일수 제한 규정이 도입되자 이들은 이전까지 암묵적으로 공유하던 책임감을 떨쳐버렸다. 즉 부상을 당하거나 몸 상태가 좋지 않더라도 공공의 이익을 위해 출근해야 한다는, 소위 자기규율self-discipline을 버린 것이다.[9] 새로운 규정에서 정한 15일의 병가 허용 일수는 가급적 인내하며 사용하지 말아야 하는 것이 아닌, 무조건 사용해야 하는 최소한의 권리가 되어버렸다.

이스라엘 하이파Haifa의 어린이집day-care center을 대상으로 한 연구도 비슷한 결과를 보여준다. 어린이집에서는 부모들이 아이를 늦게 데리러 오는 경우를 줄이고자 벌금을 부과하기 시작했다. 그런데 벌금을 부과하자 부모가 지각하는 빈도는 이전보다 오히려 더 늘었다. 뿐만 아니라 전에는 지각한 부모들이 미안한 내색을 했으나, 벌금 부과 후에는 미안함을 표시하는 대신 당당하게 행동했다. 벌금 부과로 인해 이제는 지각해도 되는 권리를 얻었다고 생각한 탓이다. 상황을 되돌리기 위해 벌금 부과를 취소했으나 지각 빈도는 이전 수준으로 돌아가지 않았다. 일시적인 규제 부과로 지각에 대한 부모들의 태도가 영구적으로 변화된 것이다.[10]

이처럼 외부에서 부과하는 처방적 규제는 피규제자들이 이전까지 가지던 나름의 준법 의무, 즉 자기규율을 훼손한다. 이로 인해 애초의 규제 목표와는 정반대의 결과가 나타난다. 규제에서 부과하는 한도는 신중하게 행동함으로써 가급적 멀리해야 할 경계선이 아니라, 한도까지는 무조건 해도 된다는 면죄부를 부여하기 때문이다.

이러한 현상은 처방적 규제의 마천루에 둘러싸인 금융산업에서 극명하게 드러난다. 은행을 비롯한 금융기관은 규제에서 정한 한도 끝까지 다가가는 것이 자신에게 주어진 당연한 권리라 여긴다. 수많은 규제 항목에 걸쳐 대부분의 은행이 규제한도 근처에 몰려 있는 현상[11]은 이를 잘 보여준다. 나아가 형식적으로는 규제를 준수하는 것처럼 보이되 실질적으로는 위험을 늘리는 소위 규제 회피regulatory arbitrage가 공공연하게 이루어진다. 심지어 이러한 규제 회피 노력은 안전망을 최대한 활용한다는 점에서 금융혁신 혹은 창의성의 발현으로 간주된다. 상황이 이럴진데, 다운스트림에 머문 채 안전망과 규제를 계속 덧댐으로써 금융기관의 위험 추구가 차단되기를 기대하는 것은 부질없는 일이다.

휴리스틱, 복잡성을 극복하는 수단

언제, 어디서, 무슨 일이 생길지 알 수 없는 상황에서 제3자가 부과하는 규제는 효과를 내기 어렵다. 정부를 비롯한 어느 누구도 올바른 규제를 위해 필요한 충분한 정보를 가질 수 없기 때문이다. 뿐만 아니라 처방적 규제가 누적될 경우 피규제자의 자기규율은 시간이 갈수록 지속적으로 약화된다.

불확실성이 지배하는 세상에서 정부가 전능자가 되어 촘촘한 규제를 만들고 이를 통해 피규제자의 일거수일투족을 규제하고자 시도하는 것은 재앙을 초래할 뿐이다. 불확실한 세상에서는 다량의 처방전을 발급하는 대신, 몇 가지 해야 할 것과 하지 말아야 할 것을 정하는, 다소 거칠지만 단순한 방식이 훨씬 효과적일 수 있다.

허버트 사이먼Herbert Simon에 따르면 불확실성이 지배하는 세상에서 인간의 행동은 몇 가지 단순한 규칙을 따른다. 인간의 행동이 복잡해 보이는 것은 이들 단순한 규칙을 복잡한 주변 환경에 맞추어 적용하는 데 따른 결과일 뿐이다.[12]

복잡한 환경에 대응하는 단순한 규칙을 휴리스틱heuristic이라고 하는데, 이는 일종의 경험법칙rule of thumbs으로 어느 날 갑자기 생겨난 것이 아니다. 이는 진화적 반응으로서 여러 세대에 걸친 반복 경험을 통해 다듬어지고 벼려진 것이며, 따라서 엄청난 양의 정보가 축적되어 형성된 것이다. 십계명은 휴리스틱의 대표적인 사례다. 십계명은 복잡한 도덕적 미로moral maze에 갇힌 사람들을 이끄는 데 도움이 되는 궁극의 단순 규칙으로, 오랜 기간 매우 강건하게 살아남았다.[13]

인류는 장구한 시간에 걸친 경험을 통해 마침내 몇 가지 해야 할 것과 하지 말아야 할 것을 구분하게 되었는데, 이들 규칙은 우리의 DNA에 각인될 정도로 거의 선험적으로 알 수 있는 것이다. 이런 점에서 휴리스틱은 인류라는 시스템의 존속과 번영에 기여한, 우리 내면 깊숙한 곳에 자리한 수용성 높은 원초적 법칙이라 하겠다.

계절을 따라 이동하는 철새 무리도 하나의 시스템이다. 하늘을 수놓는 철새의 군무는 매우 화려하고 동시에 복잡해 보인다. 그런데 철새 무리 시스템의 안정성을 유지하는 것은 놀랍게도 지극히 단순한 규칙이다. 동료들과 속도를 맞추어 날되, 충돌을 피하면서 무리의 중심부를 향한다. 이 세 가지 단순한 규칙만을 적용한 시뮬레이션을 통해 실제 철새 무리의 움직임은 거의 그대로 재현된다.[14] 이들 규칙은 휴리스틱으로, 여러 세대에 걸쳐 개체들 간의 상호작용을 통해 형성된 내재화된 법칙이며 따라서 철새의 본능에 각인된 것이다. 그리고 철새의 군무가 복잡해 보이는 것은 다양한 지형지물, 바람, 온도, 습도 등이 어우러져 만들어내는 주변 환경이 복잡하기 때문이다. 즉, 단순한 세 가지 규칙을 시시각각 변하는 주변 환경에 적용하는 과정에서 철새의 행동 자체가 마치 복잡성을 띠는 듯 보이는 것이다.

이상의 논의는 규제와 관련하여 중요한 시사점을 던진다. 복잡성은 복잡성으로 맞서면 안 된다는 것. 즉, 불확실성으로 가득 찬 복잡한 환경일수록 이에 대응하는 규칙은 단순해야 한다.

복잡한 의사결정에 필요한 정보를 수집하고 처리하는 데는 많은 비용이 소요된다. 극단적으로, 장래에 일어날 모든 사건을 완전히 파악하고 이들 사건별로 확률을 매기는 일은 인간 인지력의 한계를 넘어선다. 이러한 점에서 휴리스틱은 홍수처럼 밀려오는 정보를 의도적으로 무시함으로써 복잡한 환경에 적응하는 최선의 반응일 수 있다.[15] 가용한 모든 정보를 활용하기 위해 최대한 복잡하고 세련된 수학적 모델에 집착하다 완전히 실패하기^precisely wrong^보다는, 단순한 몇 가지 원칙을 지킴으로써 얼추 성공하는^roughly right^ 편이 낫다.[16] 철새들이 변화무쌍한 환경을 이겨내고 지금도 먼 거리를 성공적으로 이동하고 있는 것은 후자를 택했기 때문이다. "완성이란 더할 것이 없는 상태가 아니라, 더이상 뺄 것이 없는 상태"라는 생텍쥐페리^Saint-Exupéry^의 말[17]에는 단순함이 갖는 힘에 대한 찬사와 경외가 담겨 있다.

시스템리스크와 모듈화

휴리스틱에 기반한 단순한 규제, 즉 몇 가지 하지 말아야 할 것을 정하는 금지 규제는 과거 은행의 위험 추구 유인을 효과적으로 차단한 바 있다. 금융억압기 동안 가해진 부동산을 비롯한 투기적이고 비생산적인 부문에 대한 대출 금지가 그것이다. 투기적 부문에 대한 대출 금지는 진성어음주의real bill doctrine [18]에 이론적 근거를 둔다. 구체적으로, 대출 대상을 상거래 활동, 즉 실물경제 활동과 직접 관련된 경우로 엄격히 제한한다. 그리고 은행부채(예금)의 만기가 극도로 짧은 만큼 대출만기도 가급적 짧게(통상 3개월 이내) 가져가는 것이 원칙이다.[19]

진성어음주의는 19세기 중반 영국에서 등장했다. 이 견해는 실물경제 활동을 넘어서는 은행의 신용팽창과 이로 인한 금융위기 및 극심한 경기변동이라는, 직전 200년간의 뼈아픈 경험에서 비롯되었다. 진성어음주의는 부분준비은행 제도를 수용하되 이 제도가 갖는 신용팽창 유인을 억제하려는 제한적인 시도였다는 점에서 분명한 한계를 지닌다. 그럼에도 불구하고 이러한 시도를 완전히 폄하하는 것은 공정하지 않다. 1930년대 대공황 이후 대부분의 국가는 진성어음주의에 입각해 부동산을 비롯한 투기적 부문에 대한 대출을 금지했고, 이후 40년 가까이 신용팽창이 자취를 감추었기 때문이다.

1933년 미국 은행법에서 은행의 증권업무 영위를 금지한 규제(글래스-스티걸법)도 마찬가지다. 이 규제는 4개 조항을 담고 있는 단순한 금지 규제에 불과하지만(너무 단순해서 필자는 4개 조항을 지금도 외우다시피 하고 있다), 안전망에 기댄 은행이 고위험자산 영역에 뛰어듦으로써 시스템리스크를 야기할 여지를 효과적으로 억제했다.

진성어음주의와 글래스-스티걸법이라는 단순 금지 규제는 금융시스템을 몇 개 구획으로 분리하여, 한 구획의 문제가 다른 구획, 나아가 전체 시스템으로 번지는 것을 차단하려는 시도에 해당한다. 구체적으로 진성어음주의는 대출시장을 자산시장과 분리하는 것이며, 글래스-스티걸법은 은행을 자본시장과 분리하는 것이다. 이처럼 하나의 시스템을 몇 개의 구획으로 나누는 것을 모듈화modularization라고 한다. 모듈화가 갖는 장점은 자동차산업, 건설업 등 이미 다양한 분야에서 확인되고 있다.

자동차 한 대를 생산하기 위해서는 2만 개가 넘는 부품을 결합해야 한다. 수많은 부품을 연속해서 결합할 경우 앞의 공정에 지체가 발생하면 이후 공정이 늘어지거나 심지어 생산시스템 전체가 중단되는 일이 발생한다. 완성된 자동차에 결함이 생길 때도 골치다. 전체 부품이 복잡하게 연결된 상태에서는 결함 부위를 찾아내기가 여간 어려운 게 아니다. 설령 찾아낸다고 해도 연결된 주변 부품들을 모두 헤집고 분해한 다음 수리를 해야 한다.

자동차 회사는 모듈화를 통해 이런 문제에 대응한다. 생산공정을 전방모듈front-end module, 운전석모듈cockpit module, 하부모듈chassis module 등 5가지 모듈로 나누어 모듈별로 부품을 조립해 각각의 모듈을 완성한다. 그다음 완성된 5개의 모듈을 연결함으로써 전체 차량을 완성한다. 모듈 방식은 일종의 블록쌓기에 비유되는데, 작은 블록(부품)을 결합해 5개의 중간 크기 블록(모듈)을 만들고, 중간 크기 블록(모듈)을 결합해 전체 블록(완성차)을 만든다.

모듈 방식을 택할 경우 생산공정 및 제품 개발 기간이 단축되고 그 결과 시장 환경 변화에 탄력적으로 대응할 수 있다. 특히 완성차량에 결함이 발생하는 경우 이를 신속히 찾아낼 수 있다는 것이 큰 장점이다. 결함의 시정도 여타 모듈에는 영향을 주지 않은 상태에서 짧은 시간에 이루어진다. 한 곳에서 발생한 오류가 전체 시스템에 미치는 영향을 최소화할 수 있는 것이다. 이러한 점에서, 모듈화는 단절된 각 구획들의 느슨한 결합을 통해 전체 시스템의 안정성 및 강건성을 확보하려는 시도라 하겠다.

시스템의 모듈화는 앞서 1960년대 컴퓨터산업에서 이미 도입되었으며, 더 멀리는 나폴레옹의 군대 편제에서도 사례를 찾아볼 수 있다. 나폴레옹 이전까지 전쟁에 참여하는 대규모 군대는 열을 지어 하나의 무리로 행군하는 것이 보편적이었다. 이로 인해 이동속도가 느리고 보급선이 길어지는 경우가 허다했다. 이러한 문제를 해소하기 위해 나폴레옹은 전체 병력을 5~7개의 군단corps(모듈에 해당)으로 나누었다. 그리고 각 군단 내에 기병, 보병, 포병은 물론 보급병까지 둠으로써 이들 군단은 자체적으로 소규모 전투를 수행할 수 있었다. 덕분에, 예를 들어 포병대나 보급부대 등 일부에서 발생한 문제가 전체 병력(즉 시스템)에 치명적 손실을 가할 위험을 제거했다. 또한 규모가 큰 전투를 앞둔 상태에서는 여러 군단이 합침으로써 화력을 극대화했다. 전체 시스템을 모듈화함으로써 대규모 병력임에도 빠른 속도로 행군하는 동시에 환경 변화에도 유연하게 대응할 수 있었던 것이다.

보편적 법원칙, 모듈화를 위한 기준

모듈화는 전체 시스템의 효율성과 강건성을 제고한다. 그렇다면 시스템리스크의 대명사가 된 은행 시스템에 모듈화를 적용하려는 시도는 당연한 귀결이다. 문제는 은행 시스템을 어떻게 구획할 것인가이다. 다시 말해 시스템 구획을 위한 경계선을 어떤 기준에 맞춰 그을 것인가를 정해야 한다. 자칫 경계선을 잘못 그을 경우 별다른 효과를 얻지 못하거나 심지어 시스템의 강건성을 오히려 해칠 수도 있기 때문이다.

과거 제국주의 시절, 중동과 아프리카 지역에서 이루어진 인위적 국경선 긋기는 실패한 모듈화의 대표적인 사례다. 본래 국경은 지형, 부족, 언어, 종교, 그 지역의 장구한 역사와 전통 등에 의해 자연스럽게 형성된다. 그러나 영국과 프랑스는 이러한 고려 없이 편의대로 국경을 정하는 바람에 민족 간, 종교 간 분쟁의 씨앗을 뿌렸다. 그 결과 해당 지역의 국가시스템은 지금까지도 극심한 분열과 이로 인한 불안정에서 벗어나지 못하고 있다.

그러면 은행제도와 관련해서 구획을 정하는 기준은 무엇이 되어야 할까. 어떤 제도든 그 제도가 성공하려면 광범위한 수용성이 있어야 한다. 구성원들이 쉽게 납득할 수 있어야 한다는 것이다. 구성원에 의한 수용성이 전제될 때 비로소 제도를 자발적으로 준수하려는 유인이 형성되고, 그 결과 제도의 영속성도 보장될 수 있기 때문이다.

보편적인 수용성은 특정 제도가 휴리스틱, 즉 오랜 기간 수많은 세대를 거치면서 우리 내면 깊숙이 각인된 원초적 법칙과 조화를 이룰 때 비로소 확보된다. 오스트리아학파의 루트비히 폰 미제스와 헤수스 데 소토Jesus de Soto는 이러한 법칙을 실정법과 구분해 보편적 법원칙general legal principles[20]이라고 불렀다. 보편적 법원칙은 우리 내면의 중심에서 깊은 공감을 형성하는 것인 동시에 상식에 기반한 것이다. 결국 모듈화를 통해 금융 시스템의 강건성을 회복하려면 현재의 은행제도에 우리가 공감할 수 없거나 상식에서 벗어난, 즉 보편적 법원칙에 위배되는 것은 없는지를 먼저 살펴야 한다.

17장

구조개혁: 통화와 신용의 분리

보관이란 의뢰인의 부탁을 받은 보관업자가 물건을 안전하게 지켜주는 행위safe keeping를 말한다. 보관을 임치任置라고도 하는데 임치는 '맡겨두다de+posit'라는 뜻의 한자어다. 은행예금bank deposit이 귀금속이나 주화의 보관에서 비롯된 것임을 확인할 수 있는 대목이다.

보관 vs 대차

보관에는 두 가지 유형이 있다. 우선 일반보관은 특정 물건specific goods의 보관으로 보관 물건별로 의뢰자가 명확히 구별된다. 예를 들어 자동차, 가구 등은 이름표를 붙임으로써 물건별로 의뢰자를 확인할 수 있도록 보관한다. 혹은 보관 공간을 구획함으로써 의뢰자를 구별하기도 하는데 지하철이나 터미널 등 공공장소의 물건보관함locker, 은행의 대여금고safe deposit box가 대표적 사례다.

보관의 두번째 유형은 혼합보관 혹은 대체가능물보관이다. 예를 들어 쌀 보관업자는 여러 사람이 가져온 쌀을 한데 섞어 보관하더라도 별문제가 없다. 품종과 생산 시기가 비슷하다면 한 고객의 쌀과 다른 고객의 쌀은 얼마든지 대체가능fungible하기 때문이다. 동일 품질의 콩이나 기름 등도 대체가능물에 해당하는데, 대체가능물의 경우 관리의 효율성 때문에 분리보관 대신 혼합보관이 일반적이다.

화폐도 대체가능물에 해당한다. 따라서 고객의 반환 요구가 있을 경우, 화폐 보관업자는 애초 맡겼던 화폐와 완전히 동일한 것이 아니라 동일한 금액에 해당하는 화폐를 내주는 것으로 족하다. 이는 우리가 은행에 예금한 후 필요시 현금으로 인출할 때를 생각해보면 자명하다. 엄청난 강박증의 소유자가 아닌 한, 원래 맡겼던 지폐와 일련번호가 다른 지폐를 내준다고 해서 발끈할 사람은 없기 때문이다.

일반보관이든 혼합보관이든 보관업자는 언제라도 의뢰자가 요구하면 물건을 돌려줘야 한다. 즉, 보관 물건은 온전히 의뢰자의 이해에 따라 움직이는 것으로, 보관업자는 어떤 경우라도 보관 물건을 사적으로 이용해서는 안 된다. 보관의 경우 이용가능성availability이 보관업자에게로 이전되는 일은 결코 없다는 것이다. 여기서 보관이 갖는 두 가지 특징이 확인된다. 첫째, 의뢰자가 요구하면 언제든 물건을 내줘야 한다는 점에서 보관계약에는 만기가 따로 없다는 것, 둘째, 보관 물건의 이용가능성이 보관업자에게 이전되지 않는다는 것이다.[1]

한편, 은행에 화폐를 예치하는 사람, 즉 예금 고객은 흔히 자신의 화폐를 제3자에게 보내길 원한다. 이러한 수요에 대응하는 것이 바로 지급결제 업무이다. 이런 점에서 지급결제 업무payment는 보관 업무safekeeping에서 직접 파생된 것으로 둘은 불가분의 관계에 있다.

보관과 마찬가지로 대차에도 두 가지 유형이 있다. 먼저 사용대차는 특정 물건을 빌린 자가 일정 기간(계약기간) 동안 해당 물건을 사용하고, 계약기간 종료 후 정확히 동일한 물건을 원상태대로 돌려주는 것을 말한다. 자동차 대여, 주택 대여 등이 대표적이다.

대차의 두번째 유형은 소비대차 혹은 대체가능물대차이다. 이 경우 대차 대상 물건이 쌀, 콩, 기름 등과 같은 대체가능물인 만큼, 물건을 빌린 사람은 해당 물건을 자신의 필요에 따라 소비한 후 동종, 동량에 해당하는 물건으로 갚으면 된다. 화폐의 대차, 즉 우리가 돈을 빌리거나 빌려주는 경우도 대체가능물의 대차라는 점에서 소비대차에 해당한다.

앞서 보관의 경우 계약상 만기가 존재하지 않으며 보관 물건의 이용가능성이 이전되지 않았다. 대차는 정확히 반대되는 특징을 가진다. 즉, 대차계약에서는 빌리는 자에게 물건의 이용가능성(혹은 소비가능성)이 이전되며, 이러한 이용가능성의 이전은 계약기간 종료 시점(만기)까지 지속된다.

한편, 대차계약에서 빌려주는 사람은 한동안 물건의 이용가능성을 상실하는데, 빌리는 사람은 이에 대한 대가로 이용료(사용대차) 혹은 이자(소비대차)를 지급한다. 그리고 대차계약의 만기가 길수록 이용가능성의 상실 기간도 길어지며, 따라서 이용료 혹은 이자도 비싸

	이용가능성의 이전	만기
보관	X	X
대차	O	O

(표 17-1) 보관과 대차의 구분

지는 것이 일반적이다. 반면 보관계약의 경우 의뢰자는 이용가능성을 전혀 상실하지 않는다. 따라서 보관계약에서는 의뢰자가 이용료나 이자를 수취하는 것이 아니라 오히려 보관업자에게 보관료를 지불해야 한다.

보관과 대차를 비교적 상세히 설명한 이유는 현재의 은행제도하에서 은행이 두 가지를 모두 영위하고 있기 때문이다. 우선 은행은 보관업자safe keeper로서 예금자로부터 화폐를 수령하여 보관(예금수취 업무)하고, 보관 중인 화폐를 제3자에게 보내는 일(지급결제 업무)을 수행한다. 동시에 은행은 소위 중개기관intermediary으로서 돈을 가진 자와 돈이 부족한 자 사이에서 대차 업무를 통해 중개기능을 수행한다. 바로 여기가 혼란이 생기는 지점이다.

(표 17-1)에서 보듯이 보관과 대차는 전혀 다른 성질의 것으로 결코 한데 섞일 수 없는 개념이다. 그런데 보관과 대차의 중심에 있는 은행예금은 어떤가. 예금은 예금자가 은행에 보관을 의뢰한 돈으로서, 예금자가 원할 때 언제든 인출할 수 있다. 이는 요구불예금뿐만 아니

라 정기예금도 마찬가지다. 다른 한편으로 예금에는 이자가 지불된다. 이는 예금이 은행 입장에서는 차입이며 예금자 입장에서는 대출임을 의미한다. 현행 은행제도에서 예금계약은 보관계약인 동시에 대차계약인 셈이다. 은행제도가 양자역학의 지배를 받는 것도 아닐진대 은행예금에 보관과 대차가 중첩된 현상을 어떻게 이해해야 할까.

은행제도의 불법성

은행은 보관을 의뢰 받은 예금을 그대로 두지 않고 이자수입을 얻기 위해 대출로 활용한다. 은행이 순수 보관업자라면 있을 수 없는 일이다. 보관물의 사적인 이용은 횡령에 해당하기 때문이다.[2] 그러나 은행제도를 지지하는 사람들은 예금 유용 그 자체만으로는 횡령이 성립되지 않는다고 본다. 비록 은행이 예금을 유용했다 하더라도, 예금 유용을 통해 수입을 얻은 다음 예금자에게 돈을 돌려줄 수 있다면 그것은 횡령이 아니라는 것이다.[3] 사전적 행위가 아닌 사후적 결과에 의해 횡령 여부가 결정되는 셈이다. 그러나 횡령 여부를 결정하는 것은 유용에 따른 결과가 아니며 유용 행위 그 자체이다.[4] 성공한 쿠데타든 실패한 쿠데타든, 쿠데타라는 사실에는 아무런 변함이 없다.

보관 예금의 유용이라는 점 말고도 은행제도가 불법인 보다 근본적인 이유가 있다. 대출은 돈의 이용가능성을 타인에게 양도함으로써 현재 시점에서 재화를 소비할 권리를 상실하는 것이다. 이는 물론 미래 시점에 더 많은 돈을 회수하여 더 많은 재화를 소비하기 위함이다.

이러한 점에서 대차계약은 현재의 재화를 미래의 재화로 교환하는 것이다. 그러나 은행예금의 경우 예금자는 언제든 화폐를 인출하여 재화를 소비할 수 있다. 예금자 입장에서는 예금의 이용가능성을 결코 상실한 적이 없다. 결국 은행예금에는 현재 재화와 미래 재화의 교환이라는 대차의 본질적 요소가 결여되어 있으며, 따라서 예금계약은 보관계약일 뿐 대차계약이 될 수 없다.[5]

문제는 대차계약이 아님에도 불구하고 예금자에게 이자가 지급된다는 점이다. 이자는 이용가능성 상실에 따른 대가다. 따라서 예금자가 이자를 받았다는 것은 예금의 이용가능성을 상실했음을 의미한다. 유스티니아누스 황제 시절 편찬된 로마법에서는, 금전의 보관을 의뢰한 자가 이자를 받을 경우 해당 금전을 포기한 것이나 마찬가지라고 적시하고 있다.[6] 금전을 맡기고 이자를 받을 경우 그 계약은 보관계약이 아니라 대차계약이라는 것이다.

이상의 논의에 따르면 은행예금은 보관도 아니고 대차도 아니다. 혹은 보관이자 동시에 대차다. 참으로 납득하기 어렵지만 백번 양보해 은행예금이 보관이자 동시에 대차라고 치자. 이 경우 예금이라는 하나의 계약을 두고 예금자와 은행 모두 이용가능성을 가진다. 그러나 동일한 계약에 참여하는 양측 당사자가 같은 돈에 대한 이용가능성을 동시에 소유dual availability하는 것을 어떻게 설명할 수 있는가. 이쯤 되면 예금계약의 법적 성질을 설명하기 어려운 정도가 아니라 설명 자체가 불가능하다. 이런 계약은 존재론적으로 불가능하기 때문이다.[7]

더불어 예금계약 자체가 결코 달성될 수 없다는 점에서도 이 계약은 불법이다. 모든 예금자는 자신이 원하면 언제라도 예금을 찾을 수 있다고 기대하며, 은행도 예금자의 기대를 명확히 인지한 상태에서 계약한다. 그러나 어떤 이유로든 예금자의 인출이 일정 수준을 넘어가는 순간, 은행이 모든 예금자에게 돈을 돌려주는 것은 원천적으로 불가능하다. 그리고 이처럼 애초 이행이 불가능한 계약은 당연히 무효다.[8]

원하는 예금자 모두에게 돈을 내줄 수 있는 유일한 경우는 중앙은행이 새로 돈을 찍어 은행에 공급해줄 때뿐이다. 중앙은행이라는 안전망은 예금계약이 갖는 원초적 불법성을 사후적으로 합법화시키는 역할을 수행하고 있는 셈이다.

부분준비의 합법화

초기 금장 시절 예금자는 예금계약이 보관계약임을 명확하게 인지했다. 이는 금장도 마찬가지였으며, 이에 따라 예금자에게 이자를 지급하지 않았다. 그러나 시간이 흘러 보관 금의 유용이 이루어지면서 점차 예금자에게 이자가 지급되기 시작했다. 초기 금장 중 하나인 리처드 호어 역시 처음에는 예금이자를 전혀 지급하지 않다가 18세기 초반 들어 이자 지급을 개시했다.[9] 당시 금장들은 이자 지급 사실을 비밀에 부치려 했는데[10], 이는 금장 스스로가 부분준비, 즉 보관 금 유용의 불법성을 인지하고 있었음을 시사한다. 이처럼 금장에 의해 명백한 불법행위가 이루어지고 있었음에도 17세기 말부터 18세기 말에 이르기까지 보관 금의 유용과 관련한 문제는 법정에서 다루어지지 않았다. 그 결과 한동안 은행예금이 보관인지 대차인지에 대한 법적 모호성은 해소되지 않았다.

그러나 19세기 들어 상황은 바뀌기 시작했다. 1811년, 1816년 예금의 법적 성격을 다투는 소송에서 은행에 유리한 판결이 잇따랐다. 예금은 대차계약에 해당하며 따라서 은행은 보관 예금을 이용할 권리를 가진다는 것이었다. 1848년 판결 역시 은행의 이용권을 인정함으로써 은행의 손을 들어주었다. 그러나 동시에 고객의 인출 요구가 있을 경우에는 즉시 이에 응해야 한다고 판시했다.[11] 이는 은행예금이 법적으로 대차계약과 보관계약의 두 가지 성격을 모두 지니고 있음을 확인한 것이다. 이러한 판시는 당시 광범위하게 확산된 부분준비 관행, 즉, 보관 금의 유용과 예금자에 대한 이자 지급이라는 불법적 관행을 승인하는 결과를 가져왔다.

그럼에도 불구하고, 예금자와 은행 모두에게 예금의 이용가능성이 동시에 존재한다는 점은 여전히 논리적으로 극복할 수 없는 모순이었다. 대중의 공감을 얻으려면 이러한 모순은 어떤 식으로든 해소되어야 했다. 부분준비제도를 합법화하려는 사람들은 이용가능성 개념의 재정립을 통해 모순을 해결하고자 시도했다. 예금자가 예금에 대해 갖는 이용가능성의 의미를 느슨한 방식으로 해석하기 시작한 것이다.

이에 따르면, 은행은 예금자의 이용가능성을 보장하기 위해 예금 전액을 보관(100% 준비)해야 하는 것은 아니다. 대신 은행은 예금을 신중하고 현명하게 이용하고 적절한 유동성을 보유함으로써 필요시 예금자의 인출 요구에 대응할 수 있으면 그것으로 족하다. 100% 준비자산 보유라는 보관계약 본연의 의무가 신중한 자산운용 및 적절한 유동성 보유라는 의무로 대체된 것이다. 이는 정확히 현대 은행 규제의 근간을 이룬다. 부분준비(고객자금의 유용)를 허용하되 최대한 안정적으로 자산을 운용한다는, 실로 창의적인 이용가능성의 개념이 현대 은행법에 그대로 수용된 것이다. 그 결과 예금자가 자신의 예금을 인출할 수 있는지의 여부는 100% 확실성을 가진 것이 아닌 확률적인 것으로 바뀌었다.[12]

은행만을 위한 특권

오늘날 예금계약의 법적 성질은 소비임치계약이다.[13] 우선 소비라는 표현이 붙은 것은 은행이 예금을 소비(사용)할 수 있다는 점에서 예금계약이 대차계약임을 뜻한다. 그러나 동시에 임치(보관)라는 표현에서 알 수 있듯이 예금자는 언제든지 반환을 청구할 수 있다.

보관과 대차라는 개념은 쉽게 구별된다. 양자의 뚜렷한 차이는 법률 문외한조차 한 번만 들으면 누구나 공감할 수 있으며, 조금 과장해서 표현하자면 거의 선험적으로 알 수 있는 것이다. 이는 보관과 대차의 구분이 장구한 세월 인류가 경제 활동을 영위하는 과정에서 축적한 수많은 정보로 벼려진 휴리스틱, 즉 보편적 법원칙에 해당함을 시사한다. 그럼에도 불구하고 소비임치계약이라는, 보편적 법원칙에 위배되는 실정법에 의해 부분준비제도는 합법성을 획득했다.

소비임치계약은 금전뿐 아니라 여타 물건에도 고루 적용할 수 있다. 그럼에도 불구하고 금전을 제외한 여타 물건(곡물, 기름 등)의 보관에는 소비임치계약이 사용되지 않는다. 이는 소비임치계약이 사실상 은행만을 위한 법, 즉 부분준비라는 탈법적 관행의 합법화를 위한 것임을 시사한다.

부분준비제도의 합법화는 당시 정부의 이해와 긴밀히 연결되어 있다. 18,19세기만 해도 정부는 신뢰 부족으로 자금 조달에 곤란을 겪었으며, 세원 파악 및 세금 징수를 위한 행정 체계도 미흡해 늘 자금 부족에 시달렸다. 이처럼 세원 확보와 차입 두 가지 측면 모두에서 어려움을 겪던 정부 입장에서 은행은 손쉬운 자금 조달 창구였다. 은행에게 보관 금보다 훨씬 많은 통화를 발행할 권리를 부여하는 대신, 정부는 재정지출에 필요한 자금을 은행으로부터 손쉽게 마련할 수 있었다. 보관 예금의 유용을 합법화함으로써 정부는 세금에 기대지 않고도 필요한 자금을 조달할 수 있는, 오랜 세월 수많은 사람이 갈망해온 현자의 돌philosopher's stone을 찾아낸 것이다.[14]

수많은 연금술사가 독성 물질을 다루는 과정에서 목숨을 잃었다. 그리고 그들이 꿈꾸던 연금술은 끝내 결실을 맺지 못했다. 그러나 싸구려 물질을 금으로 바꾸는 작업은 화학이 아닌 전혀 엉뚱한 곳에서 화려하게 꽃피었다. 오늘날 은행산업은 조직적 합법화의 과정을 거쳐 현대판 연금술의 기적이 펼쳐지는 살아 있는 현장이 된 것이다.

보편적 법원칙의 회복

십계명 중 하나인 "도둑질하지 말라"는 전 세계 모든 문명에서 공통으로 발견되는 휴리스틱으로, 지금도 우리 마음 깊은 곳에서 공감을 불러일으키는 보편적 법원칙이다. 횡령에 대한 엄격한 금지가 시기와 장소를 불문하고 이처럼 강건하게 살아남은 이유는 간단하다. 횡령이 건강한 생산 활동을 저해함으로써 인류의 존속과 번영에 지장을 초래하기 때문이다. 도둑질이 일상화된 세상을 상상해보라. 그 부정적 파급 효과는 우리가 결코 감당할 수 없는 것이다. 열심히 생산 활동에 종사한들 생산물을 탈취당하는 일이 다반사라면, 누구도 부가가치 창출을 위한 생산 활동에 나서지 않을 것이다. 나아가 현대 사회의 근간을 이루는 상호신뢰가 상실되면서 국가시스템, 나아가 전 세계 경제 및 사회시스템 전체가 붕괴할 것이다. 보편적 법원칙이 갖는 중요성은 아무리 강조해도 지나치지 않다.

지금의 은행제도는 보편적 법원칙을 무시함으로써 성립된 것이다. 실정법으로 보관과 대차라는 전혀 다른 둘을 하나로 묶으려 시도했으나, 이는 보편적 법원칙에 위배되는 것으로 수많은 부정적 파급 효과를 유발하고 있다. 일단 보편적 법원칙의 위배(보관과 대차의 결합)가 허용되고 나면 불법에서 파생되는 여타 증상(신용팽창, 자산버블, 금융위기, 양극화 등)을 차단하기란 불가능하다. 보편적 법원칙 위배에 뒤따르는 경제주체의 유인 왜곡이 너무나 강력하기 때문이다. 보관과 대차의 결합이라는 부분준비에 내재한 불법성, 이 불법성이야말로 현대 금융 시스템의 불안정과 경제, 사회 시스템의 왜곡을 야기하는 원천이다. 마침내 업스트림에서 아이들을 강물에 던져넣는 '그놈'을 찾은 것이다.

금융 시스템 불안정의 해결책은 안전망 확대와 규제 누적이라는 복잡한 처방이 아닌 단순한 구획 나누기, 즉 모듈화다. 모듈화는 구조를 건드리는 것이며 구획을 정리하는 것이다. 비슷한 것은 비슷한 것끼리, 다른 것은 다른 것끼리 묶는 것이다. 이런 점에서 효과적인 모듈화는 다름을 인정하는 것이다. 오늘날 중동과 아프리카 지역에서 벌어지는 비극의 원천은 다름을 인정하지 않는, 잘못된 국경선 긋기에서 비롯되었다. 현대 은행제도에서 다름을 인정하는 경계선은 지극히 간단하고 상식적이다. 그것은 보관과 대차를 분리함으로써 보편적 법원칙을 회복하는 것이다.

통화와 신용의 분리

이 책에서 주장하는 은행제도 개혁은 보관과 대차의 분리를 핵심 내용으로 한다. 그런데 보관과 대차의 분리라는 대원칙에 공감하는 학자들 사이에서도 제도의 구체적인 운영 방식에 대해서는 상이한 견해가 존재한다.[15] 이 책에서는 제도 운영과 관련한 상이한 견해에 대해서는 따로 언급하지 않고 대신 구조개혁 후의 개략적인 모습에 대해서만 소개한다. 이 책의 주된 목적이 부분준비제도의 불법성 및 100%준비제도의 필요성을 대중에게 온전히 알리는데 있는 만큼,

100%준비제도 채택 이후의 운영 방식에 대한 논의는 이 책의 범위를 넘어선다. 또한 현재의 부분준비제도에서 100%준비제도로 이행하는 과정도 극히 중요한데 이 부분에 대한 설명도 이 책에서는 언급하지 않는다. 이행 과정에 대한 서술은 이 책의 목적과 거리가 있을 뿐만 아니라, 상당히 기술적인 내용을 포함하고 있어 일반 독자의 접근성이 제한될 수 있기 때문이다.[16]

(그림 17-1)에는 보편적 법원칙 회복을 통해 현재의 금융 시스템을 재편한 후의 모습이 제시되어 있다. 새로운 금융 시스템하에서는 통화창출(공급)기관, 통화보관기관, 신용중개기관, 자본시장이라는 네 가지 축이 형성된다.

우선 통화공급은 정부가 독점함으로써 철저히 공적 영역에서 이

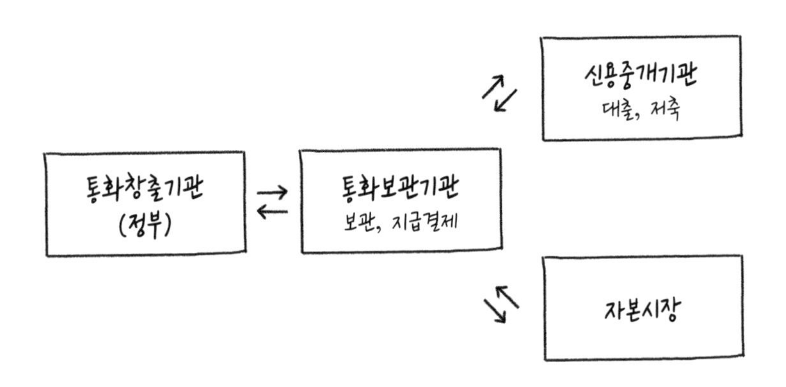

(그림 17-1) 구조개혁 후 금융 시스템의 모습

루어진다. 다음으로 통화보관기관은 발행된 통화를 100% 보관(진정한 의미의 예금)하고 지급결제 서비스를 제공한다. 대신 일체의 대차업무, 즉 신용중개 업무는 영위하지 않는다.

세번째 축은 신용중개기관(혹은 대출기관)이다. 이 기관은 잉여자금을 차입한 다음 이를 기업이나 가계에 대출하는 곳이다. 지금의 은행과 달리 대출을 통한 예금통화 창출은 불가능하며, 따라서 대출을 위해서는 먼저 통화의 차입이 선행되어야 한다. 그 결과 은행의 신용창출기능은 사라지며 신용중개기능만 남게 된다. 통화보관기관이 아닌 만큼 지금의 은행이 영위하는 지급결제 업무도 당연히 금지된다. 한편, 보유 통화의 운용을 통해 이자를 얻고자 하는 사람은 통화보관기관에서 통화를 인출하여 신용중개기관에 빌려줘야 한다. 그리고 신용중개기관에 빌려준 통화는 기존의 은행예금과 달리 만기 전에는 인출할 수 없다.

마지막으로 네번째 축은 자본시장이다. 자본시장은 증권의 발행과 유통, 운용이 이루어지는 곳으로 지금처럼 증권회사, 자산운용사, 증권거래소 등이 활동하게 된다. 자본시장에서 자금을 운용하고자 하는 사람 역시 통화보관기관에 보관된 통화를 인출하여 자본시장 중개기관인 증권회사, 자산운용사 등을 통해 투자해야 한다. 지금은 은행예금(파생통화) 수수를 통해 증권 투자가 이루어지는 경우가 많지만, 새로운 금융 시스템하에서의 투자는 오직 정부가 발행한 통화(본원통화)만을 매개로 이루어진다.

전술한 구조개혁의 내용을 한마디로 요약하면 통화와 신용의 분리이다. 즉, 기존의 부분준비은행이 영위하던 통화보관 업무(보관: 예금, 지급결제)와 신용중개 업무(대차: 차입 및 대출)를 분리(모듈화)하는 것이다. 이는 보편적 법원칙을 회복시키는 것으로, 18세기 데이비드 흄, 19세기 데이비드 리카도, 20세기 초 오스트리아학파, 대공황기 미국의 시카고플랜 입안자 등 일찍이 부분준비은행의 폐해를 꿰뚫어본 선대 학자들의 주장을 실천에 옮기는 일이다.[17] 우리는 이 책의 마지막 장인 18장에서 통화와 신용의 분리라는, 어쩌면 지극히 단순해 보이는 보편적 법원칙의 회복이 가져올 놀라운 변화를 확인하게 될 것이다.

18장

신화에서 벗어나기

통화와 신용이 분리될 경우 대출(신용)을 통해 예금통화를 만들어내는 일은 더이상 일어나지 않는다. 신용중개기관은 잉여생산물의 판매자로부터 통화를 차입한 다음에야 비로소 대출을 제공할 수 있다. 이는 신용중개기관이 제공하는 대출 총량은 잉여생산물 총량GDP을 초과할 수 없음을 의미한다. 실물경제와 괴리된 신용공급이 일어날 개연성이 사전에 차단되는 것이다. 그 결과 과도한 신용공급으로 경기가 금세 뜨거워지고 이후 경기가 급속히 식어버리는, 급격한 경기변동의 여지가 대폭 축소된다.[1] 신용팽창 여지가 사라지는 만큼 신용이 자산시장으로 대거 흘러갈 가능성도 크게 줄어든다.

경기변동 축소 및 뱅크런 소멸

통화와 신용이 분리된다고 해서 경기변동과 자산시장 붐이 완전히 사라지지는 않는다. 신기술 등장 등에 따른 낙관과 이어지는 비관은 우리 인간의 본성에 속하기 때문이다. 그럼에도 불구하고 낙관주의자들의 수요가 있다고 해서 이전처럼 대출이 쉽고 빠르게 늘어나는 건 불가능하다. 그 결과 우리의 변덕스러운 심리 변화가 경제 활동과 자산시장에 여과 없이 투영되는 일은 없을 것이다.

이상의 논의는 구조개혁이 이루어질 경우 경기변동과 자산 붐의 크기는 대폭 축소되고 기간도 크게 단축될 것임을 시사한다. 실제로 시카고플랜(100% 준비제도)을 적용한 경제모형의 분석 결과, 민간의 부채 규모가 축소되었으며 통화와 신용의 절연으로 통화가치가 안정되면서 인플레이션은 0으로 수렴되었다. 뿐만 아니라 부분준비제도에 비해 신용공급이 축소됨에도 불구하고 경제성장률은 오히려 한 단계 높아졌다.[2]

구조개혁의 효과는 경제체제의 효율성 제고에만 그치지 않는다. 극심한 경기변동과 자산시장의 변동성 확대는 분배 문제를 야기한다.[3] 통화와 신용의 분리는 양극화 해소를 통해 분배 문제 해결에 필요한 재정지출 규모를 줄이고 정치의 극단화 경향을 누그러뜨리는 데도 기여할 것이다.

은행 구제의 필요성도 완전히 사라진다. 구조개혁 이후 통화의 보관 및 지급결제는 신용중개기관의 대차와 절연된다. 따라서 보관(지급결제)과 대차가 중첩되는 현상은 더이상 발생하지 않는다. 이러한 상황에서는 신용중개기관의 지급능력이 훼손되더라도 지급결제는 아무런 영향을 받지 않는다. 그렇다면 상거래 및 금전거래의 혈맥 역할을 하는 지급결제 시스템을 지키고자 금융중개기관을 구제하는 일은 불필요하다.

한편, 통화와 신용이 분리됨에 따라 신용중개기관은 통화의 보관 업무에서 완전히 배제된다. 그 결과 신용중개기관의 부채는 이전과 달리 순수 대차의 성격만 지니며, 따라서 저축자의 즉시 인출은 불가능하다. 중개기관의 부채는 더이상 통화의 역할을 수행하지 못하는 것이다. 이는 신용중개기관 역시 일반기업과 마찬가지로 만기를 가진 차입계약에 의존하게 됨을 뜻한다. 그런데 차입계약의 경우, 사업 전망에 대한 비관적 시각이 지배하더라도 채권자들은 즉각적인 채권 회수에 나설 수 없으며 만기까지 기다려야 한다. 구조개혁으로 뱅크런 자체가 사라지는 것이다. 뱅크런이 없다면 예금자의 현금인출 요구에 대응하기 위한 중앙은행의 최종대부자 기능은 불필요하다. 예금자의 비효율적 인출 유인을 사전적으로 제거하기 위한 예금보험제도가 불필요해짐은 물론이다.

구조개혁을 계기로 시스템리스크의 개연성도 큰 폭으로 축소된다. 통화의 보관 및 지급결제가 신용중개기관과 분리되는 만큼, 한 신용중개기관의 지급불능이 지급결제망을 타고 다른 중개기관으로 전이될 위험은 원천적으로 차단된다. 그 결과 대마불사 취급을 받는 대형 중개기관의 실패조차 통화의 보관 및 지급결제에는 영향을 주지 못할 것이다. 또한 뱅크런이 사라지면서 한 은행에서 시작된 뱅크런이 삽시간에 다른 은행으로 번져 건전한 은행까지 유동성 위기, 나아가 지급불능 위기에 처할 가능성이 제거된다. 저축의 즉각적인 인출이 불가능해짐에 따라 과도한 비관이 전 금융 시스템으로 무차별적으로 증폭되는 일이 사라지는 것이다.

규제 총량 및 규제 비용 절감

부분준비제도에 의한 신용팽창 및 금융위기 발발은 규제 총량의 지속적인 증가를 가져왔다. 이에 따라 규제감독당국의 규모와 관련 비용 역시 큰 폭으로 늘어났다. 1970년대 말까지 영국의 은행감독은 영란은행 소속 약 30명의 직원에 의해 비공식적인 방식으로 이루어졌다. 1979년 영란은행에 은행감독의 법적인 책임이 부과되었을 때도 담당 직원은 채 80명이 안 되었다. 그러나 이후 상황은 급격히 바뀌어 영국의 금융감독 인력은 거의 40배로 증가했다. 1980년 금융 부문 종사자 11,000명당 1명의 감독자가 있었으나, 2011년에는 금융종사자 300명당 1명의 감독자가 존재하는 상황이 되었다.[4]

미국도 사정은 비슷하다. 1935년 은행 감독자 수는 약 4,500명으로 3개 은행당 1명의 감독자가 있었다. 그러나 2012년의 경우 연방예금보험공사^FDIC^, 연방은행감독청^OCC^, 연방준비은행^FRB^, 증권거래위원회^SEC^의 직원은 모두 합쳐 18,500명에 달한다. 이는 미국 은행 1개당 3명의 감독자가 존재함을 뜻한다.[5]

금융 부문 규제 및 감독을 담당하는 기관과 직원 수의 증가는 재정지출의 증가로 이어진다. 실제로 지난 50년간 미국 연방규제당국의 실질 지출은 가파르게 증가해왔다.[6] (그림 18-1)

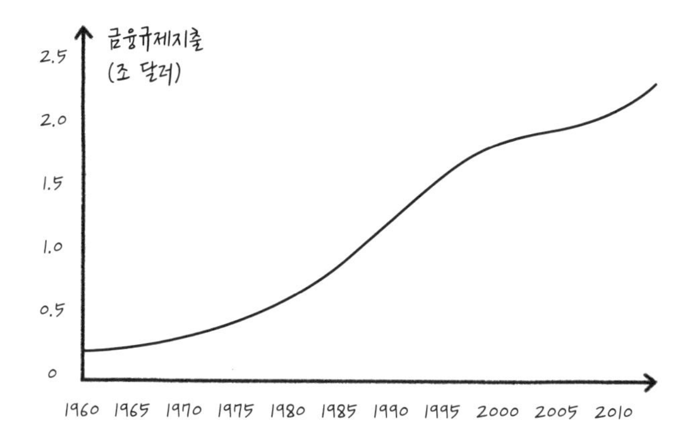

(그림 18-1) 미국 연방정부의 은행 및 금융 규제 관련 실질 지출 추이[7]
주: 실질 지출은 물가 상승 요인을 반영한 지출로,
원자료를 Hodrick-Prescott Filter에 의해 조정한 값

규제 폭증은 규제 대상 금융기관 입장에서도 큰 부담이다. 소위 규제준수비용compliance costs이 그것이다. 영국 규제당국이 금융기관에 자료 제출을 최초로 요구한 시점은 1974년인데 당시 제출자료에는 약 150개 항목이 포함되었다. 2012년 시점에서 영국 은행은 7,500개 이상의 데이터 셀을 채우도록 요구받았는데 이는 1974년 대비 50배 늘어난 규모다. 미국도 사정은 매한가지로, 1930년 은행의 제출자료에 포함된 항목은 약 80개였으나 1986년에는 547개, 1999년 1,208개, 2011에는 2,271개로 늘어났다.[8]

규제당국이 요구하는 제출자료가 폭증하면서 여기에 대응할 금융기관 인력도 급증하는 추세다. 바젤3의 요구사항에 맞추려면 유럽에서만 70,000명 이상의 풀타임 직원 고용이 필요한 것으로 추산되었다.[9] 또한 미국 도드-프랭크법 제정을 계기로 규제 총량은 약 2배로 늘어났으며, 이로 인해 미국 은행이 매년 부담하는 규제준수비용은 500억 달러가 넘는 것으로 추정된다.[10]

은행에 대한 규제는 대부분 모럴해저드를 차단하려는 것이다. 그런데 모럴해저드를 유발하는 안전망은 통화와 신용의 결합에서 비롯되는 은행 특유의 문제(뱅크런)를 해소하기 위함이다. 이런 점에서 은행 규제는 통화와 신용의 결합으로 상징되는 은행제도 자체에 내장된 것으로, 부분준비제도와 규제는 상호 불가분의 관계에 있다고 하겠다.

결국 부분준비제도가 지속되는 한 안전망의 확장은 피할 수 없으며 모럴해저드 차단을 위한 규제 총량의 증가 또한 불가피하다. 그러나 규제 폭증에도 불구하고 과잉금융으로 인한 부채 증가는 멈출 기미를 보이지 않는다. 그러자 최근 일부 국가에서는 규제감독당국이 나서 금융기관의 문화까지 바꾸겠다고 시도하고 있다.

안전망과 규제의 동반 증가라는 악순환에서 벗어나는 유일한 길은 구조개혁이다. 구조개혁은 신용팽창 및 이에 따른 부정적 파급 효과를 사전에 차단함으로써 규제 필요성을 제거한다. 또한 통화와 신용이 분리되면 신용중개기관의 부채는 더이상 통화가 아니며, 따라서 신용중개기관과 일반기업을 달리 취급할 하등의 이유가 없다. 일반기업에 대한 건전성 규제가 없는 것처럼 신용중개기관에 대한 건전성 규제도 불필요하다. 다만 금융상품의 속성상 일반상품과 달리 사후적으로만 품질이 확인된다는 점을 고려할 때, 불완전판매를 막기 위한 소비자 보호, 투자자 보호 규제는 여전히 필요할 것이다.

중개기능 회복 및 공정경쟁 촉진

일반적으로 금리는 만기가 길수록 높아지는 경향이 있다. 따라서 자산과 부채 모두 금리는 단기물에 비해 장기물에서 높게 형성된다. 각 기간별 금리(혹은 수익률)가 표시된 그래프를 수익률 곡선yield curve이라고 하는데, (그림 18-2)에는 전형적인 수익률 곡선이 나타나 있다.

수익률 곡선이 단저장고短低長高 형태를 띠는 것은 유동성프리미엄이 반영된 결과다. 자산의 만기가 짧을 경우 빠른 시일 내에 현금화가 가능한 반면 만기가 길면 현금화에 오랜 기간이 소요된다. 장기로 자산을 운용하는 사람 입장에서는 오랜 기간 자금이 묶이는 것이다. 당연히 이에 대한 대가로 추가적인 금리를 요구한다. 이때 추가되는 금리를 유동성프리미엄liquidity premium이라고 한다. 즉, [장기금리=단기금리+유동성프리미엄]의 관계가 성립한다.

일반기업의 자산은 주로 기계, 설비 등 단기간에 투자금을 회수할

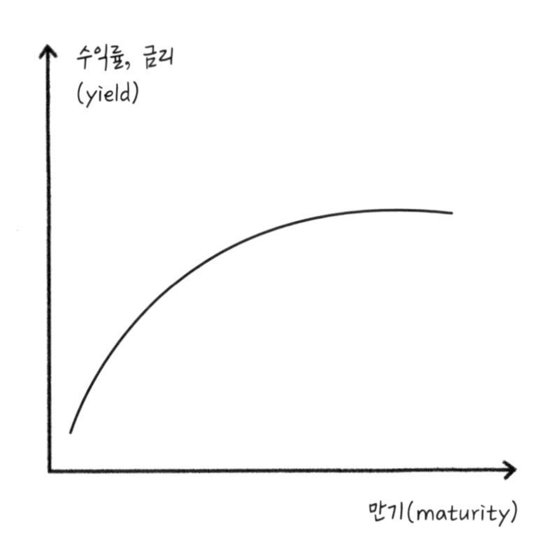

(그림 18-2) 수익률 곡선

수 없는 것으로 유동성이 낮다. 기업이 유동성 낮은 자산을 보유하는 이유는, 기술혁신이나 공정혁신 등 장기간 인내를 동반한 생산 활동을 통해서만 수익, 즉 부가가치가 창출되기 때문이다.

기업의 자산을 수익률 곡선상에 표시할 경우 유동성이 낮은(만기가 긴) 자산이라는 점에서 수익률 곡선상의 오른쪽에 위치한다. 이러한 상태에서 기업의 이익을 극대화하는 방법은 부채의 만기를 최대한 짧게 가져가는 것이다. 그래야만 자산(장기)과 부채(단기) 간 금리 차이(혹은 수익률 차이)가 확대되면서 높은 이익을 거둘 수 있기 때문이다. 그러나 어떤 기업도 그렇게 하지 않는다. 부채의 만기가 짧을 경우 자칫 유동성 위기를 겪음으로써 장기적으로 높은 수익을 창출할 사업을 중도에 포기해야 하는 상황에 직면할 수 있기 때문이다. 이러한 사유로 기업들은 부채의 만기를 가급적 자산의 만기에 근접시키려 노력한다.

은행은 그렇지 않다. 은행의 자산인 대출은 단기간에 회수할 수 없다는 점에서 유동성이 낮은, 즉 만기가 긴 자산이다. 이 점에서는 은행과 일반기업은 크게 다르지 않다. 그러나 은행의 부채인 예금은 언제든지 인출이 가능하다는 점에서 만기가 0이다. 그 결과 일반기업에 비해 은행이 획득하는 장단기 금리차는 훨씬 커진다. 은행이 장단기 금리차의 형태로 높은 이익을 향유할 수 있는 이유는 은행의 부채가 통화이기 때문이다. 단순화의 오류를 무릅쓰고 말하면, 일반기업과 비교되는 은행의 초과수익은 통화창출에 따른 시뇨리지, 그 이상도 이하도 아니다.

물론 은행의 초과수익, 즉 시뇨리지 획득에는 비용이 수반된다. 부채인 예금의 만기가 0인 관계로 항시 유동성 위기를 겪을 위험에 노출되기 때문이다. 그러나 중앙은행의 최종대부자 기능, 예금보험제도가 도입되면서 은행의 유동성 위험은 사실상 제거되었다. 그 결과 은행은 가만히 앉아 시뇨리지라는, 어떤 기업도 누릴 수 없는 가장 손쉽고도 확실한 이익을 누리는 특권을 가지게 된 것이다. 금융중개이론에서 은행의 중요한 기능이라고 일컫는 만기변환, 즉 유동성 낮은 대출자산을 유동성 높은 예금으로 전환하는 기능도, 사실은 손쉬운 시뇨리지 따먹기를 사후적으로 합리화하는 표현에 지나지 않는다.

만기변환은 금융의 역할이 아니다. 금융중개기관의 본업은 자금

제공자와 자금 조달자 사이에 존재하는 정보 비대칭 해소, 즉 정보생산을 통해 신용을 효과적으로 중개하는 일이다. 일반기업이 기술혁신과 공정혁신을 통해 부가가치를 창출하는 것처럼 금융중개기관 역시 본업인 정보생산을 통해 부가가치를 창출해야 한다. 별다른 노력 없이 시뇨리지, 즉 장단기 금리차라는 손쉬운 이익을 얻을 수 있다면 예상되는 은행의 행동은 자명하다. 그것은 상당한 노력과 비용이 요구되는 본연의 정보생산을 외면하는 것이다. 좀비기업이 양산되고 자산버블이 만연한 작금의 현실은 은행을 비롯한 금융기관의 정보생산 위축에 따른 결과에 다름 아니다. 구조개혁은 만기변환이라는 본업과 무관한 시뇨리지 창출 대신, 정보 비대칭 해소에 기반한 순수 중개행위를 촉진하는 계기가 될 것이다.

한편, 항시 일정 수준의 장단기 금리차가 확보되는 만큼, 은행 입장에서는 자산과 부채의 규모를 늘리기만 하면 시뇨리지는 저절로 확대된다. 일반기업과는 비교되지 않을 정도로 은행의 규모가 커진 것은 바로 이 때문이다. 거대한 규모를 갖춘 은행, 통화창출권에 따른 시뇨리지 이익에다 안전망이라는 보조금 혜택까지 누리는 은행에 맞서 경쟁할 자는 아무도 없다. 그렇다고 은행 이익이 과도하다며 은행가와 은행을 비난한들 아무 소용이 없다. 은행의 초과이윤은 다름 아닌 현재의 부분준비제도, 즉 보편적 법원칙에 어긋난 금융제도에서 기인하기 때문이다.

구조개혁은 은행의 통화창출, 즉 시뇨리지 창출 특권을 제거함으로써 은행과 일반기업, 나아가 은행과 여타 금융중개기관 간에 공정한 경쟁의 장을 제공할 것이다. 은행의 통화창출권이 제거될 경우 금융산업 내 서열화도 종식될 것이다. 은행을 제외한 신용중개기관 및 자본시장의 금융기관들은 은행이 창출한 통화(예금)를 사용해 업무를 수행한다. 이러한 은행 의존성은 은행을 주된 금융기관으로, 여타 중개기관 및 자본시장을 부차적인 것으로 만들어 금융기관 간 서열을 형성한다. 구조개혁이 이루어질 경우, 만형 노릇하는 은행은 더이상 존재하지 않고, 모든 중개기관이 동일한 위치에서 경쟁하게 될 것이다.

시뇨리지의 의미에 대해서도 짚고 넘어갈 필요가 있다. 과거 통화로 사용되었던 곡물, 금, 은 등의 재화는 오늘날 통화로 쓰이지 않는다. 대신 사용가치가 없는 지폐나 전자신호가 통화로 수용된다. 그 결과 사용가치가 있는 재화는 생산적인 경제 활동에 투입되어 추가적인 부가가치를 창출할 수 있게 되었다. 사용가치 있는 재화를 통화로 쓰지 않음으로써 비용 절감 혜택이 발생하는 것이다.[11] 이러한 비용 절감 혜택이야말로 시뇨리지가 갖는 진정한 의미이다. 그런데 이러한 혜택은 사회구성원 전체의 약속에서 비롯된 것이므로 통화창출에 의한 시뇨리지는 온전히 전 국민에게 귀속되어야 한다. 구조개혁은 시뇨리지의 상당 부분이 전체 국민이 아닌 소수의 은행에 귀속되는 불합리한 현실을 바로잡게 될 것이다.

실물을 반영하는 대출 규모와 대출금리

통화와 신용의 분리, 즉 100%준비제도가 도입될 경우 신용공급 총량은 지금보다 축소될 것이다. 이는 신용공급 증가가 경제성장에 필수적이라는 주류경제학의 견해[12]에서는 결코 바람직하지 않다. 그러나 지속가능한 경제성장을 위태롭게 하는 것은 다름 아닌 신용의 과도한 공급이다. 신용팽창 이후 도래하는 금융위기는 성장잠재력을 영구히 훼손시키며[13], 신용팽창이 지속되는 과잉금융 상황에서는 저성장이 고착화되기 때문이다.[14]

구조개혁 이후 대출은 실물저축(잉여생산물)의 범위 내에서만 가능하다. 이에 따라 대출은 보다 신중하게 제공될 것이다. 중개기관은 차입자 선별(정보생산)에 최대한의 노력을 기울이고, 그 결과 부가가치 창출에 기여하지 못하는 차입자가 소중한 실물저축을 허비하는 일은 대폭 줄 것이다. 자원배분이 효율적으로 이루어지는 가운데 경제성장 기반은 한층 견고해질 것이다. 과잉생산, 좀비기업에 의한 자원낭비 등이 사라지면서 환경파괴, 기후변화 문제 해결에도 숨통이 트일 전망이다.

구조개혁은 대출 총량뿐만 아니라 대출금리에도 영향을 줄 것이다. 금리, 즉 시간선호는 실물저축의 크기, 미래에 대한 경제주체들의 전망, 의지 등이 반영되어 결정된다. 따라서 실제 경제 상황 및 경제주체들이 보유한 유무형의 모든 정보가 금리에 집약된다. 그러나 현재의 은행 대출금리에는 이러한 정보가 온전히 반영되지 않는다. 대출을 늘리기 위해 대출금리를 낮춰버리기 때문이다. 그리고 은행에 의한 인위적 금리인하는 과잉생산, 과잉소비, 자산버블 등 온갖 부작용을 양산한다.

이러한 점에서 구조개혁으로 금리가 상승한다고 해서 이를 부정적으로 바라볼 필요는 없다. 금리 상승은 중개기관의 금리가 시장의 시간선호를 온전히 반영하는 과정이며, 실물과 금융의 괴리를 해소하는 바람직한 현상이기 때문이다. 대출은 많을수록 좋고, 대출금리는 낮을수록 좋다는 견해는 부분준비제도가 스스로의 존속을 위해 만들어낸 신화일 뿐이다.

통화의 지위 회복

우리가 상거래 과정에서 지불수단으로 통화를 주고받을 경우, 통화 수수 시점에서 상거래는 즉각적으로 그리고 완전히 종결된다. 반면 통화가 아닌 신용카드를 지불수단으로 사용할 때는 그렇지 않다. 신용카드회사는 구매자와 판매자 사이에 개입하여 구매자에게 일정기간 신용(대출)을 제공한다. 신용카드를 이용한 상거래의 완전한 종결은, 결제일에 구매자가 신용카드회사에 통화를 지급함으로써 이루어진다.

통화와 신용의 차이는 명확하다. 상거래에서 통화를 받은 판매자는 더이상 어떤 것도 추가로 요구할 권리도, 요구할 생각도 없다. 통화는 모든 사람이 보편적으로 수용하는 즉각적 지불수단인 동시에 최종적이며 궁극의 지불수단이기 때문이다.

통화는 또한 불확실한 세상에서 구매력을 저장하는 수단이다. 기업가정신과 불확실성으로 가득 찬 세상에서 향후 어떤 상품이 출현할지를 예측하기란 불가능하다. 따라서 특정 물건 대신 보편적 수용성을 지닌 통화를 보유함으로써, 장래에 어떤 물건이 등장하더라도 이를 소비할 구매력을 확보할 수 있다. 이런 점에서 통화는 즉각적, 최종적 지불수단인 동시에 불확실한 장래를 극복하는 수단이기도 하다.[15]

통화가 최종적인 지불수단이자 불확실한 장래를 극복하는 수단이라는 사실은 통화가 갖춰야 할 요건을 제시한다. 그것은 통화의 양이 안정적이며 이에 따라 통화가치도 안정되어야 한다는 것이다. 시시각각 수량과 가치가 바뀌는 것은 결코 통화가 될 수 없다.

현대 은행제도는 이러한 통화의 요건을 무너뜨렸다. 부분준비은행은 신용창출(대출)을 통해 예금통화(파생통화)를 만들어낸다. 허공에서 통화를 만들어내는 만큼 은행의 통화창출은 너무도 쉽게, 신속하게, 그리고 대량으로 이루어진다. 그 결과 통화량의 대부분은 은행에 의해 만들어지고 있다.

은행에 의한 신용팽창, 곧 통화팽창은 재화 인플레이션 혹은 자산인플레이션을 야기함으로써 통화가치를 큰 폭으로 떨어뜨린다(급격한 인플레이션). 반면, 은행의 지급불능 우려가 고조될 경우 예금인출이 벌어지고 이에 대응하는 과정에서 은행은 대출(신용)을 줄인다. 그 결과 통화량이 감소하면서 통화가치가 급등한다(급격한 디플레이션). 가장 안정적이어야 할 통화량과 통화가치가 민간은행의 행태와 건전성solvency에 따라 요동치는 불합리한 상황이 벌어지는 것이다. 각종 안전망을 동원해 은행을 구제하는 것도 은행의 불안정이 곧 통화의 불안정을 야기하기 때문이다.

예금통화에는 애초 통화의 요건이 결여되어 있다. 부분준비의 속성상 은행은 극히 일부의 본원통화를 기초로 다량의 예금통화를 만들어낸다. 이에 따라 대부분의 예금자는 자신이 통화를 보유하고 있다고 생각하지만 이는 착각에 지나지 않는다. 인출 비율이 일정 수준을 넘는 순간 극히 일부 예금자만이 통화를 인출할 수 있기 때문이다. 이는 예금통화가 지급의 확실성이 보장되는 확정적 통화가 아니라 확률적 통화임을 의미한다. 그런데 통화가 확률적 속성을 지닌다는 것은 즉시적, 최종적, 궁극의 지불수단이자 불확실성을 극복하는 수단인 통화의 요건으로는 어울리지 않는다.

더불어 예금통화에는 이자가 지급되는데 이 또한 통화의 요건에 배치된다. 최종 지불수단의 보유 그 자체만으로는 어떤 수익도 기대해선 안 된다. 대출, 투자 등을 통해 최종 지불수단의 즉각적인 이용가능성을 포기(인내 혹은 대가 지불)할 때만 비로소 수익이 창출될 수 있기 때문이다.

한편, 통화가 궁극의 지불수단 혹은 불확실성을 극복하는 수단이라면 그 자체가 기준점 역할을 수행해야 한다. 요동치는 세상 가운데 통화는 항상 변함없는 모습으로 자신의 자리를 지키는 나침반이자 등대와 같아야 한다. 그러나 은행에 의한 통화창출은 통화를 고무자rubber yardstick로 만들어버렸다.[16] 경제 활동의 근간이자 기준점인 통화가 불안하니 경제 활동이 안정적으로 이뤄질 리 만무하다. 통화와 신용의 분리는 단순히 민간은행의 통화창출권을 제거하는 것을 넘어, 경제 활동의 근간이자 기준점이라는 통화가 갖는 본연의 지위를 회복한다는 데 의의가 있다.

탄력적 통화공급이라는 신화

부분준비제도가 만들어낸 가장 강력한 신화는 경제성장에 맞추어 통화량이 늘어나야 한다는 견해이다. 경제가 성장하면 사람들은 통화에 대한 수요를 늘리는데, 부분준비제도는 이러한 시장수요에 맞추어 통화를 탄력적으로 늘릴 수 있다는 것이다. 이 견해는 오랜 기간 부분준비제도를 옹호하는 주된 논거가 되어왔다.[17] 그러나 이러한 견해에는 공감하기 어렵다.

우선, 시장의 통화수요 증가에 맞춰 은행이 통화공급을 늘린다는 주장은 사실이 아니다. 은행은 시뇨리지 확대를 위해 시장 상황과 무관하게 대출을 늘림으로써 통화공급을 확대하기 때문이다.[18] 즉, 은행의 통화공급은 시장수요의 종속변수가 아니라 독립변수이다.

다음으로 통화의 탄력성, 즉 경제성장에 따라 통화량이 신축적으로 늘어나야 한다는 주장에는 조금 더 미묘한 부분이 있다. 과거 금을 비롯한 귀금속을 통화로 사용하던 시절을 떠올려보자. 귀금속의 양이 부족할 경우 꼭 필요한 상거래임에도 불구하고 지불수단 부족으로 거래가 성사되지 못한 경우가 있었을 것이다. 물론 귀금속 양이 부족하더라도 이를 녹여 더 작게 만들면 지불수단이 늘어나는 효과를 거둘 수 있다. 그러나 귀금속의 양 자체가 턱없이 부족할 경우에는 한계가 있을 수밖에 없다. 귀금속을 물리적으로 지나치게 작은 단위(예를 들어 손가락 사이로 빠져나갈 정도)로 쪼갤 경우, 이동이나 보관 자체가 쉽지 않아 지불수단으로 사용하기 어렵기 때문이다. 이러한 점에서 부분준비은행에 의한 통화창출은 부족한 귀금속 통화를 보완하기 위한 자연스런 진화의 결과라는 것이다. 일리 있는 주장이다.

그러나 오늘날과 같이 지폐나 전자신호가 법화로 쓰이는 상황에서는 위의 주장은 설득력을 잃는다. 전체 통화량이 고정된 상태에서도 통화의 최소 단위 변경을 통해 상거래 수요 증가에 얼마든지 대응할 수 있기 때문이다. 예를 들어 통화량이 100달러로 고정된 상태에서 경제성장으로 커피 생산량이 100잔에서 110잔으로 늘었다고 하자. 그리고 커피가 시장에서 거래되는 유일한 재화라고 하자. 그러면 전에는 1잔에 1달러였던 커피 가격은 0.9달러로 바뀐다. 결과적으로 커피 한 잔의 가격만 소폭 하락했을 뿐 커피 거래에는 아무런 지장이 없다. 통화공급이 완전히 고정되어 탄력성이 전혀 없어도 통화 부족 문제는 발생하지 않는다는 것이다.

심지어는 금을 통화로 사용하는 금본위제로 회귀하더라도 아무런 문제가 없다. 통화보관기관에 금을 예치한 후, 이들 금을 1g, 0.1g, 0.01g 등 필요에 따라 작은 단위로 나누어 전자적으로 거래하는 것이 얼마든지 가능하기 때문이다. 실제로 오늘날 대부분의 금 실물은 별도의 예탁기관에 보관된 채 실물보다 훨씬 작은 단위로 나뉘어 전자적으로 거래되고 있다.

한편, 통화공급 총량이 고정된 상태에서 통화의 최소 단위가 축소된다는 것은 재화에 대비한 통화가치가 높아짐(물가는 하락)을 뜻한다. 그런데 오늘날 대다수의 경제학자와 정책당국자 사이에는 물가수준 하락, 즉 디플레이션은 반드시 피해야 한다는 강한 신념이 자리하고 있다. 대신 경제성장을 위해 적절한 수준의 인플레이션은 오히려 권장된다. 그러나 7장에서 살펴본 바와 같이 디플레이션 자체는 나쁜 것이 아니다.

디플레이션이 문제가 되는 것은 대규모 부채와 결합될 때, 즉 부채 디플레이션의 경우다. 신용팽창으로 부채가 대규모로 집적된 상태에서 은행 위기로 물가가 큰 폭으로 하락할 경우, 채무자들의 부채 상환이 불가능지고 그 결과 불황의 정도는 한층 심각해진다. 1930년대 대공황, 1990년 이후 일본이 겪은 극심한 불황이 대표적 사례다. 그러나 구조개혁이 단행될 경우 신용팽창에 따른 부채의 과도한 집적이 사전에 차단되어 부채 디플레이션 발생 여지는 사라진다. 결국 디플레이션에 대한 과민반응은 전적으로 부분준비제도가 야기한 트라우마에서 기인하는 것이다. 디플레이션을 피해 경제를 성장시키려면 어느 정도의 인플레이션은 감수해야 하며, 이를 위해 반드시 통화공급이 늘어나야 한다는 믿음 역시 부분준비제도가 낳은 신화인 셈이다.

중앙은행 독립성 신화

구조개혁으로 통화와 신용이 분리될 경우 통화공급은 전적으로 정부의 몫이 된다. 그러면 중앙은행은 어떻게 되는가. 뱅크런이 사라지면서 최종대부자 기능은 더이상 불필요하다. 더불어 금리는 수많은 경제주체가 갖는 시간선호에 의해 전적으로 시장에서 결정될 것이다. 따라서 중앙은행의 금리정책도 불필요하다. 사정이 이렇다면 중앙은행의 존립 근거는 사라진다. 애초 중앙은행이 부분준비은행의 존속을 위해 만들어졌다는 점을 고려할 때 중앙은행은 부분준비은행과 운명을 같이하는 존재다. 구조개혁에 의한 부분준비은행 소멸이 중앙은행의 소멸로 직결될 수밖에 없는 이유이다.

이 부분에서 사람들이 갖는 우려가 있다. 독립적인 중앙은행이 사라지면 정부의 재량권이 과도해지면서 통화 남발이 이루어질 수 있다는 것이다. 역사적 경험에 비추어 이러한 우려에는 분명 일리가 있다. 그러나 다른 한편으로 중앙은행이 과연 독립적인 존재인지 생각해볼 필요가 있다.

통화량이나 금리를 결정하는 행위는 단순한 경제적 의사결정을 넘어서는 고도의 정치 행위이다. 통화량과 금리 결정은 사회구성원의 소득, 자산, 나아가 삶에 광범위한 영향을 미치는 분배 행위이기 때문이다. 이처럼 분배에 직접적인 영향을 미치는 결정을 내리는 마당에, 중앙은행의 구성원이라고 해서 정치적 판단에서 완전히 자유로울 수 있을까.

한편, 독립성은 완전한 재량권이 부여됨을 뜻한다. 동시에 독립성에는 재량권에 걸맞은 책임도 당연히 포함된다. 그런데 중앙은행은 자신이 내린 재량적 의사결정에 대해 아무런 책임을 지지 않는다. 아니 책임을 물을 방법도 없다. 2000년대 초 닷컴버블 이후 저금리 정책의 장기화로 글로벌 금융위기를 초래한 책임을 누구에게 물을 것인가. 2008년 글로벌 금융위기 이후 제로금리, 양적완화, 질적완화라는 극단적 정책을 장기화함으로써 과잉금융을 심화시킨 책임을 누가 졌는가. 2020년 팬데믹 직후 다시 극단적 금융완화 조치를 끌어들임으로써 자산버블을 심화시킨 책임을 누가 졌는가. 과잉금융에 의한 소득 및 자산 양극화, 여기에서 비롯된 사회 분열에 대한 책임을 중앙은행이 지고 있는가. 거의 모든 나라에서 독립적임을 내세우는 중앙은행이 버젓이 존재함에도 불구하고 통화 남발은 왜 끊임없이 반복되는가.

이러한 논의가 주는 시사점은 명확하다. 정부가 통화 발행의 재량권을 전적으로 보유하고 동시에 이에 따른 책임도 함께 져야 한다는 것이다. 이를 통해 권한과 책임 간의 균형이 회복되고 이때 비로소 민주적 책임성democratic accountability도 확보된다.[19] 이제는 중앙은행의 독립성이라는 신화에서 깨어나야 한다.

금본위제, 야만의 유산?

구조개혁이 이루어질 경우 민간 중개기관에 의한 통화창출은 원천적으로 봉쇄된다. 이와 함께 신용팽창 여지도 제거된다. 이제 통화 공급의 유일한 주체로 남게 될 정부의 통화 남발만 없다면 부분준비 제도에서 일상화되었던 재화 인플레이션, 자산 인플레이션은 발생하지 않을 것이다. 이러한 점에서 구조개혁 이후 정부의 신중한 통화량 관리는 아무리 강조해도 지나치지 않다.

구조개혁으로 중앙은행이 사라지고 통화공급에 대한 권한과 책임 모두를 정부가 가진다면 통화 남발 가능성은 어느 정도 제어될 것이다. 그럼에도 불구하고 정치적 상황에 밀려 과도한 통화가 공급될 개연성을 완전히 배제하기는 어렵다. 지금도 중남미와 아프리카 일부 국가에서 목격되는 통화 남발에 의한 초인플레이션은 이러한 우려가 단순한 기우가 아닐 수 있음을 보여준다.

정부의 통화 남발 가능성을 원천적으로 차단하기 위해 법에서 통화증가율을 0%로 못박도록 강제하는 방안을 고려할 수 있다. 그러나 정치적 환경이 바뀌면 이러한 규정도 언제든 무력화될 수 있다. 금본위제 채택을 쉽게 떨치기 어려운 이유가 여기에 있다.

금본위제에 대한 학계와 정책당국의 생각은 대체로 부정적이다. 금본위제 채택이 금융위기를 야기한다는 믿음 때문이다. 실제로 많은 경제학자는 1920년대 후반과 1930년대 초반 다수의 나라가 채택한 금본위제가 대공황의 씨앗을 뿌렸다고 주장한다.[20]

예를 들어 본원통화가 금 1만큼 존재하고 은행은 금 1의 본원통화를 사용해 9에 해당하는 예금통화를 만들어냈다고 하자. 그러면 통화량은 10이 된다. 이러한 상태에서 은행 건전성에 대한 의문이 생기면 예금자들은 너나 할 것 없이 예금 10을 본원통화로 인출하길 원한다. 하지만 애초 본원통화는 1밖에 없기 때문에 은행은 인출 요구에 대응할 수 없고 그 결과 죄다 파산한다. 바로 이 지점에서 금본위제에 대한 비판이 제기된다.

만약 금본위제를 채택하지 않았다면 중앙은행은 무제한 발권력을 동원해 은행에 9만큼의 본원통화를 빌려줌으로써 은행 위기를 차단할 수 있었을 것이다. 탄력성이 결여된 금본위제 때문에 재량권을 발휘할 여지가 사라졌다는 것이다. 케인스가 금본위제를 "야만의 유산a barbarous relic"이라고 언급[21]한 것도 통화량 조절의 재량권 상실에 대한 비판에 다름 아니다. 1896년 미국 민주당 전당대회에서 대통령 후보인 윌리엄 제닝스 브라이언William Jennings Bryan이 "인류를 금이라는 십자가에 못 박을 수는 없다"고 선언한 것[22]도 비슷한 맥락에서 이해된다.

그러나 이러한 비판은 합당치 않다. 진짜 문제는 금본위제 자체가 아니라 금본위제가 부분준비제도와 조합을 이루었다는 데 있다. 금본위제하에서 본원통화 공급은 경직적이다. 금의 채굴에는 상당한 기간이 소요되기 때문이다. 반면 부분준비은행에 의한 예금통화(파생통화) 공급은 매우 탄력적이다. 따라서 뱅크런이 발생할 경우 늘어난 예금통화를 공급량이 제한된 본원통화로 지급하는 것은 애초 불가능하며 은행 위기는 필연적이다. [금본위제+부분준비은행] 조합, 즉 [경직적 본원통화+탄력적 파생통화] 조합에는 실패가 예견되어 있었다는 것이다.

그러나 통화와 신용의 분리로 중개기관이 스스로 통화를 만들어

낼 수 없다면 사정은 달라진다. 중개기관의 통화창출권이 제거되면 뱅크런은 더이상 발생하지 않는다. 뱅크런이 없다면 중개기관 구제를 위해 발권력을 동원해 본원통화량을 늘릴 필요도 사라진다. 애초 부분준비제도가 아니었다면 금본위제 채택이 금융위기와 결부될 하등의 이유가 없다. 이런 점에서 금본위제에 대한 비판은 부분준비제도로 가야 할 화살의 방향을 엉뚱한 곳으로 돌리는 것이다.

금본위제는 상당한 장점을 갖고 있는데, 과거 인류가 오랜 기간 금을 통화로 사용한 것은 이러한 장점에 기인할 것이다. 무엇보다 금본위제 채택은 정부에 의한 통화 남발 여지를 원천적으로 봉쇄하며, 따라서 통화에 대한 신뢰는 극히 안정된다. 그리고 신뢰 높은 통화의 존재는 경제 활동을 촉진함으로써 시장의 번성을 가져온다. 특히 금이 국제교역에서도 공통의 지불수단으로 활용될 경우 전 세계가 금이라는 단일통화를 사용하는 효과가 발생한다. 공통의 단일통화 사용은 국경을 넘어서는 거래에 수반되는 불확실성을 줄이고 그 결과 국가간 교역과 투자가 활발히 이루어진다. 20세기 초 주요 선진국에서 이루어진 시장경제의 발전은 금본위제라는 정치제도 덕분이었다.[23]

한편, 과잉금융을 낳는 주요 원인 중 하나는 글로벌 불균형인데, 이는 특정 주권국가의 통화를 기축통화로 사용하는 데 따른 결과이다.[24] 이러한 점에서 로컬뿐 아니라 글로벌 차원의 구조개혁도 반드시 필요한데, 글로벌 차원의 구조개혁은 특정 주권국가의 통화를 기축통화에서 배제하는 것이다. 주권국가의 통화 대신 금을 기축통화로 사용함으로써 세계 경제는 글로벌 불균형 및 이에 따른 과잉금융의 재발을 피할 수 있다.

금본위제를 무조건 옹호할 생각은 없다. 금본위제를 채택할 경우 금이라는 재화를 생산 활동에 투입하지 못하는 데 따른 기회비용이 발생한다. 사용가치가 없는 지폐나 전자신호를 통화로 사용함으로써 사회가 누리는 혜택인 시뇨리지가 사라지는 것이다. 그럼에도 불구하고 우리 스스로를 금이라는 십자가에 못 박음으로써 통화 남발 유혹에서 벗어날 수 있다면, 시뇨리지 상실이라는 비용은 감내할 만한 것인지도 모른다.

금본위제가 야만의 유산이라는 케인스의 표현에는 우리 인간이 문명화된 존재라는 우월감이 깔려 있다. 즉, 우리는 스스로 모든 것을 통제하고 관리할 수 있는 지식을 갖고 있고, 또한 이러한 지식을 실행할 수 있을 만큼의 일관성과 냉철함을 갖고 있다는 것이다. 중앙은행의 통화량 조절 혹은 금리 결정을 통해 경기와 고용, 물가 등을 원하는 수준으로 통제하려는 시도는 케인스식 사고의 연장선상에 있다.

그러나 한번 생각해보자. 세상 꼭대기에 올라서서 모든 것을 원하는 대로 바꿀 수 있다고 호기를 부리는 것이 진정 문명화된 모습인가. 우리 지식과 능력의 부족함을 솔직히 인정하고, 불확실성으로 가득한 시장을 겸허한 자세로 이해하려고 애쓰는 것이 오히려 문명화된 모습이 아닌가. 상황에 따라 요동치는 우리 내면의 변덕스러움을 스스로 통제하기 어렵다는 것을 받아들이고, 우리 자신을 금이라는 족쇄에 채우는 것은 야만인가, 문명인가. 1970년대 초 달러 가치를 금에 고정시킨 브레턴우즈 체제의 종식과 때를 맞춰, 통화량이 급증하고 전례

없는 인플레이션이 촉발된 것은 무엇을 의미하는가. 금의 노예가 될 것인가, 아니면 변덕스러운 인간 본성의 노예가 될 것인가. 선택은 우리의 몫이다.

금융의 제자리 찾기

부분준비제도라는 변칙anomaly은 '소비임치계약'이라는 이름 하에 합법화되었다. 실정법이 부분준비제도를 인정하자 학자들에 의한 이론적 합리화가 뒤따르기 시작했다. 금융억압기 이후 은행 규제 완화가 한창이던 1970~1980년대 들어 이론적 합리화는 절정에 달한다.

현대 금융중개 이론에 따르면 은행은 위험분담, 유동성공급, 만기변환이라는 소중한 편익을 제공하며, 정보생산이라는 측면에서도 다른 중개기관을 압도한다.[25] 은행은 특별한 존재이며, 따라서 다른 어떤 것으로도 대체할 수 없는 필수불가결한 존재가 된 것이다. 은행이 대체불가능한 존재라면 어떤 대가를 치르더라도 반드시 구제해야 한다. 충분한 안전망을 제공함으로써 은행의 대출이 멈추는 일은 막아야 한다는 것이다.[26]

일련의 연구 성과에 힘입어 [부분준비 + 안전망] 조합은 탄탄한 지지기반을 확보했다. 합법화에 이어 이론적 토대를 마련한 것이다. 토머스 쿤Thomas Kuhn의 표현을 빌리자면, 부분준비제도는 마침내 정상과학normal science의 반열에 오른 셈이다.[27] 은행의 특수성 및 안전망의 중요성을 강조한 은행 연구자 3인은 2022년 노벨경제학상을 수상했는데[28], 이는 현대 은행 이론이 주류경제학의 정점에 섰음을 보여준다.

노벨상위원회는 이들의 공로 덕분에 은행에 대한 이해가 높아지고 아울러 심각한 금융위기를 피할 수 있게 되었다고 밝혔다.[29] 그러나 지난 50여 년간의 경험은 현대 은행제도에 심각한 결함이 있음을 가감 없이 드러낸다. 은행 위기의 원인이 되는 신용팽창은 멈출 기미가 없고 그 결과 전 세계 민간부채 규모는 해마다 더 높은 고지를 향해 옮겨가고 있다. 이에 따라 금융 시스템리스크는 그 어느 때보다 커진 상태다. 은행을 더 잘 알게 되었고, 따라서 금융위기를 더 잘 관리할 수 있게 되었다고 자축하던 바로 그 순간에도, 스웨덴 릭스방크Riksbank의 시상식장 밖에서는 금융위기의 씨앗이 계속 자라고 있었던 것이다. 부분준비제도는 이미 수명을 다했으며 따라서 결코 정상과학이 될 수 없다는 반증은 차고 넘친다.

어떤 제도든 시간의 검증을 이겨내지 못한다면 그 제도는 잘못된 것이다. 그리고 제도의 결함은 보편적 법원칙 위반과 긴밀히 관련되어 있다. 은행의 특별함이라고 칭송되는 기능(위험분담, 유동성공급, 만기변환)은 보관과 대차를 결합한 불법에서 비롯된 것이다. 그리고 이러한 불법의 합법화에 힘입어 은행은 통화창출권이라는 특권을 갖게 되었다. 그러나 특권은 상습적 은행 위기라는 취약성을 낳았고 이러한 취약성을 보완하고자 정부는 안전망이라는 또다른 특권을 제공하고 있는 것이다. 결국 은행의 특별함이란 만들어진 신화이며, 은행의 불법성, 은행의 취약성, 은행에 제공되는 배타적 특권을 듣기 좋게 포장한 것euphemism에 다름 아니다.

부분준비제도가 시간의 검증을 통과하지 못하는 것은 금융의 본질을 왜곡시켰기 때문이다. 본래 금융은 인내하는 것이다. 가진 돈을 투자해 결실을 얻으려면 일정 기간의 기다림이 반드시 필요하다. 그러나 부분준비제도는 예금의 상시 인출 가능성을 통해 금융에서 기다림, 즉 인내의 필요성을 제거해버렸다. 그럼에도 예금자는 이자라는 대가를 받는다. 대출도 마찬가지다. 은행은 저축이 유입될 때까지 인내하지 않고 순식간에 대출을 만들어 이자를 받는다. 이는 인내 없이는 결실을 거둘 수 없다는 만고불변의 진리를 전복하는 것이다. 이러한 점에서 인내가 결여된 금융은 진짜 금융이 아니다. 금융의 규모가 과도해지는 과잉금융은 인내의 필요성이 사라진데 따른 결과에 다름 아니다. 나아가 우리 사회에 만연한 한탕주의와 투기문화 역시 부분준비제도가 만들어낸 조급증의 산물일 가능성이 크다.

부분준비가 낳은 과잉금융은 민주주의의 근간에도 위협을 가한다. 민주주의는 다수의 사람이 정치적 발언권을 행사할 수 있을 때 달성된다. 정치적 발언권의 원천은 경제력이다. 의회민주주의 시작이 경제력을 가진 시민계층의 대두에 따른 것임을 생각하면 이는 자명하다. 여기서 금융의 역할이 대두된다. 새로운 기술과 아이디어를 가진 사람은, 신분 여하를 불문하고 금융이 원활히 제공될 때 비로소 경제적 지위를 변화시킬 수 있다. 금융은 물질적 기회의 균등을 제공하고, 이를 통해 정치적, 사회적 기회의 균등을 이끌어내는 것이다.[30]

한때 금융은 경제적 기회의 균등을 제공함으로써 경제성장은 물론 민주주의 발전에 크게 기여했다. 그러나 부분준비제도의 모순을 덮기 위한 안전망이 오히려 더 큰 모순을 야기하면서 금융은 점차 비대해졌고, 이 과정에서 소득과 자산의 극단적 양극화를 낳았다. 경제적 기회의 균등을 제공하던 금융이 이제는 정반대로 경제적 기회의 균등을 가로막는 장애물이 된 것이다. 그 결과 오늘날 금융은 경제성장을 저해하고, 나아가 정치, 사회적 분열을 야기함으로써 인류가 애써 이룩한 민주주의를 위태롭게 하고 있다.

이제는 은행과 금융이 실물경제와 괴리된 채 과도한 지배력을 행사하는 것을 멈춰야 한다. 특권을 벗어던진 중개기관들이 본연의 정보생산에 충실할 때 금융은 제자리를 찾을 수 있다. 그리고 그때 비로소 금융은 질시와 분노의 대상이 아닌, 사회의 건강한 일원으로 인정받게 될 것이다.

에필로그

10여 년 전쯤의 일이다. 현대 금융 이론을 일반 독자들이 쉽게 접할 수 있도록 금융에 대한 고급 교양서 집필을 준비하고 있었다. 그러던 어느 날이었다. 당시 중학생이던 아들이 은행에 대해 이것저것 물어보길래 현대 은행 이론의 주요 골자를 설명해주었다. 당연히 주류경제학에서 주장하는 은행 특수성에 대한 설명도 빠뜨리지 않았다.

내 얘기를 다 듣고 아들이 보인 반응이 지금도 생생하다. 자기는 은행이 특수한 존재라는 둥 복잡한 얘기는 잘 모르겠고, 아무튼 은행의 시작 자체가 불법 아니냐는 것이었다. 순간 할말이 없었다. 은행이 제공하는 수많은 편익이 있지만 그 출발이 사기, 횡령이라는 불법이었음은 부인할 수 없는 사실이기 때문이다. 나 역시 과거 부분준비제도를 처음 접하곤 은행의 행위가 불법이라는 생각에 마음이 불편하지 않았던가. 박사과정에서 금융기관론banking을 전공하고 이후 주류 금융 이론을 계속 접하다 보니, 은행제도에 대해 처음 가졌던 불편함을 부지불식간에 잊고 있었다. 좀더 정확히 말하면, 주류경제학에서 정론으로 수용되는 은행의 특수성 신화에 스스로를 가둔 채 은행제도의 원초적 불법성을 마음 한편에서 의도적으로 지워버린 것이었다.

서둘러 은행제도에 대한 비판적 자료를 찾아 나섰다. 일단 신화는 잊고 아들 녀석처럼 백지상태에서 은행제도를 다시 살펴볼 작정이었다. 사실 과거 100%준비제도를 옹호한 학자들이 있었다는 사실은 익히 알고 있었다. 그러나 굳이 주류경제학에서 밀려난 사상을 붙들고 시간을 낭비할 필요가 없다는 짧은 생각에, 관련 자료를 찾아볼 생각조차 하지 않고 지나쳐 버렸다. 열린 마음으로 자료를 찾기 시작하자 그곳에 새로운 세상이 있었다. 이미 오래전에 부분준비제도의 폐해를 간파한 다수 선대 학자의 글이 나를 기다리고 있었다. 선대 학자들, 특히 오스트리아학파의 은행 이론은 너무나 명쾌했다. 주류경제학의 은행 이론이 머리로는 이해되지만 쉽게 공감되지 않는 것이었다면, 오스트리아학파의 이론은 머리로는 물론 온몸으로 수용되는 것이었다. 복잡하게 얽힌 수많은 논쟁이 너무도 단순하고 명쾌하게 정리되었다.

오스트리아학파의 깊이 있는 성찰을 이해하자 은행의 특수성이라고 주장되는 것들이 사실은 은행의 불법성에서 비롯된 것임을 깨닫게 되었다. 은행제도가 외부의 도움 없이 존속하지 못한 이유도 바로 이 불법성에 기인한다는 것도 알게 되었다. 오랜 기간 갇혀 있었던 은행 특수성 신화라는 미몽에서 깨어나는 순간이었다. 동시에 책의 집필 방향이 180도 바뀌었다. 은행제도의 당위성을 설파하고자 책을 쓰기 시작했지만, 이젠 정반대로 현대 은행제도가 갖는 불법성과 모순을 제대로 전달해야겠다는 사명감이 불끈 솟았다. 감히 비유하자면, 다메섹 도상에서 예수를 만나 회심한 바울과 같은 심정이었는지도 모르겠다.

책을 마무리한 지금, 돌이켜 보면 허탈한 마음이 없지 않다. 조금 더 일찍 선대 학자들의 생각을 접했다면 하는 진한 아쉬움 때문이다.

오늘날 학교에서는 선대 학자들의 생각을 가르치지 않는다. 주류경제학에 밀려난 낡은 생각이라고 치부한 탓일 게다. 나 역시 현대 금융 이론이 열등한 옛 이론을 이겨낸 우월한 것이라는, 진화론적 사고에 갇혀 있었음을 부인할 수 없다. 그러나 이제는 안다. 사상과 학문에 낡은 것과 새것, 우월한 것과 열등한 것은 없다는 것을. 그리고 옛 사상 없이는 새로운 사상도 없다는 것을. 그래서 나는 오늘도 옛 학자의 고된 수고로 쓰여진 책을 설레는 마음으로 펼친다.

주

프롤로그

1 https://companiesmarketcap.com/top-companies-by-total-assets/.
2 Diamond(1984), Diamond and Dybvig(1983), Fama(1985), James(1987).
3 Bernanke(1983). 은행의 대출 지속이 경제에 필수적이라는 시각을 banking view라고 한다. Banking view에 대한 비판은 Mian and Sufi(2014), Turner(2016)를 참고하라.
4 세 명의 학자는 더글러스 다이아몬드[Douglas Diamond], 필립 딥비그[Philip Dybvig], 벤 버냉키[Ben Bernanke]이다.
5 https://databank.worldbank.org/metadataglossary/jobs/series/FS.AST.PRVT.GD.ZS.
6 IMF Global Debt Database.
7 Banerjee and Hofmann(2022).
8 Congressional Budget Office, Sep/2022, Trends in the distribution of family wealth, 1989 to 2019.
9 2023 Edelman Trust Barometer Global Report.
10 Kuhn(1962).

1장. 우연히 찾아온 기회

1 Kindleberger(1984), Rajan(1998).
2 Richards(2012).

3 Rajan and Zingales(2004).

4 Getty Images Bank.

5 Selgin(2012).

6 Rothbard(2008).

7 Quinn(1994).

8 Lindert(1980).

9 Davies(2002).

10 Temin and Voth(2013).

11 Selgin(2012).

12 Goldsmiths' Company의 정식 명칭은 The Worshipful Company of Goldsmiths이다.

13 Schwarzberg(2016).

14 https://www.thegoldsmiths.co.uk/company/history/history-of-the-company/.

15 Quinn(1994).

16 Rothbard(2008).

17 Kohn(2003).

18 Horsefield(1949).

19 King(2017).

20 금장의 금 보관 및 대출을 통해 예금이 늘어나는 과정은 무한등비급수에 해당하며, 이를 식으로 표현하면 10/0.1=100이다. 여기서 10은 금장에게 최초로 유입된 금의 양이며 0.1은 지급준비율이다.

21 McLeay et al.(2014), Werner(2014, 2016).

22 눈치 빠른 독자는 이미 알아챘겠지만, 여기서는 은행이 하나뿐이라고 가정한다. 은행이 여러 개여서 B의 예금이 인출되어 다른 은행으로 입금되는 경우도 충분히 생각할 수 있지만, 논의만 복잡해질 뿐 결과에는 질적 차이를 가져오지 않는다. 그래도 불편한 독자들은 여기서 말하는 은행이 개별 은행이 아니라 은행권 전체라고 생각하면 마음이 좀 편해질 지도 모르겠다.

2장. 대장장이, 세상의 중심에 서다

1 중고차시장에서의 역선택 문제는 Akerlof(1970), 보험시장에서의 역선택 문제는 Rothschild and Stiglitz(1976), 그리고 채용시장에서의 역선택 문제는 Spence(1973)에 의해 제기되었다. 이 중 Akerlof와 Stiglitz는 정보경제학에 기여한 공로로 노벨경제학상을 수상했다.

2 Milgrom and Roberts(1992).

3 Arrow(1963), Pauly(1968), Stiglitz(1983).

4 Reijda(2016).

5 이자율 제한 규제로 인해 1714년 전에는 6%, 이후에는 5%가 최고 이자율이었다. Temin and Voth(2006) 참고.

6 Holmstrom(1982)은 공동생산[team production] 과정에서 발생하는 무임승차 문제를 분석했는데, 다수의 대출자가 한 차입자를 공동으로 감시하는 경우는 공동생산의 전형적인 예라고 할 수 있다.

7 정보생산 위임에 따른 정보비용 절감 논의는 Diamond(1984)에 기초한다.

8 Chant et al.(1986), Boot and Thakor(2000).

9 Bhattacharya and Thakor(1993).

10 Jensen and Meckling(1976).

11 Hirshleifer(1971), Leland and Pyle(1977).

12 Schumpeter(1934)는 대출의 중요성을 강조하면서 "은행가는 상품 구매력[commodity purchasing power]을 단순히 중개하는 것이 아니라 사람들로 하여금 혁신하는 것을 승인[authorize]한다"고 말했다.

13 Selgin(2012).

14 Melton(1986).

15 Rothbard(2008).

16 Quinn(1994).

17 Temin and Voth(2013).

18 Schwarzberg(2016).

19 An introduction to English banking history, the British Museum.

20 https://home.barclays/who-we-are/our-history/.

21 https://www.lloydsbankinggroup.com/who-we-are/our-heritage/lloyds-bank.html.

22 Lloyds Banking Group.

23 Selgin(2012).

24 Greenbaum and Thakor(2007).

25 Withers(2009).

3장. 트랜스포머 금장

1 논의의 단순화를 위해 정보비용은 0이라고 가정한다. 정보비용이 0이 아니더라도 충분히 낮은 수준이기만 하면 논의 결과에는 아무런 영향을 주지 않는다.

2 이는 Diamond(1984)의 핵심적인 주장으로 은행의 중요성을 강조한다. 그러나 순수 중개기관과 달리 신용을 창출하는 은행에서는 대출다각화 효과를 기대하기 어렵다. 그 이유에 대해서는 6장에서 살펴볼 것이다.

3 와트의 시제품은 와트의 손에 있을 때만 가치를 발휘할 뿐, 다른 사람에게는 별다른 가치를 지니지 않는다. 이처럼 어떤 자산이 범용성을 갖지 못하고 특정 사람 혹은 특정 기업에만 유용한 경우 자산전속성[asset specificity]이 존재한다고 한다. Williamson(1975, 1985), Milgrom and Roberts(1992) 참고.

4 이는 비단 경제 활동에만 국한되지 않고 육아, 교육, 인간관계, 환경, 정치 등 모든 분야에 공통적으로 적용된다.

5 은행 위기는 급전이 필요 없는 예금자까지 조기인출 대열에 합류할 때 발생한다. 그 결과 큰 수의 법칙은 붕괴되고 은행은 파산한다. 이에 대한 내용은 6장에서 자세히 다룬다.

6 이를 자발적 선택[self selection]이라고 한다.

7 Diamond and Dybvig(1983)에 따르면 은행은 조기인출이라는 위험을 상호

분담하기 위해 자발적으로 모인 개별 대출자들의 집합이다. 이 논문은 부분준비은행에 대한 전혀 새로운 관점을 제시했다는 점에서 중요성이 인정되고 있다. Diamond와 Dybvig은 2022년 노벨경제학상을 수상했다. Diamond는 은행이론과 관련한 다수의 역작을 남겼는데, 노벨상 수상에는 이 논문이 결정적 역할을 한 것으로 보인다.

8 물론 정상적으로 수익을 내는 은행에만 해당하는 말이다. 문제가 생겨 현금인출을 거부하는 경우에 대해서는 2부에서 자세히 살펴볼 것이다.

9 Diamond(1984), Greenbaum et al.(1989), Rajan(1992), Sharpe(1990).

10 Diamond and Dybvig(1983), Diamond(1984), Greenbaum and Thakor(2007), Gurley and Shaw(1960).

11 Boot and Schmeits(1998), Turner(2016).

12 Jakab and Kumhof(2015).

4장. 깨지기 쉬운 은행

1 대차대조표는 재무상태표로 명칭이 바뀌었으나, 대차의 개념을 강조하기 위해 이 책에서는 이전 용어를 그대로 사용했다.

2 주식회사의 경우 자기자본을 주주자본shareholder capital이라고 부르기도 한다.

3 여기서 이자는 없다고 가정한다. 물론 이자가 있다고 하더라도 논의의 전개에는 아무런 지장이 없다. 다만 논의가 다소 복잡해질 뿐이다.

4 주주들은 늘어난 자신의 몫을, 배당금을 통해 회사 밖으로 인출할 수도 있고, 사업 전망이 좋다면 회사 내에 계속 둔 채 사업확장에 필요한 자금으로 사용할 수도 있다.

5 유동성에 대한 정의는 3장을 참고하라.

6 Williamson(1975, 1985), Milgrom and Roberts(1992).

7 Dewatripont and Tirole(1994), Shleifer and Vishny(1992).

8 Clapham(1945), Temin and Voth(2013).

9 Turner(2014).

10 Haldane(2009).

11 Graham et al.(2015).

12 Diamond(1984).

13 Dewatripont and Tirole(1994).

14 자본배수[equity multiplier]라고도 한다.

15 자산대체효과는 Jensen & Meckling(1976)에 의해 처음으로 제기되었다.

16 Diamond(1984).

17 Rajan(1992), Sharpe(1990).

5장. 위기로 점철된 은행

1 Diamond(1984).

2 주주와 채권자의 청구권 차이에 대한 설명은 4장을 참고하기 바란다.

3 DeSoto(1998), Harris(2006, 2011), Temin(2004).

4 고대 로마시대 은행가로 활약하던 환전상 얘기는 성경의 마태복음, 마가복음, 요한복음에도 등장한다.

5 DeSoto(1998).

6 DeSoto(1998).

7 https://www.loebclassics.com/view/isocrates-discourses_17_trapeziticus/1945/pb_LCL373.213.xml.

8 Costouros(1973).

9 Calomiris(2010).

10 DeSoto(1998).

11 Usher(1943).

12 Cipolla(1982).

13 Rajan(1998).

14 Usher(1943).

15 https://www.medievalists.net/2023/08/the-beheaded-banker-of-barcelona/.

16 Usher(1943).

17 Mueller(1997).

18 Kohn(1999).

19 DeRoover(1963).

20 DeSoto(1998).

21 Admati and Hellwig(2013).

22 Quinn(1994).

23 Davies(2002), Horsefield(1982).

24 Carswell(1993).

25 Temin and Voth(2013).

26 Dickson(1967).

27 투자와 투기를 구별하는 일은 쉽지 않다. 그럼에도 Kindleberger and Aliber(2005)의 설명은 양자를 직관적으로 구별하는 데 도움을 준다. 이들에 따르면 투자는 특정 자산의 보유로부터 발생하는 소득(예: 임대료, 배당금)을 얻기 위한 것인 반면, 투기는 애초 높은 가격에 매각하는 것을 염두에 두고 자산을 매입하는 경우를 말한다.

28 Temin and Voth(2013).

29 Carswell(1993), Dale(2004).

30 Temin and Voth(2013).

31 Kindleberger and Aliber(2005).

32 Horsefield(1949), Joslin(1954), Quinn(1997).

33 DeSoto(1998).

34 Temin and Voth(2013).

35 Henderickson(2011).

36 Rolnick and Weber(1982).

37 Jaremski and Rousseau(2012).

38 Schweikart and Allen(2004).

39 Henderickson(2011).

40 Henderickson(2011).

41 Wicker(2000a).

42 Sprague(1968).

43 Henderickson(2011).

44 Haldane(2009).

45 Anderson(1980), Friedman and Schwartz(1963).

46 Temin(1976).

47 Henderickson(2011).

48 Federal Reserve Bulletin(1937).

49 Calomiris and Gorton(1991), Wilson et al.(1990).

6장. 신용팽창과 은행 위기

1 Adrian and Shin(2010), Hayek(1931), Kindleberger and Aliber(2005), Kumhof et al.(2015), Laeven and Valencia(2010), Minsky(1986), Reinhart and Rogoff(2009), Schularick and Taylor(2012).

2 Gerschenkron(1962), King and Levine(1993), Levine(1997), Levine(2005), Levine and Zervos(1998), McKinnon(1973), Rajan and Zingales(2004), Rousseau and Sylla(2003, 2005), Shaw(1973).

3 Rolnick et al.(1996).

4 Rousseau(2011).

5 Calomiris and Kahn(1991), Diamond and Rajan(2001a).

6 Hardin(1968).

7 DeSoto(1998).

8 실제 저축이 없는 상태에서 제공되는 은행의 대출 때문에 프로젝트가 중단되는 문제에 대해서는 DeSoto(1998)를 참고하라. 다음의 성경구절도 같은 맥락에서 이해할 수 있다. "너희 중에 누가 망대를 세우려 할 때, 먼저 앉아서 그것을 완성할 만한 돈을 가졌는지 비용을 계산해 보지 않겠느냐? 만일 기초공사만 하고 완성하지 못하면, 보는 사람들이 모두 '이 사람이 시작만 해 놓고 끝내지 못했군' 하고 비웃을 것이다." (누가복음 14:28~30).

9 Diamond(1984), Rajan(1992), Sharpe(1990).

10 Rajan(1994).

11 Keynes(1931).

12 Kindleberger and Aliber(2005).

13 Mian and Sufi(2014).

14 피셔는 1929년 주가가 고점을 찍고 하락하는 와중에도 "미국 주가가 더이상 떨어질 수 없는 고원에 도달했다"고 주장했다. 그러나 이후 주가 폭락으로 그는 전 재산을 잃었다.

15 Kindleberger and Aliber(2005).

16 Olson(1971).

17 Diamond and Dybvig(1983).

18 Calomiris(2010), Calomiris and Gorton(1991), Calomiris and Mason(1997), Calomiris and Schweikart(2009), DeJonghe(2010), Gorton(1988), Kaminsky and Reinhart(1999), Schnabel(2004), Wicker(2000b). 이들 연구는 대부분 19세기와 20세기 은행 위기를 대상으로 한 것이며, 따라서 그 이전 시기의 은행 위기에 대해서는 단정적인 결론을 내리기 어렵다. 그러나 부분준비은행이 위기에 처하는 이유가 시대에 따라 달라져야 할 이유를 찾기는 더욱 어렵다.

7장. 은행 위기의 비용

1 Admati and Hellwig(2013).

2 1873년 은행 위기 중 National Trust Company of New York은 80만 달러 상당의 정부국채를 금고에 갖고 있었지만, 이 국채를 담보로 단 1달러도 빌릴 수 없어 영업을 중단했다. Kindleberger and Aliber(2005).

3 Dwyer and Gilbert(1989).

4 Ferguson(2009).

5 Dwyer and Gilbert(1989).

6 Bradley(2000).

7 Diamond(1984), Rajan(1992), Sharpe(1990).

8 자산전속성asset specificity이 존재하는 경우를 말한다.

9 Allen and Gale(1994), Shleifer and Vishny(1992).

10 Bernanke(1983).

11 Slovin, Shushka, and Polonchek(1993)은, 1984년 Continental Illinois은행의 파산 위험이 이 은행을 주거래은행으로 하는 기업의 주가에 음(-)의 충격을 가했다는 증거를 발견했다. Kang and Stulz(2000) 또한 1990년대 일본의 은행 위기 당시 비슷한 효과가 있었음을 발견했다. 이 밖에 Billett et al.(1995), Farinha and Santos(2002)도 참고하라.

12 IMF(2009).

13 Arrow(1965), Pratt(1964).

14 Kindleberger and Aliber(2005), Minsky(1986).

15 Bordo and Haubrich(2010), Jordà et al.(2013).

16 Bernanke(1983).

17 경기정점에 대비한 감소율을 말한다. Dwyer and Gilbert(1989) 참고.

18 Haldane and Madouros(2012).

19 이 책의 설명과는 달리, 소위 대차대조표 효과balance sheet effect를 통해 호황과 불황의 비대칭성을 설명하는 문헌이 다수 존재한다. 그러나 대차대조표 효과만으로 경기변동의 비대칭성을 온전히 설명하기에는 부족해 보인다. 대차대조표 효과에 대해서는 Bernanke et al.(1996)를 참고하라.

20 Rajan and Zingales(2004), Hacker(2006).

21 Bernanke and Gertler(1995), Gertler and Gilchrist(1994), Holmstrom and Tirole(1997).

22 Arrow(1965), Chaigneau and Paiella(2011), Guiso and Paiella(2008), Huber et al.(2023), Paravisini et al.(2017).

23 DeSoto(1998).

24 Eichengreen(1992).

25 Kindleberger and Aliber(2005)는 통화량이 인플레이션에 미치는 영향을, 일종의 공리에 해당한다고 주장한다.

26 DeSoto(1998).

27 Bhattacharya et al.(1998).

28 Fisher(1933).

29 Coase(1960).

30 Calomiris and Kahn(1991), Diamond and Rajan(2000, 2001).

8장. 은행을 고칠 것인가, 구할 것인가

1 Hume(1985). 사실 100%준비금 요건을 처음 제안한 사람은 흄이 아니다. 자세한 내용은 Rothbard(1995)를 참고하라.

2 Lainà(2015).

3 Ronnie(1995).

4 Kindleberger and Aliber(2005), Lainà(2015), Rothbard(2008).

5 DeSoto(1998), VonMises(1912).

6 DeSoto(1998).

7 King(2017).

8 DeSoto(1998), Philbin(1991), Rothbard(2008).

9 Simons(1936).

10 Turner(2016).

11 Angell(1935), Graham(1936), Hart(1935), Simons(1936).

12 Fisher(1936).

13 Fisher(1936).

14 Allen(1993), Phillips(1994).

15 Brewer(1990).

16 Temin and Voth(2013).

17 Tilly(1992).

18 Rothbard(2008).

19 Rothbard(2008), Temin and Voth(2013).

20 Capie(2004).

21 DeSoto(1998).

22 Kindleberger and Aliber(2005).

23 Bagehot(1873).

24 Turner(2014).

25 Alessandri and Haldane(2009).

26 Rothbard(2008).

27 Dwyer and Gilbert(1989), Henderickson(2011).

28 Henderickson(2011).

29 Weber(2011).

30 Calomiris(1989, 1990).

31 Henderickson(2011).

32 Calomiris(2010).

33 White(1986).

34 Haldane(2010).

35 Chernow(1990).

36 Henderickson(2011).

37 Turner(2014).

38 Ross(2004).

39 Turner(2014).

40 Grady and Weale(1986).

41 Turner(2014).

42 금융억압이란 용어는 McKinnon(1973, 1980)에 의해 처음 사용된 것으로 알려져 있다.

43 La Porta et al.(2002).

44 이 책에 나오는 달러는 모두 미국 달러이다.

9장. 금융억압 종식, 금융위기 시작

1 Alessandri and Haldane(2009).

2 Turner(2014).

3 Admati and Hellwig(2013).

4 여기서 시장금리는 10년 만기 국채수익률을 말한다.

5 Turner(2014).

6 Henderickson(2011).

7 Ross(2004).

8 Goodhart(2014).

9 Turner(2014).

10 Turner(2016).

11 Henderickson(2011).

12 Henderickson(2011).

13 Johnson and Rice(2007).

14 Riegle-Neal Interstate Banking and Branching Efficiency Act.

15 Rajan and Zingales(2004).

16 Springer et al.(2016).

17 자산대체효과에 대해서는 4장을 참고하기 바란다.

18 이 표현은 Diaz-Alejandro(1985)의 논문제목 "Good-bye financial repression, hello financial crash"에서 따온 것이다.

19 Capie(2012).

20 Turner(2014).

21 Ravell(1973), Reid(1982).

22 Reid(1982).

23 Henderickson(2011).

24 개인예금과 기업예금의 경우 예금보험한도coverage limit를 초과하는 금액이 비부보예금noninsured deposits에 해당한다. 외화예금, 채권bonds 등은 전액이 비부보채권uninsured debts이다.

25 Kobrak and Troege(2015).

26 Kane(1985).

27 Dewatripont and Tirole(1994).

28 Benston et al.(1991), White(1991).

29 Akerlof and Romer(1993).

30 Admati and Hellwig(2013), Curry and Shibut(2000).

31 General Accounting Office(1996).

32 Honkapohja(2009).

33 Drees and Pazarbasioglu(1998).

34 OECD, Economic Outlook(1992.12).

35 Drees and Pazarbasioglu(1998).

36 Drees and Pazarbasioglu(1998).

37 IMF, International Financial Statistics (IFS).

38 Fujii and Kawai(2020).

39 Vogel(1979).

40 Reinhart and Rogoff(2011).

41 Kaminsky and Reinhart(1999).

42 Demirguc-Kunt and Detragiache(1999).

43 Demirgüç-Kunt et al.(2008), Turner(2016).

44 Kobrak and Troege(2015).

10장. 시스템리스크의 축적

1 Haldane(2010).

2 Haldane(2010).

3 Haldane(2010).

4 Amel et al.(2004), Berger and Mester(1997), DeLong(2001), Mester(2008).

5 Feng and Serletis(2009), Wheelock and Wilson(2012).

6 Haldane(2010).

7 Baker and McArthur(2009).

8 Noss and Sowerbutts(2012), Ueda and Mario(2012).

9 보조금 효과를 제거할 경우, 총자산 1천억 달러를 넘어서는 영역에서는 은행 규모가 커질수록 효율성이 떨어진다는 사실이 실증적으로 확인되었다. Davis and Tracey(2014), Haldane(2012)을 참고하라.

10 Brewer and Jagtiani(2013).

11 핵심 자원 혹은 핵심 경쟁력에 대한 자세한 내용은 Hamel and Pralahad(1990), Rajan and Zingales(2004), Wernerfelt(1984)를 참고하라.

12 Adrian et al.(2013), Jakab and Kumhof(2015).

13 각 은행 연차보고서(annual report) 참고.

14 Graham et al.(2015), He and Sun(2021).

15 은행업과 증권업 분리 규제에 대한 상세한 내용은 8장을 참고하라.

16 Chernow(1990).

17 Gande et al.(1997), Kroszner and Rajan(1994).

18 White(1986).

19 Kroszner and Rajan(1994).

20 각 은행 연차보고서annual report 참고.

21 DeNicolo(2000), Haldane(2010).

22 Allen and Gale(2001), Boot and Thakor(1997), Diamond(1991).

23 Gleick(1987).

24 Baele et al.(2007), Ibragimov et al.(2011), Shaffer(1994), Wagner(2010).

25 Kapstein(1991).

26 Tarullo(2008).

27 Dewatripont et al.(2010).

28 Kobrak and Troege(2015).

29 Hendericksson(2011).

30 Kobrak and Troege(2015).

31 Goodhart(2011).

32 May et al.(2008).

33 Geanakoplos(2003, 2010), Turner(2016).

11장. 대붕괴

1 Greenwood and Scharfstein(2013).

2 Adrian and Shin(2010).

3 S&P/Case-Shiller U.S. National Home Price Index.

4 자세한 내용은 6장을 참고하기 바란다.

5 Mian and Sufi(2014).

6 서브프라임 모기지 증권화 과정에 대한 보다 자세한 내용은 Pozsar et al.(2012)를 참고하라.

7 Financial Crisis Inquiry Commission(2012).

8 Acharya et al.(2013).

9 그림자은행이란 표현은 McCulley(2007)가 맨 먼저 사용한 것으로 알려져 있다.

10 자본시장으로 진출한 은행들의 위험 추구 유인이 훨씬 더 강했다는 실증연구는 Mercieca et al.(2007), DeNicolo et al.(2004)을 참고하라.
11 Cetorelli et al.(2012).
12 Pozsar et al.(2012).
13 Goldman Sachs 연차보고서(Annual Report).
14 Sadka(2010).
15 Financial Crisis Inquiry Commission(2012).
16 Henderickson(2011).
17 Pozsar et al.(2012).
18 Barth et al.(2009).
19 https://fred.stlouisfed.org/series/BOGMBASE.
20 Laeven and Valencia(2010).

12장. 신용팽창을 넘어 과잉금융으로

1 이 책에서 인용하는 민간여신/GDP의 값은 모두 World Bank에서 가져왔다.
2 World Bank.
3 King(2017), Obstfeld and Rogoff(2009), Reinhart and Rogoff(2011), Turner(2016).
4 Turner(2016).
5 Obstfeld and Rogoff(2009).
6 미국 국채와 민간 금융기관이 발행하는 안전자산(단기부채) 간에 대체관계가 존재한다는 점에 대해서는 Krishnamurthy and Vissing-Jorgensen(2015)을 참고하라.
7 King(2017).
8 이를 saving glut이라고 부른다.
9 이를 banking glut이라고 부른다.

10 https://fred.stlouisfed.org/series/CSUSHPINSA.

11 Rajan and Zingales(2004).

12 Goldsmith(1969), King and Levine(1993), Levine(1997), Levine and Zervos(1998), Rajan and Zingales(2004).

13 Greenwood and Scharfstein(2013).

14 Ferguson(2009).

15 여기서 생산성이란 총요소생산성[total factor productivity, TFP]을 말한다. 한 나라의 총부가가치, 즉 총생산을 만들어내는 과정에는 노동[L]과 기계 등 자본[K]이라는 생산요소가 투입된다. 산출된 총부가가치 중 노동과 자본 투입으로 설명되지 않는 부분[Solow residual]을 총요소생산성이라고 한다.

16 Haldane et al.(2010).

17 Cecchetti and Kharroubi(2012).

18 Johnson and Kwak(2011).

19 Haldane(2012a).

20 여기서 수익률의 변동성은 수익률의 표준편차이다. 자세한 내용은 Haldane et al(2010)을 참고하라.

21 각 은행 연차보고서 참고.

22 각 은행 연차보고서 참고.

23 Haldane et al(2010).

13장. 과잉금융의 폐해

1 King and Levine(1993), Levine(1997), Ross and Zervos(1998).

2 Arcand et al.(2015), Cecchetti and Kharroubi(2012).

3 Turner(2016).

4 Knoll(2017).

5 Werner(2003).

6 Reuters, 23/9/2023, Even 1.4 billion people can't fill all of China's vacant homes, ex-official admits.

7 Banerjee and Hofmann(2022).

8 Albuquerque and Iyer(2023).

9 과잉금융으로 인해 국가경제의 생산성이 낮아진다는 연구로는 Zhu et al.(2020)을 참고하라.

10 자세한 내용은 2장을 참고하라.

11 Wurgler(2000).

12 Albuquerque and Iyer(2023), Peek and Rosengren(2005).

13 Albuquerque and Iyer(2023), Caballero et al.(2008), McGowan et al.(2018).

14 Childs et al.(2005), Myers(1977), Sarkar and Zhang(2015).

15 결국 과도한 부채는 고위험 프로젝트의 과다 추진, 우량 프로젝트의 과소 추진이라는 두 가지 문제를 모두 유발한다.

16 Mian and Sufi(2014).

17 Glick and Lansing(2010).

18 Boot and Thakor(1997), Allen(1993).

19 Hirshleifer(1971).

20 Greenwood and Scharfstein(2013).

21 Lewis(2014).

14장. In Asset We Trust

1 Financial Times, 26/2/2020, Trump to stock market investors: but the dip.

2 Fama(1970, 1991), Malkiel(1973,2003), Samuelson(1965).

3 Kindleberger and Aliber(2005).

4 Allen and Gale(2000), Thurner et al.(2012).

5 Smith et al.(1998).

6 Porter and Smith(2003).

7 Mian and Sufi(2014).

8 DeSoto(1998), Fisher(1930).

9 Constâncio(2011), Holmes(1969).

10 Mooer(1988).

11 DeSoto(1998), Hayek(1978), Rothbard(2008).

12 Carpenter and Demiralp(2012), Sellon Jr. and Weiner(1997).

13 DeSoto(1998).

14 정확히는 99,148,145원이나 편의상 1억 원이라고 간주한다. 만약 계약기간이 영구적이라면 이 부동산의 가격은 정확히 1억 원(=1,000만 원/0.1)이 된다.

15 2022년부터 연준은 기존의 움직임에서 벗어나 목표금리를 급격히 인상하고 있다. 연준이 내세우는 금리 인상 이유는 재화 인플레이션을 잡기 위한 것이다. 그러나 재화 인플레이션은 직전의 팬데믹 기간 중 연준이 취한 제로금리 정책에 따른 신용팽창의 결과다. 결국 연준은 자신의 과도한 저금리 정책이 부작용을 일으키자 이번에는 정반대로 금리를 급격히 인상했다. 자산 인플레이션에는 그렇게도 관대한 연준이 재화 인플레이션이 발생하자 갑자기 인플레이션 파이터가 되려는 모양이다. 그러나 연준의 '행동하는 용기'는 또다시 재앙을 불러올 가능성이 높아 보인다. 팬데믹 기간 중 연준이 채택한 제로금리는 엄청난 부채를 양산하면서 자산 가격을 끌어올렸다. 이처럼 부채로 고양된 자산 붐이 만연한 상태에서 이루어지는 급격한 금리 인상은 경기침체 나아가 위기를 불러올 가능성이 크다.

16 금리의 지속적 하락을 중국, 독일 등 주요 수출국의 급격한 저축 증가savings glut에서 찾는 견해가 있다(Bernanke, 2005; King, 2017). 즉 '저축 증가 → 금리 하락'이라는 것이다. 그러나 중국, 독일 등의 저축 증가는 미국 등 경상수지 적자국의 부채 증가banking glut에 따른 사후적 결과다. 이러한 점에서 금리 하락이 미국의 부채를 큰 폭으로 늘리고, 그 결과 수출국의 저축이 급격히 늘어났다고 보는 것이 타당하다. 따라서 '금리 하락 → 저축 증가'가 올바른 설명일 수 있다.

17 Federal Reserve Bank.

18 Leonard(2022).

19 Federal Reserve Bank.

20 Bernanke(2017).

15장. 많은 것이 전도된 세상

1 Beltratti and Stulz(2012).

2 Jensen(1986).

3 Boeing사의 Annual Report.

4 소위 금융화[financialization]로 인해 기업이 수익 창출이 아닌 단기 주가 극대화에 매진하는 사례는 Foroohar(2016)를 참고하라.

5 Yardeni et al.(2023).

6 모든 기업이 비용 절감이라는 공통의 단일 기준을 적용한 결과, 중국을 비롯한 소수의 국가가 전 세계 주요 기업의 유일한 공급처가 되었다. 그러나 이는 장기적으로 기업의 리스크를 키우는 것이다. 팬데믹으로 중국 생산라인이 멈추자 전 세계 공급망이 순식간에 무너진 사례는 이러한 리스크를 잘 보여준다.

7 Mishel and Kandra(2021).

8 Mishel and Kandra (2021).

9 스톡옵션은 일정한 가격에 주식을 매입할 권리를 부여하는 것이며, 스톡그랜트는 주식 자체를 나눠 주는 것이다.

10 Brynjolfsson and McAfee(2016).

11 Peter G. Peterson Foundation, 21/12/2022, Income inequality has been on the rise since the 1980s, and continues its upward trajectory.

12 Congressional Budget Office. Sep/2022, Trends in the distribution of family wealth, 1989 to 2019.

13 Bank of England(2012).

14 Reich(2010).

15 미국 젊은 세대의 자본주의와 사회주의에 대한 지지율은, 2010년 각각 66%, 44%에서 2019년 51%, 49%로 바뀌었다. 특히 자산시장 붐에서 소외된 젊은 세대에서 자본주의에 대한 실망감이 커지고 있음을 확인할 수 있다.
Gallup, 25/11/2019, Socialism as popular as capitalism among young adults in U.S.

16 Reich(2010).

17 Hahn(2010), Markovits(2020).

18 Oyer(2008), Philippon and Reshef(2012).

19 Goldin and Katz(2008).

20 Baumol(1990).

21 Cecchetti and Kharroubi(2012).

22 Murphy et al.(1991).

23 Easterlin(1974), Kahneman and Deaton(2010), Quoidbach et al.(2010).

24 Reinhart and Rogoff(2011).

25 Piketty(2017).

26 이러한 변화는 특히 투자은행에서 두드러진다.

27 Brunnermeier and Oehmke(2013).

28 금융중개기능에 대한 자세한 내용은 3장을 참고하라.

16장. 업스트림

1 Heath(2020).

2 Haldane and Madouros(2012), King(2017).

3 IMF, Global Debt Database.

4 Arrow and Debreu(1954), Markowitz(1952), VonNeumann and Morgenstern(1944).

5 이는 오스트리아학파의 일관된 주장이다. Hayek(1937), Kirzner(1992), VonMises(1949) 참고.

6 King(2017).

7 Haldane(2010).

8 Ely(2009), Henderickson(2011).

9 Bowles(2016).

10 Gneezy and Rustichini(2000).

11 Aikman et al.(2018).

12 Simon(1996).

13 Haldane and Madouros(2012).

14 Reynolds(1987).

15 Haldane and Madouros(2012), Gigerenzer(2010).

16 King(2017).

17 Saint-Exupéry(1939).

18 진성어음주의의 기원은 아담 스미스Adam Smith까지 거슬러 올라간다. Green(1989) 참고.

19 Mints(1945).

20 DeSoto(1998), VonMises(1949).

17장. 구조개혁: 통화와 신용의 분리

1 DeSoto(1998).

2 Rothbard(2008).

3 Fox(1996).

4 DeSoto(1998), Rothbard(2001).

5 VonMises(1953).

6 DeSoto(1998).

7 DeSoto(1998).

8 DeSoto(1998), Levitin(2016).

9 Temin and Voth(2013).

10 Melton(1986).

11 Rothbard(2008).

12 DeSoto(1998).

13 우리나라의 경우 소비임치계약은 민법 702조에서 규정하고 있다.

14 DeSoto(1998).

15 보관과 대차의 분리 주장은 크게 오스트리아학파, 시카고플랜, Sovereign Money의 세 가지로 구별되는데, 이들 각각의 카테고리 내에서도 다양한 스펙트럼이 존재한다. Lainà(2015) 참고.

16 100%준비제도로의 이행과정에 대해서는 추후 기회가 되면 다른 지면을 통해 설명하기로 하겠다.

17 100%준비제도 확립 혹은 통화와 신용의 분리를 옹호하는 최근의 학자로는 Benes and Kumhof(2012), DeSoto(1988), Jackson and Dyson(2013)이 대표적이다. 이 중 DeSoto(1988) 는 오스트리아학파의 부분준비제도 비판 논지를 충실히 계승하고 있다.

18장. 신화에서 벗어나기

1 DeSoto(1998), Fisher(1936).

2 Benes and Kumhof(2012).

3 Levitin(2016).

4 Haldane and Madouros(2012).

5 Haldane and Madouros(2012).

6 DeRugy and Warren(2009).

7 DeRugy and Warren(2009).

8 Haldane and Madouros(2012).

9 Haldane and Madouros(2012), Härle et al.(2010).

10 Hogan(2019).

11 Daly(1980).

12 King and Levine(1993), Levine(1997).

13 IMF(2009).

14 12장 내용 참고.

15 King(2017).

16 Daly(1980).

17 18세기 존 로[John Law]에서 시작해 19세기 은행학파[banking school]에 이르기까지, 통화공급의 탄력성을 옹호하는 오래된 주장에 대해서는 DeSoto(1998)를 참고하라. DeSoto(1998), Greenbaum and Thakor(2007), King(2017), King and Plosser(1984), Ricks(2017).

18 DeSoto(1998).

19 Levitin(2016).

20 Eichengreen(1996), King(2017), Temin(1991).

21 Keynes(1924).

22 King(2017).

23 Rajan and Zingales(2004).

24 글로벌 불균형, 과잉금융, 기축통화의 관계에 대해서는 12장을 참고하라.

25 Diamond(1984), Diamond and Dybvig(1983), Fama(1985), James(1987).

26 Bernanke(1983).

27 Kuhn(1962).

28 세 명의 학자는 더글러스 다이아몬드, 필립 딥비그, 벤 버냉키이다.

29 https://www.nobelprize.org/prizes/economic-sciences/2022/press-release/.

30 Rajan and Zingales(2004).

참고문헌

Acharya, Viral, Philipp Schnabl and Gustavo Suarez, 2013, Securitization without risk transfer, Journal of Financial Economics, Vol. 107, Issue 3.

Admati, Anat and Martin Hellwig, 2013, *The Bankers' New Clothes: What's Wrong With Banking and What to Do About It*, Princeton University Press.

Adrian, Tobias and Hyunsong Shin, 2010a, Liquidity and leverage, *Journal of Financial Intermediation* Vol.19, Issue 3.

Adrian, Tobias and Hyunsong Shin, 2010b, The changing nature of financial intermediation and the Financial Crisis of 2007-09, Staff Reports, Federal Reserve Bank of New York.

Adrian, Tobias, Paolo Colla and Hyun Song Shin, 2013, Which Financial Frictions? Parsing the Evidence from the Financial Crisis of 2007 to 2009, *NBER Macroeconomics Annual* Vol. 27, No. 1.

Aikman, David, Andrew Haldane, Marc Hinterschweiger, and Sujit Kapadia, 2018, Rethinking financial stability, Staff Working Paper No. 712, Bank of England.

Akerlof, George, 1970, The market for "Lemons": Quality uncertainty and the market mechanism, *Quarterly Journal of Economics,* Vol.84, No. 3.

Akerlof, George, and Paul Romer, 1993, Looting: the economic underworld of bankruptcy for profit, *Brookings Papers on Economic Activity* No. 2.

Albuquerque, Bruno and Roshan Iyer, 2023, The rise of the walking dead: Zombie firms around the world, *IMF working paper,* wp/23/125.

Alessandri, Piergiorgio and Andrew Haldane, 2009, *Banking on the state,* Bank of England.

Allen, Franklin, 1993, Stock Markets and Resource Allocation in *Capital markets and Financial Intermediation*(edited by Mayer, Colin and Xavier Vives), Cambridge University Press.

Allen, Franklin and Douglas Gale, 1994, Limited market participation and volatility of asset prices, *American Economic Review,* Vol. 84, No. 4.

Allen, Franklin and Douglas Gale, 2000, Bubbles and crises, *Economic Journal,* Vol. 110, Issue 460.

Allen, Franklin and Douglas Gale, 2001, *Comparing Financial Systems,* The MIT Press.

Allen, William, 1993, Irving Fisher and the 100 percent reserve proposal, *Journal of Law and Economics,* Vol. 36, No. 2.

Amel, Dean, Colleen Barnes, Fabio Panetta, Carmelo Salleo, 2004, Consolidation and efficiency in the financial sector: A review of the international evidence, *Journal of Banking & Finance,* Vol. 28, Issue 10.

Anderson, Benjamin, 1980, *Economics and the Public Welfare: A Financial and Economic History of the United States, 1914–1946,* Liberty Fund.

Angell, James, 1935, The 100 percent reserve plan, *Quarterly Journal of Economics,* Vol. 50, No. 1.

Arcand, Jean, Louis Berkes and Ugo Panizza, 2015, Too much finance? *Journal of Economic Growth* Vol. 20, No. 2.

Arrow, Kenneth, 1963, Uncertainty in the welfare economics of medical care, *American Economic Review,* Vol. 53, No. 3.

Arrow, Kenneth, 1965, *Aspects of the Theory of Risk Bearing,* Yrjo Jahnsson Lectures, The Academic Book Store.

Arrow, Kenneth and Gerard Debreu, 1954, Existence of an equilibrium for a competitive economy, *Econometrica,* Vol. 22, No. 3.

Baele, Lieven, Olivier De Jonghe and Rudi Vennet, 2007, Does the stock market value bank diversification?, *Journal of Banking & Finance,* Vol. 31, Issue 7.

Bagehot, Walter, 1873, *Lombard Street: A Description of the Money Market,* Henry King.

Baker, Dean and Travis McArthur, 2009, The value of the 'Too Big to Fail' big bank subsidy, *Issue Brief,* Centre for Economic and Policy Research.

Banerjee, Ryan and Boris Hofmann, 2022, Corporate zombies: anatomy and life cycle, *Economic Policy,* Vol. 37, Issue 112.

Bank of England, 2012, The distributional effects of asset purchases, *Quarterly*

Bulletin Q3.

Barth, James, Tong Li and Wenling Lu, 2009, *The Rise and Fall of the US Mortgage and Credit Markets: A Comprehensive Analysis of the Market Meltdown*, Wiley.

Baumol, William, 1990, Entrepreneurship: productive, unproductive, and destructive, *Journal of Political Economy*, Vol. 98, No. 5.

Beltratti, Andrea and Rene Stulz, 2012, The credit crisis around the globe: why did some banks perform better?, *Journal of Financial Economics*, Vol. 105, Issue 1.

Benes, Jaromir and Michael Kumhof, 2012, The Chicago Plan Revisited, Working Paper, WP/12/2012, International Monetary Fund.

Benston, George, Mike Carhill and Brian Olasov, 1991, The failure and survival of thrifts: evidence from the Southeast, in *Financial Markets and Financial Crises*(edited by Glenn Hubbard), University of Chicago Press.

Berger, Allen and Loretta Mester, 1997, Inside the black box: What explains differences in the efficiencies of financial institutions?, *Journal of Banking & Finance*, Vol. 21, Issue 7.

Bernanke, Ben, 1983, Nonmonetary effects of the financial crisis in the propagation of the Great Depression, *American Economic Review*, Vol. 73, No. 3.

Bernanke, Ben, 2005, The global saving glut and the U.S. current account deficit, Speech given at the Homer Jones Lecture, St. Louis, Board of Governors of the Federal Reserve System.

Bernanke, Ben, 2017, *The Courage to Act: A Memoir of a Crisis and Its Aftermath*, Norton.

Bernanke, Ben and Mark Gertler, 1995, Inside the black box: the credit channel of monetary policy transmission, *Journal of Economic Perspectives*, Vol. 9, No. 4.

Bernanke, Ben, Mark Gertler and Simon Gilchrist, 1996, The financial accelerator and the flight to quality, *Review of Economics and Statistics*, Vol. 78, No. 1.

Bhattacharya, Sudipto and Anjan Thakor, 1993, Contemporary banking theory, *Journal of Financial Intermediation*, Vol. 3.

Bhattacharya, Sudipto, Arnoud Boot and Anjan Thakor, 1998, The economics of bank regulation, *Journal of Money, Credit, and Banking*, Vol.30, No. 4.

Billett, Matthew, Mark Flannery and Jon Garfinkel, 1995, The Effect of lender identity on a borrowing firm's equity return, *Journal of Finance*, Vol. 50, Issue 2.

Boot, Arnoud and Anjan Thakor, 1997, Financial System Architecture, *Review of Financial Studies*, Vol. 10, No. 3.

Boot, Arnoud and Anjan Thakor, 2000, Can relationship banking survive competition?, *Journal of Finance*, Vol. 55, No. 2.

Boot, Arnout and Anjolein Schmeits, 1998, Challenges to competitive banking: a theoretical perspective, *Research in Economics*, Vol. 52, Issue 3.

Bordo, Michael and Joseph Haubrich, 2010, Credit crises, money and contractions: An historical view, *Journal of Monetary Economics*, Vol. 57, Issue 1.

Bowles, Samuel 2016, *The Moral Economy: Why Good Incentives Are No Substitute for Good Citizens*, Yale University Press. 한국어판은 『도덕경제학』(흐름출판, 2020).

Bradley, Christine, 2000, A historical perspective on deposit insurance coverage, *FDIC Banking Review*, Vol.13, No. 2.

Brewer, Elijah, and Julapa Jagtiani, 2013, How much did banks pay to become Too-Big-To-Fail and to become systemically important, *Journal of Financial Services Research*, Vol. 43.

Brewer, John, 1990, *The Sinews of Power: War, Money and the English State, 1688–1783*, Harvard University Press.

Brunnermeier, Markus and Martin Oehmke, 2013, The Maturity Rat Race, *Journal of Finance*, Vol.68, No. 2.

Brynjolfsson, Erik and Andrew McAfee, 2016, *The Second Machine Age: Work, Progress, and Prosperity in a Time of Brilliant Technologies*, Norton and Company.

Caballero, Richard, Takeo Hoshi and Anil Kashyap, 2008, Zombie Lending and Depressed Restructuring in Japan, *American Economic Review*, Vol. 98, No. 5.

Calomiris, Charles, 1989, Deposit insurance: lessons from the record, *Economic Perspectives*, Federal Reserve Bank of Chicago.

Calomiris, Charles, 1990, Is deposit insurance necessary? A historical perspective, *Journal of Economic History*, Vol. 50, No. 2.

Calomiris, Charles, 2010, Banking crises yesterday and today, *Financial History Review*, Vol. 17, No. 1.

Calomiris, Charles and Charles Kahn, 1991, The role of demandable debt in structuring optimal banking arrangements, *American Economic Review,* Vol. 81, No. 3.

Calomiris, Charles and Gary Gorton, 1991, *The origins of banking panics: models, facts, and bank regulation, in Financial Markets and Financial Crises,* (edited by Glenn Hubbard), University of Chicago Press.

Calomiris, Charles, and Joseph Mason, 1997, Contagion and bank failures during the Great Depression: The June 1932 Chicago banking panic, *American Economic Review,* Vol. 87, No. 5.

Calomiris, Charles and Larry Schweikart, 2009, The panic of 1857: origins, transmission, and containment, *Journal of Economic History,* Vol. 51, Issue 4.

Capie, Forest, 2004, *Money and economic development in eighteen-century England, in Exceptionalism and Industrialization: Britain and Its European Rivals, 1688-1815,* (edited by Leandro Prado), Cambridge University Press.

Capie, Forrest, 2012, *The Bank of England : 1950s to 1979*(reprint), Cambridge University Press.

Carpenter, Seth and Selva Demiralp, 2012, Money, reserves, and the transmission of monetary policy: Does the money multiplier exist? *Journal of Macroeconomics,* Vol. 34, Issue 1.

Carswell, John, 1993, *The South Sea Bubble,* Sutton.

Cecchetti, Stephen and Enisse Kharroubi, 2012, Reassessing the impact of finance on growth, *BIS Working Paper* No. 381, Bank for International Settlement.

Cetorelli, Nicola, Benjamin Mandel and Lindsay Mollineaux, 2012, The evolution of banks and financial intermediation: framing the analysis, in Special Issue: The Evolution of Banks and Financial Intermediation, *Policy Economic Review,* Vol. 18, No. 2(edited by Garbade, Kenneth), Federal Reserve Bank of New York.

Chaigneau, Pierre, 2013, Explaining the structure of CEO incentive pay with decreasing relative risk aversion, *Journal of Economics and Business,* Vol. 67.

Chan, Yuk-Shee, Stuart Greenbaum, and Anjan Thakor, 1986, Information Reusability, Competition and Bank Asset Quality, *Journal of Banking and Finance,* Vol. 10, No. 2.

Chernow, Ron, 1990, *The House of Morgan: An American Banking Dynasty and the Rise of Modern Finance,* Atlantic Monthly Press.

Chiappori, Pierre-André and Monica Paiella, 2011, Relative risk aversion is constant: Evidence from panel data, *Journal of the European Economic Association,* Vol.9, No. 6.

Childs, Paul, David Mauer and Steven Ott, 2005, Interactions of corporate financing and investment decisions: The effects of agency conflicts, *Journal of Financial Economics,* Vol. 76, Issue 3.

Cipolla, Carlo, 1982, *The Monetary Policy of Fourteenth-Century Florence,* UCLA Press.

Clapham, John, 1945, *The Bank of England: A History,* Macmillan.

Coase, Ronald, 1960, The problem of social cost, *Journal of Law and Economics,* Vol. 3.

Constâncio, Vítor, 2011, Challenges to monetary policy in 2012, 26th International Conference on Interest Rates, European Central Bank.

Costouros, George, 1973, Development of banking and related book-keeping techniques in ancient Greece," *International Journal of Accounting,* Vol. 7, No. 2.

Curry, Timothy, and Lynn Shibut, 2000, The costs of the savings and loan crisis: truth and consequences, *FDIC Banking Review* 13.

Dale, Richard, 2004, *The First Crash: Lessons from the South Sea Bubble,* Princeton University Press.

Daly, Herman, 1980, The economic thought of Frederick Soddy, *History of Political Economy,* Vol.12, issue 4.

Davies, Glyn, 2002, *A History of Money: From the Ancient Times to the Present Day,* University of Wales Press.

Davis, Richard and Belinda Tracey, 2014, Too big to be efficient? The impact of implicit subsidies on estimates of scale economies for banks, *Journal of Money, Credit and Banking* Vol. 46, Supplement. 1.

DeJonghe, Oliver, 2010, Back to the basics in banking? A micro analysis of banking system stability, *Journal of Financial Intermediation,* Vol. 19, Issue 3.

DeLong, Gayle, 2001, Stockholder gains from focusing versus diversifying bank mergers, *Journal of Financial Economics,* Vol. 59, Issue 2.

Demirguc-Kunt, Asli and Enrica Detragiache, 1999, Financial liberalization and financial fragility, Policy Research Working Papers.

Demirgüç-Kunt, Asli, Edward Kane, Luc Laeven, 2008, Deposit Insurance Design and Implementation: Policy Lessons from Research and Practice, in *Deposit Insurance around the World: Issues of Design and Implementation*(edited by Demirgüç-Kunt, Asli, Edward Kane, Luc Laeven), MIT Press.

DeNicolo, Gianni, 2000, Size, charter value and risk in banking: An international perspective, *International Finance Discussion Papers* No.689, Board of Governors of the Federal Reserve System.

DeNicoló, Gianni, Philip Bartholomew, Jahanara Zaman, Mary Zephirin, 2004, Bank consolidation, internationalization, and conglomeration: trends and implications for financial risk, *Financial Markets, Institutions & Instruments,* Vol. 13, Issue 4.

DeRoover, Raymond, 1963, *The Rise and Decline of the Medici Bank, 1397–1494,* Harvard University Press.

DeRugy, Veronique and Melinda Warren, 2009, Regulators' budget report: Expansion of regulatory budgets and staffing continues in the new administration, Mercatus Center, George Mason University.

DeSoto, Jesus, 1998, *Money, Bank Credit, and Economic Cycles,* Mises Institute.

Dewatripont, Mathias and Jean Tirole, 1994, *The Prudential Regulation of Banks,* MIT Press.

Dewatripont, Mathias, Jean-Charles Rochet and Jean Tirole, 2010, *Balancing the Bank: Global lessons from the Financial Crisis,* Princeton University Press.

Diamond, Douglas, 1984, Financial intermediation and delegated monitoring, *The Review of Economic Studies,* Vol. 51, No. 3.

Diamond, Douglas. 1991, Monitoring and reputation: the choice between bank loans and directly placed debt, *Journal of Political Economy,* Vol. 99, No. 4.

Diamond, Douglas and Philip Dybvig, 1983, Bank runs, deposit insurance, and liquidity, *Journal of Political Economy,* Vol.91, No. 3.

Diamond, Douglas and Raghuram Rajan, 2000, A theory of bank capital, *Journal of Finance,* Vol. 55, No. 6.

Diamond, Douglas and Raghuram Rajan, 2001a, Banks and liquidity, *American*

Economic Review, Vol. 91, No. 2.

Diamond, Douglas and Raghuram Rajan, 2001b, Liquidity risk, liquidity creation, and financial fragility: A theory of banking, *Journal of Political Economy,* Vol. 109, No. 2.

Diaz-Alejandro, Carlos, 1985, Good-bye financial repression, hello financial crash, *Journal of Development Economics,* Volume 19, Issues 1–2.

Dickson, Peter, 1967, *The Financial Revolution in England: A Study in the Development of Public Credit, 1688-1756,* Routledge.

Drees, Burkhard and Ceyla Pazarbasioglu, 1998, The Nordic Banking Crises Pitfalls in Financial Liberalization, IMF Occasional Paper 161.

Dwyer, Gerald and Alton Gilbert, 1989, Bank runs and private remedies, Federal Reserve Bank of St Louis.

Easterlin, Richard, 1974, Does economic growth improve the human lot? Some empirical evidence, in *Nations and Households in Economic Growth*(Edited by David, Paul and Melvin Reder), Academic Press.

Eichengreen, Barry, 1996, *Golden Fetters: The Gold Standard and the Great Depression,* 1919-1939, Oxford University Press.

Ely, Bert, 2009, Bad rules produce bad outcome: underlying public-policy causes of the US financial crisis, *Cato Journal,* Vol.29, No. 1.

Fama, Eugene, 1970, Efficient capital markets: a review of theory and empirical work, *Journal of Finance,* Vol. 25, No. 2.

Fama, Eugene, 1985, What's different about banks?, *Journal of Monetary Economics,* Vol. 15, Issue 1.

Fama, Eugene, 1991, Efficient capital markets II, *Journal of Finance,* Vol. 46, No. 5.

Farinha, Luisa and Joao Santos, 2002, Switching from single to multiple bank lending relationships: determinants and implications, *Journal of Financial Intermediation,* Vol. 11, Issue 2.

Feng, Guohua and Apostolos Serletis, 2009, Efficiency, technical change, and returns to scale in large US banks: panel data evidence from an output distance function satisfying theoretical regularity, *Journal of Banking and Finance,* Vol. 34, Issue 1.

Ferguson, Niall, 2009, *The Ascent of Money: A Financial History of the World,* Penguin Books.

Financial Crisis Inquiry Commission, 2012, The financial crisis inquiry report: Final report of the National Commission on the Causes of the Financial and Economic Crisis in the United States, Government Printing Office.

Fisher, Irving, 1930, *The Theory of Interest: As Determined by Impatience to Spend Income and Opportunity to Invest It,* The Macmillan Company.

Fisher, Irving, 1933, The debt-deflation theory of Great Depressions, *Econometrica* Vol. 1, No. 4.

Fisher, Irving, 1936, *100 Percent Money,* Adelphi Company.

Foroohar, Rana, 2016, *Makers and Takers: The Rise of Finance and the Fall of American Business,* Crown Business.

Fox, David, 1996, Bona fide purchase and the currency of money, *Cambridge Law Journal,* Vol.55, No. 3.

Friedman, Milton and Anna Schwartz, 1963, *A Monetary History of the United States, 1867–1960,* Princeton University Press.

Fujii, Mariko and Masahiro Kawai, 2020, Lessons from Japan's banking crisis, 1991–2005, ADBI Working Paper 222, Asian Development Bank Institute.

Gande, Amar, Manju Puri, Anthony Saunders, Ingo Walter, 1997, Bank underwriting of debt securities: Modern evidence, *Review of Financial Studies,* Vol.10, No. 4.

Geanakoplos, John, 2003, Liquidity, default, and crashes, *in Advances in Economics and Econometrics: Theory and Applications, Eighth World Congress*(edited by Dewatripont, Mathias, Lars Hansen and Stephen Turnovsky), Cambridge University Press.

Geanakoplos, John, 2010, The leverage cycle, *in NBER Macroeconomics Annual 2009, Vol. 24*(edited by Acemoglu, Daron, Kenneth Rogoff and Michael Woodford), University of Chicago Press.

General Accounting Office, 1996, Financial Audit: Resolution Trust Corporation's 1995 and 1994 Financial Statements (Report to the Congress).

Gerschenkron, Alexander, 1962, *Economic Backwardness in Historical Perspective,* Harvard University Press.

Gertler, Mark and Simon Gilchrist, 1994, Monetary policy, business cycles, and the behavior of small manufacturing firms, *Quarterly Journal of Economics*, Vol. 109, Issue 2.

Gigerenzer, Gerd. 2010. Moral satisficing: Rethinking moral behavior as bounded rationality, *Topics in Cognitive Science*, vol. 2, issue 3.

Gleick, James, 1987, *Chaos: Making a New Science*, Viking Books.

Glick, Reuven and Kevin Lansing, 2010, Global household leverage, house prices, and consumption, Economic Letter 200-1, Federal Reserve Bank of San Francisco.

Gneezy, Uri and Aldo Rustichini, 2000, A Fine is a price, *Journal of Legal Studies*, Vol. 29, No. 1.

Goldin, Claudia, and Lawrence Katz, 2008, Transitions: career and family life cycles of the educational elite, *American Economic Review*, Vol. 98, No. 2.

Goldsmith, Raymond, 1969, *Financial Structure and Development*, Yale University Press.

Goodhart, Charles, 2011, The changing role of central banks, *Financial History Review*, Vol. 18, Issue 2.

Goodhart, Charles, 2014, Competition and credit control, *LSE Financial Markets Group Special Paper Series*, London School of Economics.

Gorton, Gary, 1988, Banking panics and business cycles, *Oxford Economic Papers*, Vol. 40, No. 4.

Grady, John and Martin Weale, 1986, *British Banking, 1960-85*, Macmillan.

Graham, Frank, 1936, Partial reserve money and the 100 percent proposal, *American Economic Review*, Vo. 26, No. 3.

Graham, John, Mark Leary and Michael Roberts, 2015, A century of capital structure: The leveraging of corporate America, *Journal of Financial Economics*, Volume 118, Issue 3.

Green, Roy, 1989, Real bills doctrine, in Money (edited by Eatwell, John, Murray Milgate, Peter Newman), Palgrave Macmillan.

Greenbaum, Stuart and Anjan Thakor, 2007, *Contemporary Financial Intermediation*, Academic Press.

Greenbaum, Stuart, George Kanatas and Itzhak Venezia, 1989, Equilibrium loan pricing under the bank-client relationship, *Journal of Banking & Finance*, Vol. 13, Issue 2.

Greenwood, Robin and David Scharfstein, 2013, The growth of finance, *Journal of Economic Perspectives*, Vol. 27, No. 2.

Guiso, Luigi and Monica Paiella, 2008, Risk aversion, wealth, and background risk, *Journal of the European Economic Association*, Vol. 6, No. 6.

Gurley, John and Edward Shaw, 1960, *Money in a Theory of Finance*, Brookings Institution.

Hacker, Jacob, 2006, *The Great Risk Shift: The New Economic Insecurity and the Decline of the American Dream*, Oxford University Press.

Haldane, Andrew, 2009, Small Lessons from a big crisis. Speech given at the Federal Reserve Bank of Chicago 45th Annual Conference, Bank of England.

Haldane, Andrew, 2010, The $100 Billion question, Speech given at the Institute of Regulation & Risk, Bank of England.

Haldane, Andrew, 2012a, Financial arms races, Speech given at the Institute for New Economic Thinking, Bank of England.

Haldane, Andrew, 2012b, On being the right size. Speech given at the Institute of Economic Affairs' 22nd Annual Series, Bank of England.

Haldane, Andrew, Simon Brennan and Vasileios Madouros, 2010, What is the contribution of the financial sector: Miracle or mirage?, in *The Future of Finance: The LSE Report*, London School of Economics and Political Science.

Haldane, Andrew and Vasileios Madouros, 2012, The dog and the frisbee, Speech given at the Federal Reserve Bank of Kansas City's 36th economic policy symposium, Bank of England.

Hamel, Gary and Coimbatore Pralahad, 1990, The core competence of the corporation, *Harvard Business Review* 68.

Han, Byung-Chul, 2010, *Müdigkeitsgesellschaft*. 한국어판은 『피로사회』(문학과지성사, 2012).

Hardin, Garrett, 1968, The Tragedy of the Commons, Science, Vol. 162, No. 3859.

Härle, Philipp, Erik Lüders, Theo Pepanides, Sonja Pfetsch, and Thomas Poppensieker, 2010, Basel III and European banking: Its impact, how banks might respond, and the challenges of implementation, *McKinsey Working Papers on Risk,* No. 26.

Harris, William, 2006, A revisionist view of Roman money, *Journal of Roman Studies,* Vol. 96.

Harris, William, 2011, *Rome's Imperial Economy: Twelve Essays,* Oxford University Press.

Hart, Albert, 1935, The Chicago Plan of banking reform, *Review of Economic Studies,* Volume. 2, Issue 2.

Hayek, Friedrich, 1931, *Prices and Production and Other Works, on Money, the Business Cycle and the Gold Standard,* Mises Institute.

Hayek, Friedrich, 1937, Economics and knowledge, *Economica,* Vol. 4.

Hayek, Friedrich, 1978, *The Constitution of Liberty,* The University of Chicago Press.

He, Zheli and Xiaoyue Sun, 2021, Corporate debt: Historical perspective and options for reducing interest deductibility, Budget Model, Penn Wharton, University of Pennsylvania.

Heath, Dan, 2020, *Upstream: The Quest to Solve Problems Before They Happen,* Avid Reader Press. 한국어판은 『업스트림』(웅진지식하우스, 2021).

Henderickson, Jill, 2011, *Regulation and Instability in US Commercial Banking: A History of Crises,* Palgrave Macmillan.

Hirshleifer, Jack, 1971, The private and social value of information and the reward to inventive activity, *American Economic Review,* Vol. 61, No. 4.

Hogan, Thomas, 2019, Costs of compliance with the Dodd-Frank Act, Baker Institute.

Holmes, Alan, 1969, Operational Constraints on the Stabilization of Money Supply Growth. Controlling Monetary Aggregates, Federal Reserve Bank of Boston.

Holmstrom, Bengt, 1982, Moral hazard in teams, *Bell Journal of Economics,* Vol. 13, No. 2.

Holmstrom, Bengt and Jean Tirole, 1997, Financial intermediation, loanable funds, and the real sector, *Quarterly Journal of Economics,* Vol. 112, No. 3.

Honkapohja, Seppo, 2009, The 1990's financial crises in Nordic countries, *Research Discussion Papers,* No. 5/2009, Bank of Finland.

Horsefield, John, 1949, The cash ratio in English banks before 1800, *Journal of Political Economy,* Vol. 57, No. 1.

Horsefield, John, 1982, Stop of the Exchequer revisited, *Economic History Review,* Vol. 35, No. 4.

Huber, Tobias, Johannes Jaspersen, Andreas Richter and Dennis Strümpel, 2023, On the change of risk aversion in wealth: a field experiment in a closed economic system, *Experimental Economics,* Vol. 26.

Hume, David, 1985, *Essays: Moral, Political and Literary*(edited by Eugene Miller), Liberty Fund.

Ibragimov, Rustam, Dwight Jaffee and Johan Walden, 2011, Diversification disasters, *Journal of Financial Economics,* Vol. 99, Issue 2.

IMF, 2009, World Economic Outlook: Crisis and Recovery.

Jackson, Andrew and Ben Dyson, 2012, *Modernising Money: Why Our Monetary System is Broken and How it Can be Fixed,* Positive Money.

Jakab, Zoltan and Michael Kumhof, 2015, Banks are not intermediaries of loanable funds — and why this matters, Working Paper No. 529, Bank of England.

James, Christopher, 1987, Some evidence on the uniqueness of bank loans, *Journal of financial economics,* Vol.19, Issue 2.

Jaremski, Matthew and Peter Rousseau, 2012, Banks, free banks, and US economic growth, *Economic Inquiry,* Vol. 51, Issue 2.

Jensen, Michael, 1986, Agency costs of free cash flow, corporate finance, and takeovers, *American Economic Review* Vol. 76, No. 2.

Jensen, Michael and William Meckling, 1976, Theory of the firm: Managerial behavior, agency costs and ownership structure, *Journal of Financial Economics,* Volume 3, Issue 4.

Johnson, Christian and Tara Rice, 2007, Assessing a decade of interstate bank branching, working paper 2007-03, Federal Reserve Bank of Chicago.

Johnson, Simon and James Kwak, 2011, *13 Bankers: The Wall Street Takeover and the Next Financial Meltdown,* Vintage.

Jordà, Òscar, Moritz Schularick and Alan Taylor, 2013, When credit bites back, *Journal of Money, Credit and Banking,* Vol.45, Supplement2.

Joslin, David, 1954, London private bankers, 1720-85, *Economic History Review,* Vol. 7, No. 2.

Kahneman, Daniel and Angus Deaton, 2010, High income improves evaluation of life but not emotional well-being, *Proceedings of the National Academy of Sciences,* Vol. 107, No. 38.

Kaminsky, Graciela and Carmen Reinhart, 1999, The twin crises: The causes of banking and balance-of-payments problems, *American Economic Review,* Vol. 89, No. 3.

Kane, Edward, 1985, *The Gathering Crisis in Federal Deposit Insurance,* MIT Press.

Kang, Jun-Koo and Rene Stulz, 2000, Do banking shocks affect borrowing firm performance? An analysis of the Japanese experience, *Journal of Business,* Vol. 73, No. 1.

Kapstein, Ethan, 1991, *Supervising International Banks: Origins and Implications of the Basle Accord,* Princeton Univ Intl Economics.

Keynes, John, 1924, *A Tract on Monetary Reform,* McMillan & Co.

Keynes, John, 1931, The consequences to the banks of the collapse of money values, in Essays in *Persuasion,* Macmillan.

Kindleberger, Charles, 1984, *A Financial History of Western Europe,* Routledge.

Kindleberger, Charles and Robert Aliber, 2005, *Manias, Panics and Crashes: A History of Financial Crises,* 5th Edition, John Wiley & Sons.

King, Mervyn, 2017, *The End of Alchemy: Money, Banking, and the Future of the Global Economy,* Norton & Company.

King, Robert and Charles Plosser, 1984, Money, credit, and prices in a real business cycle, *American Economic Review,* Vo. 74, No. 3.

King, Robert, and Ross Levine, 1993, Finance and growth: Schumpeter might be right, *Quarterly Journal of Economics,* Vol. 108, No. 3.

Kirzner, Israel, 1992, *The Meaning of Market Process,* Routledge.

Knoll, Katharina, Moritz Schularick and Thomas Steger, 2017, No price like home: global house prices, 1870-2012, *American Economic Review,* Vol. 107, No. 2.

Kobrak, Christopher and Michae Troege, 2015, From Basel to bailouts: forty years of international attempts to bolster bank safety, *Financial History Review,* Vol.22, Issue 2.

Kohn, Meir, 1999, Early deposit banking, working paper, Dartmouth University.

Kohn, Meir, 2003, *Financial Institutions and Markets,* Oxford University Press.

Krishnamurthy, Arvind and Annette Vissing-Jorgensen, 2015, The impact of Treasury supply on financial sector lending and stability, *Journal of Financial Economics* Vol. 118, Issue 3.

Kroszner, Randall and Raghuram Rajan, 1994, Is the Glass-Steagall Act Justified? A study of the U.S. experience with universal banking before 1933, *American Economic Review,* Vol. 84, No. 4.

Kuhn, Thomas, 1962, *The Structure of Scientific Revolutions,* University of Chicago Press.

Kumhof, Michael, Romain Rancière and Pablo Winant, 2015, Inequality, leverage and crises, *American Economic Review,* Vol. 105, No. 3

La Porta, Rafael, Florencio Lopez-de-Silanes and Andrei Shleifer, 2002, Government ownership of banks, *Journal of Finance,* Vol. 57, No. 1.

Laeven, Luc and Fabian Valencia, 2010, Resolution of banking crises: the good, the bad, and the ugly, IMF working paper.

Lainà, Patrizio, 2015, Proposals for full-reserve banking: a historical survey from David Ricardo to Martin Wolf, *Economic Thought,* Vol. 4, No. 2.

Leland, Hayne and David Pyle, 1977, Informational asymmetries, financial structure, and financial intermediation, *Journal of Finance,* Vol. 32, No. 2.

Leonard, Christopher, 2022, *The Lords of Easy Money: How the Federal Reserve Broke the American Economy,* Simon & Schuster.

Levine, Ross, 1997, Financial development and economic growth: Views and agenda, *Journal of Economic Literature,* Vol. 35, No. 2.

Levine, Ross, 2005, Finance and growth: Theory and evidence, in *Handbook of Economic Growth*(edited by Aghion, Philippe and Steven Durlauf), Elsevier.

Levine, Ross, and Sara Zervos, 1998, Stock markets, banks, and economic growth, *American Economic Review,* Vol. 88, No. 3.

Levitin, Adam, 2016, Safe banking: finance and democracy. *University of Chicago*

Law Review, Vol.83, Issue 1.

Lewis, Michael, 2014, *Flash Boys: A Wall Street Revolt*, Norton & Company.

Lindert, Peter, 1980, English occupations, 1670-1811, *Journal of Economic History*, Vol.40, No. 4.

Malkiel, Burton, 1973, *A Random Walk Down Wall Street*, Norton & Company.

Malkiel, Burton, 2003, The efficient market hypothesis and its critics, *Journal of Economic Perspectives*, Vol.17, No. 1.

Markovits, Daniel, 2020, *The Meritocracy Trap: How America's Foundational Myth Feeds Inequality, Dismantles the Middle Class, and Devours the Elite*, Penguin Economics.

Markowitz, Harry, 1952, Portfolio Selection, *Journal of Finance*, Vol. 7, No. 1.

May, Robert, Simon Levin and George Sugihara, 2008, Ecology for bankers, *Nature*, Vol. 451.

McCulley, Paul, 2007, Teton Reflections, PIMCO Global Central Bank Focus.

McGowan, Müge, Dan Andrews and Valentine Millot, 2018, The walking dead? Zombie firms and productivity performance in OECD countries, *Economic Policy* Vol. 33, Issue 96.

McKinnon, Ronald, 1973, *Money and Capital in Economic Development*, Brookings Institution.

McKinnon, Ronald, 1980, Financial policies, in *Policies for Industrial Progress in Developing Countries*(edited by Cody, John, Helen Hughes and David Wall), Oxford University Press.

McLeay, Michael, Amar Radia and Ryland Thomas, 2014, Money creation in the modern economy, *Quarterly Bulletin*(2014 Q1), Bank of England.

Melton, Frank, 1986, *Sir Robert Clayton and the Origins of English Deposit Banking, 1658-1685*, Cambridge University Press.

Mercieca, Steve, Klaus Schaeck and Simon Wolfe, 2007, Small European banks: Benefits from diversification?, *Journal of Banking Finance*, Vol. 31, Issue 7.

Mester, Loretta, 2008, Optimal industrial structure in banking, *in Handbook of Financial Intermediation*(edited by Boot, Arnoud and Anjan Thakor), Elsevier.

Mian, Atif and Amir Sufi, 2014, *House of Debt: How They (and You) Caused the Great Recession, and How We Can Prevent It from Happening Again*, University of Chicago

Press. 한국어판은 『빚으로 지은 집』(열린책들, 2014)

Milgrom, Paul and John Roberts, 1992, *Economics, Organization and Management,* Prentice Hall.

Minsky, Hyman, 1986, *Stabilizing and Unstable Economy,* McGraw-Hill.

Mints, Lloyd, 1945, *A History of Banking Theory in Great Britain and the United States,* University of Chicago Press.

Mishel, Lawrence and Jori Kandra, 2021, CEO pay has skyrocketed 1,322% since 1978, Economic Policy Institute.

Moore, Basil, 1988, *Horizontalists and Verticalists: The Macroeconomics of Credit Money,* Cambridge University Press.

Mueller, Reinhold, 1997, *The Venetian Money Market: Banks, Panics, and the Public Debt 1200-1500,* Johns Hopkins University Press.

Murphy, Kevin, Andrei Shleifer, and Robert Vishny, 1991, The allocation of talent: implications for growth, *Quarterly Journal of Economics,* Vol. 106, No. 2.

Myers, Stewart, 1977, Determinants of corporate borrowing, *Journal of Financial Economics,* Vol. 5, Issue 2.

Noss, Joseph, and Rihannon Sowerbutts, 2012, The implicit subsidy of banks, *Financial Stability Paper 15,* Bank of England.

Obstfeld, Maurice and Kenneth Rogoff, 2009, Global imbalances and the financial crisis: products of common causes, *CEPR Discussion Paper* No. 7606.

Olson, Mancur, 1971, The Logic of Collective Action: Public Goods and the Theory of Groups, Harvard University Press.

Oyer, Paul. 2008, The making of an investment banker: Stock market shocks, career choice, and lifetime income, Journal of Finance, Vol. 63, No. 6.

Paravisini, Daniel, Veronica Rappoport and Enrichetta Ravina, 2017, Risk aversion and wealth: Evidence from person-to-person lending portfolios, *Management Science,* Vol. 63, Issue 2.

Pauly, Mark, 1968, The Economics of moral hazard: Comment, *American Economic Review,* Vol. 58, No. 3.

Peek, Joe and Eric Rosengren, 2005, Unnatural selection: Perverse incentives and the misallocation of credit in Japan, *American Economic Review,* Vol. 95, Vo. 4.

Philbin, James, 1991, An Austrian perspective on some leading Jacksonian monetary theorists, *Journal of Libertarian Studies: An Interdisciplinary Review,* Vol. 10, No. 1.

Philippon, Thomas and Ariell Reshef, 2012, Wages and human capital in the US finance industry: 1909-2006, *The Quarterly Journal of Economics,* Vol. 127, No. 4.

Phillips, Ronnie, 1994, An end to private banking: Early New Deal proposals to alter the role of the federal government in credit allocation, *Journal of Money, Credit and Banking,* Vol. 26, No. 3.

Piketty, Thomas, 2017, *Capital in the Twenty-First Century,* Harvard University Press.

Porter, David and Vernon Smith, 2003, Stock market bubbles in the laboratory, *Journal of Behavioral Finance,* Vol. 4, Issue 1.

Pozsar, Zoltan, Tobias Adrian, Adam Ashcraft and Hayley Boesky, 2012, Shadow banking, Staff Report No. 458, Federal Reserve Bank of New York.

Pratt, John, 1964. Risk aversion in the small and the large, *Econometrica,* Vol. 32, No. 1/2.

Quinn, Stephen, 1994, Banking before the bank: London's unregulated goldsmith-bankers, 1660-1694, Francis, Ph.D. Dissertation Paper, University of Illinois at Urbana-Champaign.

Quinn, Stephen, 1997, Goldsmith-Banking: mutual acceptance and interbanker clearing in Restoration London, *Explorations in Economic History,* Vol. 34, Issue 4.

Quoidbach, Jordi, Elizabeth Dunn, Konstantinos Petrides, and Moïra Mikolajczak, 2010, Money giveth, money taketh away: the dual effect of wealth on happiness. *Psychological Science,* Vol. 21, No. 6.

Rajan, Raghuram, 1992, Insiders and outsiders: The choice between informed and arm's-length debt, *Journal of Finance,* Vol. 47, No. 4.

Rajan, Raghuram, 1994, Why bank credit policies fluctuate: A theory and some evidence, *Quarterly Journal of Economics,* Vol. 109, No. 2.

Rajan, Raghuram, 1998, The past and future of commercial banking viewed through an Incomplete contract lens, *Journal of Money, Credit, and Banking,* Vol.30, No. 3.

Rajan, Raghuram and Luigi Zingales, 1988, Financial dependence and growth, *American Economic Review,* Vol. 88, No. 3.

Rajan, Raghuram and Luigi Zingales, 2004, *Saving Capitalism from the Capitalists,* Princeton University Press.

Ravell, Jack, 1973, Secondary banks in *The British Financial System*(edited by Ravell, Jack), Springer.

Reich, Robert, 2010, *Aftershock: The Next Economy and America's Future,* Knopf.

Reid, Margaret, 1982, *The Secondary Banking Crisis, 1973-75: Its Causes and Course,* Macmillan.

Reijda, George, 2016, Principles of Risk Management and Insurance, Pearson.

Reinhart, Carmen and Kenneth Rogoff, 2009, The aftermath of financial crises, *American Economic Review,* Vol. 99, No. 2.

Reinhart, Carmen and Kenneth Rogoff, 2011, *This Time Is Different: Eight Centuries of Financial Folly,* Princeton University Press.

Reynolds, Craig, 1987, Flocks, herds, and schools: a distributed behavioral model, Computer Graphics, Vol. 21, No. 4.

Richards, Richard, 2012, *The Early History of Deposit Banking in England.* London, Routledge.

Ricks, Morgan, 2017, Safety first? The deceptive allure of full reserve banking, *University of Chicago Law Review,* Vol.83, Issue 1.

Rolnick, Arthur, and Warren Weber, 1982, Free banking, wildcat banking and shinplasters, *Federal Reserve Bank of Minneapolis Quarterly Review,* Vol. 6.

Rolnick, Arthur, François Velde and Warren Weber, 1996, The debasement puzzle: An essay on medieval monetary history, *Journal of Economic History,* Vol. 56, No. 4.

Ronnie, Phillips, 1995, *The Chicago Plan & New Deal Banking Reform,* Routledge.

Ross, Duncan, 2004, Domestic monetary policy and the banking system in Britain 1945-1971, in *The British Government and the City of London in the Twentieth Century,* (edited by Michie, Ranald and Phillip Willliamson), Cambridge University Press.

Rothbard, Murray, 1995, *Economic Thought Before Adam Smith,* Edward Elgar.

Rothbard, Murray, 2001, *The Case for a 100 Percent Gold Dollar,* Mises Institute.

Rothbard, Murray, 2008, *The Mystery of Banking*(2nd edition), Mises Institute.

Rothschild, Michael and Joseph Stiglitz, 1976, Equilibrium in Competitive Insurance Markets: An Essay on the Economics of Imperfect Information, *Quarterly Journal of Economics*, Vol. 90, No. 4.

Rousseau, Peter, 2011, The market for bank stocks and the rise of deposit banking in New York City, 1866–1897, *Journal of Economic History*, Vol. 71, No. 4.

Rousseau, Peter and Richard Sylla, 2003, Financial systems, economic growth, and globalization, in *Globalization in Historical Perspective*(edited by Bordo, Michael, Alan Taylor and Jeffrey Williamson), University of Chicago Press.

Rousseau, Peter, and Richard Sylla, 2005, Emerging financial markets and early U.S. growth, *Explorations in Economic History*, Vol. 42, Issue 1.

Sadka, Ronnie, 2010, Liquidity risk and the cross-section of hedge-fund returns, *Journal of Financial Economics*, Volume 98, Issue 1.

Saint-Exupéry, Antoine de, 1939, *Terre des hommes*. 한국어판은 『인간의 대지』(시공사, 2014).

Samuelson, Paul, 1965, Proof that properly anticipated prices fluctuate randomly, *Industrial Management Review*, Vol. 6, No. 2.

Sarkar, Sudipto and Chuanqian Zhang, 2015, Underinvestment and the design of performance-sensitive debt, *International Review of Economics and Finance*, Vol. 37.

Schnabel, Isabel, 2004, The German twin crisis of 1931, *Journal of Economic History*, Vol. 64, No. 3.

Schularick, Moritz and AlanTaylor, 2012, Credit booms gone bust: Monetary policy, leverage cycles, and financial crises, 1870-2008", *American Economic Review*, Vol. 102, No. 2.

Schumpeter, Joseph, 1934, *The Theory of Economic Development. An Inquiry into Profits, Capital, Credit, Interest, and the Business Cycle*, Harvard University Press.

Schwarzberg, Raphaelle, 2016, The openness of the London Goldsmiths' Company in the second half of the seventeenth century: an empirical study, *Financial History Review*, Vol.23, Issue 2.

Schweikart, Larry, and Michael Allen, 2004, *A Patriot's History of the United States*, Sentinel Penguin Group.

Selgin, George, 2012 Those dishonest goldsmiths, *Financial History Review,* Vol.19, Issue 3.

Sellon Jr, Gordon and Stuart Weiner, 1997, Monetary policy without reserve requirements: Case studies and options for the United States, *Economic Review,* Federal Reserve Bank of Kansas City.

Shaffer, Sherrill, 1994, Pooling intensifies joint failure risk, Working Papers 89-1, Federal Reserve Bank of Philadelphia.

Sharpe, Steven, 1990, Asymmetric information, bank lending, and implicit contracts: A stylized model of customer relationships, *Journal of Finance,* Vol. 45, Issue 4.

Shaw, Edward, 1973, *Financial Deepening in Economic Development,* Oxford University Press.

Shleifer, Andrei and Robert Vishny, 1992, Liquidation values and debt capacity: A market equilibrium approach, *Journal of Finance,* Vol. 47, No. 4.

Simon, Herbert, 1996, *The Sciences of the Artificial*(Third Edition), MIT Press.

Simons, Henry, 1936, Rules versus authorities in monetary policy, *Journal of Political Economy,* Vol. 44, No. 1.

Slovin, Myron, Marie Sushka and John Polonchek, 1993, The value of bank durability: Borrowers as bank stakeholders, *Journal of Finance,* Vol. 48, Issue 1.

Smith, Vernon, Gerry Suchanek, and Arlington Williams, 1998, Bubbles, crashes and endogenous expectations in experimental spot asset markets, *Econometrica,* Vol. 56, No. 5.

Spence, Michael, 1973, Job market signaling, *Quarterly Journal of Economics,* Vol. 87, No. 3.

Sprague, Oliver, 1968, *History of Crises under the National Banking System*(reprint edition), Augustus M Kelly.

Springer, Simon, Kean Birch and Julie MacLeavy, 2016, *The Handbook of Neoliberalism,* Routledge.

Stiglitz, Joseph, 1983, Risk, incentives and insurance: The pure theory of moral hazard," *The Geneva Papers on Risk and Insurance,* Vol. 8, No. 26.

Tarullo, Daniel, 2008, *Banking on Basel: The Future of International Financial Regu-*

lation, Peterson Institute for International Economics.

Temin, Peter, 1976, *Did monetary forces cause the Great Depression?,* Norton.

Temin, Peter, 1991, *Lessons from the Great Depression,* MIT Press.

Temin, Peter, 2004, Financial intermediation in the early Roman Empire, *Journal of Economic History* Vol. 64, No. 3.

Temin, Peter and Hans-Joachim Voth, 2006, Banking as an emerging technology: Hoare's Bank, 1702–1742, *Financial History Review,* Vol. 13, Issue 2.

Temin, Peter and Hans-Joachim Voth, 2013, *Prometheus Shackled: Goldsmith Banks and England's Financial Revolution after 1700,* Oxford University Press.

Thurner, Stefan, Doyne Farmer and John Geanakoplos, 2012, Leverage causes fat tails and clustered volatility, *Quantitative Finance,* Vol. 12, No. 5.

Tilly, Charles, 1992, *Coercion, Capital, and European States, A.D. 990-1990,* Wiley-Blackwell.

Turner, Adair, 2016, *Between Debt and the Devil: Money, Credit, and Fixing Global Finance,* Princeton University Press. 한국어판은 『부채의 늪과 악마의 유혹 사이에서』(해남, 2017).

Turner, John, 2014, *Banking in Crisis: The Rise and Fall of British Banking Stability, 1800 to the Present,* Cambridge University Press.

Ueda, Kenichi, and Beatrice di Mauro, 2012, Quantifying structural subsidy values for systemically important financial institutions, *Journal of Banking & Finance,* Volume. 37, Issue 10.

Usher, Abbott, 1943, *The Early History of Deposit Banking in Mediterranean Europe,* Harvard University Press.

Vogel, Ezra, 1979, *Japan as Number One: Lessons for America,* Harvard University Press.

VonMises, Ludwig, 1912, *The Theory of Money and Credit,* Yale University Press.

VonMises, Ludwig, 1949, *Human Action: A Treatise on Economics,* Mises Institute.

VonNeumann, John and Oskar Morgenstern, 1944, *Theory of Games and Economic Behavior,* Princeton University Press.

Wagner, Wolf, 2010, Diversification at financial institutions and systemic crises, *Journal of Financial Intermediation,* Vol. 19, Issue 3.

Weber, Warren, 2011, Bank liability insurance schemes before 1865, working paper 679, Federal Reserve Bank of Minneapolis.

Werner, Richard, 2003, *Princes of the Yen: Japan's Central Bankers and the Transformation of the Economy,* Routledge.

Werner, Richard, 2014, Can banks individually create money out of nothing? — The theories and the empirical evidence, *International Review of Financial Analysis,* Vol. 36.

Werner, Richard, 2016, A lost century in economics: Three theories of banking and the conclusive evidence, *International Review of Financial Analysis,* Volume 46.

Wernerfelt, Birger, 1984, A resource-based view of the firm, *Strategic Management Journal,* Vol. 5, No. 2.

Wheelock, David and Paul Wilson, 2012, Do large banks have lower costs? New estimates of returns to scale for U.S. banks, *Journal of Money, Credit, and Banking,* Vol. 44, No. 1.

White, Eugene, 1986, Before the Glass-Steagall Act: An analysis of the investment banking activities of national banks, *Explorations in Economic History,* Vol. 23, Issue 1.

White, Lawrence, 1986, Regulatory sources of instability in banking, *Cato Journal,* Vol.5, No. 4.

White, Lawrence, 1991, *The S&L Debacle: Public Policy Lessons for Bank and Thrift Regulation,* Oxford University Press.

Wicker, Elmus, 2000a, *Banking Panics of the Gilded Age,* Cambridge University Press.

Wicker, Elmus, 2000b, *The Banking Panics of the Great Depression,* Cambridge University Press.

Williamson, Oliver, 1975, *Markets and Hierarchies: Analysis and Antitrust Implications.* Free Press.

Williamson, Oliver, 1985, *The Economic Institutions of Capitalism,* Free Press.

Wilson, Jack, Richard Sylla, and Charles Jones, 1990, Financial market panics and volatility in the long run, 1830-1988, in *Crashes and Panic: The Lessons from History,* (edited by Eugene White), Dow Jones-Irwin.

Withers, Hartley, 2009, *The Meaning of Money*(1909), Cornell University Library.

Wurgler, Jeffrey, 2000, Financial markets and the allocation of capital, *Journal of Financial Economics* Volume 58, Issues 1-2.

Yardeni, Edward, Joe Abbott, Mali Quintana, 2023, Corporate finance briefing: S&P 500 buybacks & dividends, Yardeni Research.

Zhu, Xiaoyang, Stylianos Asimakopoulos and Jaebeom Kim, 2020, Financial development and innovation-led growth: Is too much finance better? *Journal of International Money and Finance*, Vol. 100.

부채로 만든 세상

— 은행개혁과 금융의 제자리 찾기

초판 인쇄 2024년 6월 7일
초판 발행 2024년 6월 24일

지은이 신보성
책임편집 심재헌
편집 김승욱 오연정 이도이
디자인 조아름
마케팅 김도윤
브랜딩 함유지 함근아 고보미 박민재 김희숙 박다솔 조다현 정승민 배진성
제작 강신은 김동욱 이순호

발행인 김승욱
펴낸곳 이콘출판(주)
출판등록 2003년 3월 12일 제406-2003-059호
주소 10881 경기도 파주시 회동길 455-3
전자우편 book@econbook.com
전화 031-8071-8677(편집부) 031-8071-8681(마케팅부)
팩스 031-8071-8672
ISBN 979-11-89318-56-7 03320